SAJU SELF STUDY

첨단 이론 전개

새로 쓴 알짜 사주학

이론편

석오 **전광**
동방명리학연구원 대표

보고사
BOGOSA

이론편
새로 쓴 알짜 사주학

2017년 5월 8일 초판 1쇄 펴냄

지은이 전 광
펴낸이 김흥국
펴낸곳 도서출판 보고사

책임편집 손정자
표지디자인 손정자

등록 1990년 12월 13일 제6-0429호
주소 경기도 파주시 회동길 337-15 보고사 2층
전화 031-955-9797(대표)
　　　02-922-5120~1(편집), 922-2246(영업)
팩스 02-922-6990
메일 kanapub3@naver.com / bogosabooks@naver.com
http://www.bogosabooks.co.kr

ISBN 979-11-5516-654-3 04150
　　　979-11-5516-653-6 세트
ⓒ전광, 2017

오랜 세월에 걸쳐 사주학의 알짜 이론을 비밀스레 계승해 내려온 색다른 학파가 있다. 이 학파는 학설이 투명하다. 그래서 투파로 불린다.

우리나라의 남각 김남용이 이 학파의 계승자이다. 그가 최근에 투파의 진면목을 밝힌 바 있다. 하지만 그 내용이 기존 이론과 아주 달라서 독자가 어리둥절해한다. 그래서인지 어느 날 남각 김남용이 필자에게 권한다. 기존 이론과 투파 이론을 접목한 새로운 사주학을 만들어 보란다. 남각과 석오는 대학교 동기생이다. 필자는 이 기회에 기존 이론과 투파 이론의 장단점을 철저하게 파헤쳐 논리가 통하는 조화로운 이론을 펼쳤다.

이 책은 반듯한 사주학의 교과서로서 초심자는 물론 전문가에게도 애독서가 되리라고 본다. 그동안 무척 힘들었지만 이런 결과가 있도록 해 준 친구에게 깊이 감사드린다. 아울러 독자님께 늘 은혜와 사랑이 충만하길 바란다.

2017년 4월 석오 전광

서울대, 동기, 대기업 CEO 출신 엘리트 역학자

김남용·전광 화제 대담

"타고난 팔자와 운명, 극복법에 대해 할 말이 있습니다"

남각 김남용, 석오 전광
이 두 사람은 각각 서울대 공대, 법대를 졸업해 기업의 최고경영자,
임원직을 역임한 엘리트 출신이다.
그러나 각각 정년에 임한 지금 두 사람은 각각 철학연구소 간판을 내걸고
명리학자로서 활동하고 있다.
이들이 노년에 깨달은 운명의 힘, 역학의 신비.

●글·이영래/사진·김세호 〈제공 : 우먼센스〉

44년생 서울대 동기, 기업 임원 등 비슷한 이력의 두 인물

두 사람은 공교롭게도 44년생으로 동갑이다. 남각 김남용 씨는 경기고와 서울대 토목공학과를 졸업한 세칭 'KS출신'이다. 도로공사를 거쳐 대림 엔지니어링에 부장으로 스카우트되었고, 81년엔 벽산 엔지니어링 상무, 92년엔 호산 엔지니어링 사장으로 최고경영자 반열에 이르게 된다. 또 94년엔 기산 엔지니어링 사장, 96년엔 한진그룹 한국종합본부장, 98년부터 최근까지 금호그룹 엔지니어링 기술고문 등의 고위직을 역임했다.

석오 전광 씨는 부산 경남고등학교를 졸업, 서울대 법대에 진학했다. 주류회사인 조선맥주, 지금의 하이트 맥주에 입사해 간부를 거쳐 계열사 대표를 지냈다. 그후 공무원연금관리공단 수안보상록호텔 관리 상무로 근무했다. 두 사람 다 만만치 않은 이력을 과시하는 한국의 최고 엘리트들인 셈. 대학 동기인 두 사람은 대담 전엔 서로 일면식도 없는 사이건만, 서로에 대해 또 익히 알고 있는 사이이기도 했다.

"도반(道伴)을 만났다"고 두 사람은 첫 만남부터 화기애애한 이야기꽃을 피웠다. 입문 동기는 다르지만 비슷한 이력을 가지고 같은 길을 선택했다는 유대감이 두 사람을 평생지기처럼 만든 듯.

"내가 처음 2000년에 철학연구소를 낸다고 했을 때는 고민이 참 많았어요. 사회적인 인식이 역술인, 점쟁이에 머물러 있었단 말야. 그러니 막상 마음은 있어도 실제 사무실을 내기까지는 고민이 많았지. 우리 집사람이 용기를 불어넣어주지 않았더라면 힘들었을 거야. 근데 솔직히 말하면 외로웠어. 혼자 걷는 길이니까. 그런데 이 남각에 관한 기사를 잡지를 통해 접했단 말야. 내 도반(道伴)이 생겼구나, 얼마나 반갑던지…."

전광 씨는 김남용 씨를 잡지 기사를 통해 처음 알았다고 한다. 한편 김남용 씨는 전광 씨의 저서 『내가 보고 내가 바꾸는 DIY 사주』(삼한 간)를 보고 이미 전광 씨에 대해 알고 있는 터였다. 그가 처음 철학연구소를 낸다고 했을 때, 경기고 출신 법대 친구들이 "우리 법대 동기 중에도 그런 친구가 있다"며 자주 언급하기도 했었다고.

비슷한 이력을 가지고 있지만 두 사람이 역학에 입문한 계기는 두 사람의 성향만큼 다르다. 김남용 씨는 인상에서부터 강하고 공격적인 '힘'이 느껴진다. 반면 전광 씨는 포근한 시골 산사 스님의 풍취를 가지고 있다. 김 씨의 입문 계기가 "너무 이른 나이에 최고경영자가 되면서 경쟁자와 이기기 위해, 처세술로서, 또 인간관계학으로서 명리학에 관심을 두게 됐다"는 것이었다면, 전 씨의 그것은 "역시 명리학자였던 부친의 영향으로 자연스레 수신의 학문으로 접하게 된" 것. 이기기 위한 처세술로서의 명리학과 수신학으로서의 명리학. 이 극명한 관점의 차이는 사주와 운명에 대한 서로 다른 해석을 낳는다. 때문에 두 사람의 대담은 역학에 대한 일반인의 관심, 접근 방법에 대한 두 가지의 길을 명확하게 보여 준다.

전광 씨는 수신학으로 명리학을
김남용 씨는 처세술로서 입문

서로 동갑, 대학 동기임을 확인하자 두 사람의 대화는 오랜 죽마고우의 그것 마냥 편안하게 흘러갔다.

"난 문경 촌놈인데, 근데 우리 아버님이 명리학으로 이름을 날리셨던 분이란 말야. 관상학의 대가였던 청산 백운학 선생이 우리 아버님 보고 형님, 형님 하며 따랐거든. 우리 아버지가 뭘 아니까 그렇게 따랐겠지. 어린 마음에도 우리 아버님 참 대단하다 싶었어. 독학으로 영어 공부를 하셨는데, 왜 6·25 나니까 미군이 들어왔잖아? 근데 미군을 만나니까 바로 영어회화를 해내시더라고. 부친의 영향으로 나는 자연스럽게 명리학에 젖어들어간 거지."

경북 문경에서 초등학교와 중학교를 졸업한 전 씨는 당시 일류 고등학교에 진학하기 위해 대처로 나갈 가정 형편은 되지 못하였다. 그러나 부모님은 근동의 수재로 소문난 장남을 위해 아낌없는 지원을 해주셨다. 그 정성 덕분에 그는 서울대 법대에 합격할 수 있었다. 하지만 사시와는 인연이 없어 그는 회사원으로의 인생을 선택하게 됐다.

자연스럽게 접해온 명리학이었지만, 그것이 하나의 경지를 이루게 된 것은 공무원연금관리공단에서 일할 때였다. 수안보상록 호텔에 관리 상무로 있으면서 그는 가족과 떨어져 사택에서 살았다. 주말 부부로 서울을 오가며 보낸 10여 년. 그는 홀로 명상 속에 산길을 오르내리며 회사로 출근했고, 방 안에서 조용한 수련의 시간을 가졌다.

당시 그는 심심풀이 삼아 주변 친구들의 사주를 풀어주기 시작했는데, 그때 명리학의 정확성에 감탄을 금치 못했다고 한다. 한번은 친구의 사주를 풀이하면서 "자네의 모친께서는 자네 부친 때문에 상심하여 눈이 멀어지셨겠다"고 풀이해준 바가 있었다. 그 친구는 깜짝 놀라 그런 것도 나오냐고 감탄의 일갈을 토해냈다고. 또 어떤 사람에게 감옥에 가게 될 운세니 조심하라고 일렀더니 얼마 후 그 사람이 정말로 감옥에 가게 된 일도 있었다. 결국 그는 은퇴하면서 명리학자로서 나서보자는 결심을 굳혔다.

공무원연금관리공단 시절의 얘기를 들으며 "부럽다, 부러워"를 연발하던 김 씨는 "내 법대 친구들은 권력욕에 사로잡혀 있는 애들이 많았어. 근데 석오를 보니까 정말 깜짝 놀라게 되는구만. 어떻게 이런 친구가 법대를 갔지? 머리 좋은 게 죄지. 이친구 법을 안 배우고 예술, 문화적인 걸

이야기가 무르익자 점차 허물없는 대화가 이어졌다. 전 씨가 '역학'을 비하하는 게 문제라며 개탄하자, 김 씨는 "내버려둬. 내가 한번 붙어 싸워볼게"라며 전의를 불태우기도. 사진은 남각 김남용.

했으면 한 시대를 풍미했을 거야. 근데 우리 때는 공부 잘하면 법대 가는 거 빼곤 다른 걸 생각해볼 여지가 없었어."

김 씨의 부친은 서울대 법대의 전신인 경성법전을 졸업, 규슈 상대를 졸업한 역시 당대의 초엘리트. 전 씨의 부친은 스스로 88년 죽음을 예언한 뒤 돌아가셨지만, 김 씨의 부친은 아직 정정하시다고 한다. 그런 부친의 영향을 받아 스스로 엘리트적 삶에 대한 동기 부여가 확실했다는 김 씨는 자신의 삶은 경쟁과 승리로 점철돼 있었다고 고백한다.

김남용 씨는 인상에서부터 강하고 공격적인 '힘'이 느껴진다. 반면 전광 씨는 포근한 시골 산사 스님의 풍취를 가지고 있다. 사진은 석오 전광.

부친은 당대 최고의 명문인 경기고에서도 뛰어난 성적을 보였던 그에게 법대나 의대에 진학할 것을 권했지만 그는 이제 "과학의 시대가 열린다. 기술의 발전이 세계를 지배할 것이다"라며 공대를 택했다고 한다. 그러나 한 번 시작한 경쟁은 끝도 없이 이어지는 법이다. 그는 계속 이기기 위해서 무엇인가 자신만의 무기가 필요했고, 그래서 부단한 노력 끝에 얻어낸 것이 명리학적 성취였다고 말한다. 그리고 역시 주변 사람들, 주로 재계 인물들에게 족집게라는 평가를 얻어낸 것을 계기로 사무실까지 내게 된 것.

언젠가는 학문으로 체계화하겠다는 목표 갖춘 도반으로서의 두 사람

"난 석오가 외로웠다고 말하는 거 이해해. 인문학 쪽 사람들은 사람이 제일 중요하거든. 역학한다고 하면서 사람을 많이 잃었을 거야. 그러니 외로웠겠지. 근데 우리는 또 달라. 우리는 사람이 싫으면 그냥 기계 보고 살거든. 그러니 나는 그런 게 좀 덜했지. 근데 부담이란 측면에서 또 달라. 석오하고 달리 난 증명해내지 않으면 안 되거든. 왜? 난 공대 출신이니까. 학술적으로, 과학적으로 증명해내지 못하면 내 주변 친구들을 이해시키는 건 물론이고 나 자신을 납득시킬 수 없으니까. 그래서 나는 이걸 증명해보겠다고, 학술적 체계를 세워보겠다고 도전하고 있는 거지."

강하기만 한 그의 열정에 대해 젊은 시절 그의 부친은 "무섭다"고 했다 한다. 그러나 역학의 체계를 세우겠다며 환갑이 다된 나이에 다시 동분서주하는 아들의 열정을 지켜보며 부친은 "귀엽다"는 평가를 내린다고. 오랜 세월 아들을 지켜보면서 부친이 김 씨의 승부욕, 성취욕에 익숙해진 탓이리라. 명리학 또한 김 씨에겐 승부의 세계다. 입증해내지 못하면, 과학적 근거를 명확하게 밝혀내지 못하면 지고 마는 세계.

이는 전 씨 또한 마찬가지다. 이미 이화여대 출신 50대 여학생들에게 명리학에 대해 강의를 하고 있고 저술 활동을 오히려 본업으로 생각하고 있다.

"보통 명리학을 배우면 뭐부터 시작하냐면 자기 삶을 가지고 따져보는 거야. 이게 맞나, 틀리나. 난 말이야. 완전히 물에 끌려다닌 사주야. 우리 할머니가 용왕님께 맡겨버렸거든. 그러니 문경 촌놈이 바닷가 부산으로 학교 가고, 맥주회사 들어가고, 온천 가서 살고 그랬지. 철학연구소 내면서 물 피해간다고 갔더니 마포도 결국 강가잖아(웃음)."

전 씨는 자신의 사주를 이렇게 풀이했다. 물이 모든 것을 지배해버린 세계. 그러나 그는 명리학을 통해 자신의 운명을 바꿀 수 있다고 한다. 그의 저서 『내가 보고 내가 바꾸는 DIY 사주』도 그의 운명 바꾸기 연구의 한 결실이다. 그는 운명에 대해 '운칠기삼(運七技三)'이라는 말을 쓴다. 운이 7이라면 자신의 노력으로 3은 바꿀 수 있다는 것. 때문에 그는 수신학이라 말한다. 그리고 그런 이론 때문에 자신의 저서에도 'DIY(Do It Yourself) 사주'라는 말을 썼다고.

그러나 이에 대한 김 씨의 생각은 좀 다르다. 운칠기삼을 인정하지만, 기 또한 결국 상당히 운에 좌우된다는 게 그의 생각. '승부'에 매진해온 공격적 성향의 김 씨의 명리학 해석치곤 다소 의외라는 느낌이 든다. 적극적인 개척을 주장할 듯싶었던 그는 오히려 운명에 역행하기보다는 순응하라고 충고하는 것. 물론 이 순응의 의미는 "어쩔 수 없으니 그냥 살라"는 말과는 다르다. "운이 안 따를 때는 어쩔 수 없다. 복지부동으로 때를 기다리는 수밖에 없다"는 의미이다.

"남각의 '각'이 뭐냐? 난 제갈공명을 정말 좋아하는데, 유비가 찾아왔을 때 제갈공명이 낮잠 자는 척하다가 이런 말을 하지. '대몽수선각(大夢誰先覺)!' 큰 꿈을 누가 먼저 깨달았느냐? 이미 제갈공명은 알고 있었던 거야. 유비가 세 번 찾아오고 나면 다시 안 올 것을…. 또 아직은 천하가 하나 될 때가 아니라는 것을 말이지. 그 모든 것을 알면서도 자기 대에 때가 오지 않을 것이기에 어찌해볼 도리 없이 나서본 것이지. 그 모든 것을 깨닫고 임하는 자세. 그게 나는 존경스러운 거야."

'운칠기삼'의 '기삼'을 놓고
갈리는 두 사람의 사주 해석

이 대목에서 김 씨가 명리학을 '처세술'로 득했다는 말이 와닿는다. 강하게 맞서는 것보다 피해가는 것이 때론 이기는 첩경이 된다. 이는 흥망성쇠가 이어지는, 한치 앞을 내다볼 수 없는 생존싸움의 재계에서 살아온 그가 득한 명리학의 한 경지인 셈.

반면 전 씨의 '기삼론'은 수신의 철학으로 득한 명리학의 견지에서 보면 쉽게 이해가 되는 것. 스스로를 다스림으로써 얻어내는 운명개척의 논리. 그것은 동양학의 전통에서 보면 또 너무나 당연한 것이다. 때문인 듯 김 씨의 제갈공명론에 대해 그는 부처님의 '뜬구름 자체는 본래 실다움 없는 것, 삶과 죽음 오고 감도 이 같으리니(浮雲自體本無實 生死去來亦如然)'라는 게송으로 화답한다.

묘하게 두 사람의 살아온 이력은 이런 해석의 차이에서도 나름의 윤곽을 드러낸다. 전 씨는 '물에 지배된 사주'라 말하지만, 정말 물 흐르듯이 유유자적하며 살아온 여유의 운치를 드러내는 반면, 김 씨에게서는 아직까지도 팽팽한 강철의 긴장이 겉돈다.

공대와 법대 출신의 차이가 있다는 두 사람의 웃음 섞인 말에는 '뼈'가 있다. 공대 출신의 김 씨 입장에서 역학은 어디까지나 통계학이다. 주역의 근원을 보통 하도(河圖)와 낙서(洛書)에서 찾는데, 우임금은 낙수에서 나온 거북의 등을 보고 점을 쳐 치수를 한다.

"거북의 등을 보고 점을 치는데 그걸 다 기록해놓는 거지. 근데 틀리면 그걸로 끝장인 거야. 그러니 그 기록이 점차 신랄해지고 정밀해지는 거지. 그렇게 오랜 세월 내려오면서 나름의 통계적인 체계를 갖추게 되거든. 명리학이 그런 체계라는 것을, 그 구조를 밝혀내고 입증해내는 게 내가 해야 할 일이라는 거지."

'운칠기삼'에 대한 해석과 태도는 달라도 두 사람은 한 부분에서 확실한 의견일치를 보았다. 운명으로서의 사주를 후천적으로 보완할 수 있는 방법이 두 가지 있다는 것. 그것은 이름과 공간, 즉 '작명'과 '풍수'라는 것이다.

"석오(石梧)는 돌밭에서 자란 오동나무라는 뜻인데, 이게 자랄 때는 힘들어도 나중에 한 그루 나무가 되면 명기가 된다고 내 친구가 지어주더라고. 나는 석오라는 아호가 좋아. 물에 휩쓸리지 않고 이제 뿌리를 내려서 살아야지 싶거든."

김 씨는 전 씨의 이야기를 듣자마자 단호하게 "그건 아니다. 왜 그렇게 계속 안주하려느냐?"며 버럭 화를 낸다. "물이 많으니 큰 호수를 이루고 바다가 되면 되지 않느냐?"는 것. 전 씨는 다시 사람 좋은 웃음으로 화답한다. 이름을 지을 때도 두 사람은 역시 서로의 성향에 따라 다른 이름을 만들지 않을까 싶다. 김 씨는 출세할 이름을, 전 씨는 행복하게 편안히 살 이름을….

"이름을 잘 짓는 것은 백번 강조해도 부족해. 자기에게 부족한 것이 있단 말야. 그런데 항상 누군가가 나를 부를 때 그걸 일깨워주고 암시를 주면 어떻게 될까? 그게 이름이거든. 나는 싸우고 살았기 때문에 남보다는 내 위주로 살았다고. 그래서 '남각'의 '남'자를 붙인 거야. 남을 생각하자고. 이건 음운적인 거지."

두 사람은 한참 작명과 사주에 대한 서로의 의견을 개진하며 갑론을박을 겨뤘지만, 너무 전문적인(?) 용어들이라 지면에 옮기지 않는다. 또 하나 두 사람이 의견일치를 본 부분은 명리학은 '점술'이 아닌데도 '예언적 직관'을 발휘해주길 바라는 사람들에 대한 거부감이다. 두 사람은 역학, 명리학은 분명히 '상담'을 전제로 하고 있음을 강조한다.

"사주를 보러 오는 사람들은 항상 우리가 뭘 맞춰주길 기다리며 가만히 있는데, 그건 아냐. 사주는 숙명과 운명으로 나뉘는데 숙명은 성격이나 습관에 나타나고, 운명은 사건으로 나타나지. 물론 역학은 이 둘 다를 보지만, 보러 오는 사람이나 보는 사람이 같이 호흡을 맞추지 못하면 틀려버리고 말아. 사건 위주로 맞추는 건 '신끼'가 있는 사람들이지. 그게 신기하긴 하겠지만 그건 오락가락한다구. 역학은 70에서 시작해서 서로가 상담해가며 100, 110의 경지로 끌어올리는 거라고 봐야지."

두 사람, 역학의 정확성을 일깨워주는 만만찮은 일화들을 갖고 있어 그 자랑이 끊임없었지만 다 옮기지는 않는다. 김남용 씨는 반포에서 남각철학연구소를, 전광 씨는 마포에서 동방명리학연구원을 운영하고 있다. ⓦ 〈출처 : 우먼센스 2002년 7월호 실린 기사〉

새로 쓴 알짜 사주학_실전편   **차례**

새로 쓴 알짜 사주학

이론편

SAJU SELF STUDY

모든 것은 변화한다

01 달빛 아래 황금 술통 그대로 두지 말라

이백[李白, 701~762]은 중국 당나라 시인이다. 중국 제일의 시인으로 추앙되며 시선(詩仙)으로 불린다.

이백이 현종의 부름을 받아 장안에 나타났을 때 하지장이란 인물이 그를 하늘나라에서 벌을 받고 인간세계로 쫓겨 내려온 신선 즉 적선(謫仙)이라 부르며 허리에 차고 있던 금거북을 끌러 술을 샀다는 유명한 일화가 있다.

이백을 흔히 이태백(李太白)이라고 하는데, 태백은 그의 자(字)이다. 어머니가 그를 잉태했을 때 태백성을 꿈꾸었다고 한다.

이백의 「장진주(將進酒)」는 그의 천재성이 가장 잘 나타난 명시 중의 하나이다.

> 그대는 보지 못했는가,
> 황하(黃河)의 저 물이 천상에서 내려와 달리어
> 마침내 바다에 이르면 돌아오지 않음을!
> 그대는 보지 못했는가, 덩그런 집 속에서
> 거울과 마주 앉아 백발을 슬퍼함을!
> 아침에 푸른 실 같더니 저녁 되니 어느덧 흰 눈이어라.
> 뜻 같을 적에 모름지기 즐길 것이니
> 달빛 아래 황금 술통 그대로 두지 말라.

모든 것이 컴퓨터의 화면처럼 잠깐 나타났다가 순식간에 사라진다.

이백은 인생의 덧없음을 술로 달래며 '장진주'를 노래했다.

02 만물은 유전한다[panta rhei]

고대 그리스의 사상가인 헤라클레이토스[Heraclitus of Ephesus, B.C. 540?~B.C. 480?]는 "만물은 유전(流轉)한다[panta rhei]"고 말했다. 이 말은 '똑같은 상황은 되풀이되지 않는다'로, 우주의 모든 사물은 늘 돌고 변하여 한 모양으로 머물러 있지 아니함을 가리킨다.

헤라클레이토스는 현상의 끊임없는 변화에 주목하였다. 그래서 그는 "만물은 유전한다[panta rhei]", "우리는 같은 강물에 두 번 발을 담글 수는 없다"고 하였다.

"우리는 같은 강물에 두 번 발을 담글 수는 없다"는 격언은 헤라클레이토스 철학에서 아주 유명한 말이다. 이 말의 뜻은 '강물은 끊임없이 흐른다. 우리가 첫 번째 발을 담근 물은 이미 하류로 흘러갔다. 그래서 두 번째 발을 담그는 물은 첫 번째 담근 바로 그 강물이 아니다'이다. 이것을 일반화하면 "만물은 유전한다[panta rhei]"는 격언이 나온다. 그렇다면 변화한 것은 강물뿐이 아니다. 강물에 발을 담그는 나도 다르다. 첫 번째 발을 담근 나와 두 번째 발을 담그는 나는 동일한 내가 아니다.

03 소립자는 나타남과 사라짐을 반복한다

불교의 『반야심경』에서 말하는 '색즉시공 공즉시색(色卽是空 空卽是色)'의 의미는 색(色)인 유형(有形)은 공(空)인 무형(無形)과 서로 다르지 않다는 것이다. 의문이 생길 수 있지만 이것이 바로 진리다. 생각해보라. 모든 물체는 분자 → 원자 → 원자핵 → 소립자로 분해되므로 결국 소립자의 뭉치와 다르지 않다. 그런데 그 소립자는 신비스런 형태로 충돌을 거듭하며 나타남과 사라짐을 반복하니 나타날 때는 색이고 사라질 때는 공이다. 유형에서 무형으로, 그리고 무형에서 유형으로 변화를 되풀이하여 '색즉시공 공즉시색'을 이룬다. 인간의 육체 또한 이와 다르지 않다.

삼라만상은 이처럼 항상 변화하고 있으며, 불변하는 본래의 고정된 모습인 '나[我]'란 실체는 존재하지 않는다. 그래서 사람의 한평생이란 결국 불변하는 본래의 고정된 모습인 '나'를 꿈꾸는 사람에게는 한낱 덧없는 꿈에 불과하지만, 개체 사상을 벗어나 불이(不二)의 경지에 이른 사람에게는 불생불멸(不生不滅) 그 자체인 것이다.

동양의 역 사상

SAJU SELF STUDY

01 전설과 설화

인류의 역사는 보통 전설과 설화로 시작된다. 중국의 전설과 설화로는 복희가 삼황오제의 처음 인물이며, 그물을 발명하여 어획·수렵의 방법을 가르쳤다고 한다. 복희가 해와 달과 같은 큰 성덕을 베풀었다 하여 그를 대호(大昊, 끝이 없이 넓고 큰 하늘과 같다는 뜻) 또는 대공(大空)이라고도 한다. 사마천의 『사기』에 의하면 중국의 역사는 삼황오제에서 시작되어 하(夏)·은(殷)·주(周) 3대로 이어진다. 사마천은 삼황에 대해서는 언급하지 않았지만, 오제는 황제·전욱·제곡·요·순이고, 순임금으로부터 왕위를 물려받은 우임금이 중국 최초의 하왕조를 열었다고 기록하였다.

우임금은 황하의 물길을 정비한 치수(治水) 전설로 유명한데, 이 우임금에서 시작된 하왕조는 삼황오제와 달리 『사기』 외에도 중국 고대의 기록에 많이 남아 있다. 그러나 여전히 전설상의 시대로 다루고 있는 실정이다. 앞으로 고고학 분야의 연구가 진행되면 그 실체가 충분히 밝혀질 것이다. 한편 최근에는 하왕조의 왕궁 터를 확인한 학자가 등장하였다.

은나라는 갑골문자(甲骨文字)의 연구 결과로 그 역사적인 실체가 밝혀졌다. 은나라 후기의 도읍지인 은허(殷墟)의 유적지에서 출토된 갑골문자를 연구한 결과 은나라가 실존했음이 역사적으로 증명된 것이다. 은나라는 600여 년간 지속된 것으로 추정하는데 B.C. 1122년경 주나라에 합병되었다. 도읍지인 상(商)을 그대로 나라 이름으로 썼기 때문에 은을 상으로도 부른다.

동양의 역사에서 중국의 비중은 크다. 그러나 동양이란 중화사상이 뿌리 깊은 중국만을 가리키는 것은 아니다. 과거 몽골제국의 일부였던 시베리아, 중국, 만주 그리고 한반도 역시 동양의 역사를 이룬다. 비록 중국이 중원대륙을 터전으로 동양사의 핵을 이루어왔지만, 넓게 보면 커다란 동방세계의 일부분에 불과할 뿐이다. 중국의 전설을 보아도 중국이 위협을 느끼고 경계했던 치우천왕(蚩尤天王, 고조선의 임금이라고 일컬어짐)이 존재하였던 것이다.

◉ 치우천왕

치우천왕(蚩尤天王)은 환인이 다스리던 환국의 뒤를 이어 환웅천왕이 건국했다고 하는 배달국의 제14대 천왕으로서, 『한단고기(桓檀古記)』 삼성기편에 의하면 B.C. 2707년에 즉위하여 109년간 나라를 통치했던 왕이라고 한다. 다른 이름으로 자오지(慈烏支)환웅이라고도 한다. 삼성기 하편에 의하면 그는 신처럼 용맹이 뛰어났고 구리로 된 머리와 쇠로 된 이마를 하고 큰 안개를 일으키며 세상을 다스렸다. 광석을 캐어 철을 주조하는 병기 제작술이 뛰어나 세상 사람들이 그를 치우천왕이라 불렀다. 치우란 세속의 말로 우레와 비를 크게 만들어 산과 강을 바꾼다는 뜻이다.

『한단고기』는 치우천왕이 중국의 황제와 73회 싸워 다 이겼으나, 74회 탁록 전쟁 때 탁록에서 전사했다고 전한다. 치우천왕은 도깨비 부대를 이끌었고, 황제는 귀신 부대를 이끌었다. 치우천왕을 도깨비라고 하는 이유는 여기에 있다. 황제는 싸움에서 이기자 치우천왕의 시신을 다섯 토막 내어 다섯 방위에 각각 묻었다. 무속에서 굿을 할 때 군웅거리에서 청제, 적제, 황제, 백제, 흑제의 5제를 청하는 것은 5방위에 흩어져 있는 치우천왕의 신명을 불러 모으는 것이다.

치우천왕은 군웅신으로 무속의 병굿에서 오방신은 바로 치우천왕이고, 치우천왕이 백마신장인 증여곤에게 명하여 귀신을 잡아들이는데 귀신은 바로 그의 적인 황제의 별신이 된다. 치우의 생김새에 대해서는 여러 가지 설이 있다. 그가 여덟 개의 팔 다리에 둘 이상의 머리를 지녔다는 설도 있고 사람의 몸, 소의 발굽에 네 개의 눈과 여섯 개의 손을 지녔다는 설도 있다. 또 그의 귀밑털이 칼날과 같고 머리에는 뿔이 돋았다는 설도 있다.

02 선가의 입장

동양의 역사에서 실로 많은 민족이 나타나고 사라졌다. 그런데 이들과 한민족은 어떤 관계가 있을까. 선가(仙家)에서는 이들 모두가 우리 한민족과 뿌리가 같다고 본다. 여기서 선가의 입장은 한웅의 신시(神市)로부터 삼국시대의 국선도(國仙道)로 이어진 정통적인 낭가(郞家)의 입장을 말한다.

신라의 성인 안함 스님이 저술한『삼성기』와 표훈 대사가 저술한『표훈천사』에 의하면, 한인 하느님이 홀로 시베리아 하늘 밑에서 자유자재로 있으면서 한국(桓國)을 열었고, 그 후 그의 아들 한웅을 지상에 내려 보내 신시를 열었다고 한다. 이에 따르면 한국은 B.C. 7797년에 지금의 바이칼호 부근인 천산(天山) 아래 건국되었으므로 서기 2000년은 한기(桓記)로는 9797년이고, 신시로는 5898년이다.

또한 한웅의 아들 한임검은 태백산 아래에 '주신(珠神)'이라는 나라를 세우고 초대 단군이 되었는데, 이때를 기준으로 서기 2000년은 단기(檀記)로는 4333년이다.

선가에 따르면 동양의 인류 역사는 하느님의 한국에서 신시, 청구(靑丘), 주신, 대부여, 북부여(고구려)로 이어져 내려왔다. 그리고 한(漢)·한(韓)·한(汗)·간(干) 등은 모두 한인 하느님의 한국에서 그 어원이 파생되었는데, 한(桓)은 하나·으뜸·가장 큰 것 등의 의미를 내포하고 우주만물을 주재하는 하느님이다. 한편 한(桓)을 '환'으로 발음하는 것은 조선 시대 사대주의자들이 제멋대로 만들어낸 것이라고 한다. 그리고 선가에서는 중국의 삼황에 속하는 복희가 신시 5대 태우의의 막내아들이라고 한다.

03 하늘과 땅 그리고 사람

동양에는 아득한 복희 시대로부터 천지인(天地人)에 바탕을 둔 역(易) 사상이 전해 내려온다. 그러면 천지인이란 무엇인가.

천지인(天地人)은 일의 성사에 관한 논리이다. 천(天)은 하늘이니 시기(時期)이고, 지(地)는 땅이니 장소이며, 인(人)은 사람이니 주체(主體)이다. 천·지·인 즉 시기와 장소 그리고 주체가 조화를 이루어야 일이 성사되므로 천지인을 삼원(三元) 또는 삼재(三才)라고 한다.

물리학상으로는 천·지·인을 각각 시간과 공간과 물질로 이해하여 시간은 과거·현재·미래로, 공간은 X·Y·Z 좌표[座標, coordinates]로, 물질은 형상(image)·질량(quantity)·속성(quality)으로 이루어진다고 보는 것이 가능하다고 한다.

중국의 역사소설인 『삼국지(三國志)』는 유비가 삼고지례[三顧之禮]를 갖추어 제갈량을 만났을 때 제갈량이 유비에게 아래의 이야기를 했다고 한다.

이것은 서천(西川) 54주(州)의 지도올시다. 장군께서 패업을 이루고자 하신다면 북쪽은 조조가 하늘이 준 때[天時]를 누리게 놓아 두시고 남쪽은 손권이 땅의 이[地利]를 차지하게 버려 두십시오. 장군의 몫은 사람의 화합[人和]입니다. 먼저 형주를 손에 넣으시어 집으로 삼고 그 뒤 서천(西川)을 얻어 대업의 바탕을 삼으신다면 솥발이 셋으로 나뉘어 솥을 떠받들 듯 조조 손권과 더불어 천하의 셋 중 하나를 차지하게 되는 것입니다. 중원을 엿보는 일은 그런 다음에라야 이루어질 수 있습니다.

위의 이야기에서 천시(天時)는 천(天)이고 지리(地利)는 지(地)이며 인화(人和)는 인(人)이니 우리는 제갈량이 천지인 사상을 지니고 있었음을 알 수 있다.

　　우리나라 대종교(大倧敎)의 기본 경전인 『천부경』에서 천일일(天一一)·지일이(地一二)·인일삼(人一三)은, 천(天)과 지(地)와 인(人)이 각각 개체인 1이며 천일(天一)이 지이(地二)로 이어지고 지이(地二)가 인삼(人三)으로 이어져 인(人)과 지(地)와 천(天)이 서로 다르지 않은 까닭에 우주의 모든 개체가 원래부터 존엄하고 영원한 존재라는 뜻이다. 그리고 천이삼(天二三)·지이삼(地二三)·인이삼(人二三)은 천과 지와 인이 각각 음(陰)과 양(陽)으로 갈라서면서 1에서 2로 변화하지만, 그 음과 양은 각각 '부분은 전체를 닮는다'는 이른바 프랙탈(fractal) 이론을 실현시켜 다시 천지인(天地人) 즉 삼원(三元)을 구성하여 존재한다는 뜻이다. 『천부경』은 1에서 10까지의 숫자와 함축된 문장으로 우주의 원리를 설파하고 있다. 숫자 중 1은 0에서 시작한 통일수이고, 2는 1이 음과 양으로 갈라선 변화수이며, 3은 조화를 이룬 존재수로서 삼원(三元)의 수이고, 10은 0에서 9까지 순환하여 되돌아온 완성수이다. 문장 가운데 돋보이는 것은 '본심본태양앙명(本心本太陽昂明)'인데, 이것은 인간 본래의 마음이 태양처럼 밝게 빛나고 있다는 뜻이다. 『천부경』의 81글자에는 밝고 생동감 넘치는 한민족(韓民族)의 사상이 찬란하게 빛나고 있다.

04 스스로를 바꾸어라

 동양에는 아득한 복희 시대로부터 천지인(天地人)에 바탕을 둔 역(易) 사상이 전해 내려온다. 그러면 역이란 무엇인가.

 역을 일(日)과 월(月)의 합성어로 보아 일(日)은 낮[+]이고 월(月)은 밤[−]이니 '역 = 음양[+−]'으로 해석하는 견해가 있으나 이 견해는 설득력이 없다. 왜냐하면 역(易)은 일(日)과 월(月)의 합성어가 아니라 일(日)과 물(勿)의 합성어이기 때문이다.

 그러나 이 역을 수시로 몸의 색깔을 바꾸는 도마뱀으로 보아 '변화'로 해석하는 견해는 설득력이 있다. 역(易)의 일(日)은 도마뱀의 머리 부분으로 가운데 점은 눈이 되며 물(勿)은 허리와 꼬리와 다리로서 역(易)을 가로로 길게 그리면 도마뱀이 된다. 도마뱀은 주변의 색깔에 따라 몸의 색깔을 바꾸는 '변화'의 능력이 있다. 카멜레온[chameleon]이 바로 도마뱀의 일종이다. 도마뱀은 몸의 색깔을 바꾸기가 쉽다. 나아가 도마뱀은 위험에 부딪치면 꼬리를 흔들어 적을 유인한 다음, 꼬리를 잘라 적이 당황하는 동안에 도망쳐 숨는다.

한자(漢字)는 상형문자(象形文字)이다. 상형문자란 사물을 본떠 그 사물이나 그것에 관련 있는 관념을 나타낸 문자이다.

한자의 기원은 분명치 않으나 19세기에 발견된 갑골문자(甲骨文字)는 이미 원형의 모습이 단순화되어 있어 금석문(金石文) 등에 그 모습이 많이 남아 있다.

역(易)의 뜻이 '변화'라면 그것은 수동적인 변화인가 아니면 능동적인 변화인가. 종래에는 역학(易學)을 인간에게 주어진 숙명을 연구하는 학문으로 보아 역을 수동적인 것으로 이해하였다. 그러나 필자는 역학을 수신학(修身學)으로 보아 역을 능동적인 것으로 이해하고 싶다. 생각해보라. 역의 주체는 바로 자신(自身) 아닌가. 그런 의미에서 역은 '바꿀 역'인 동시에 '쉬울 이'인 것이다. 이렇게 보면 사람의 일생은 결국 스스로의 마음에 따라 얼마든지 달리 전개될 수 있다. 동양의 역 사상은 우리를 자유인의 길로 안내한다.

"

역학의 전개

01 복희 팔괘의 등장

  역(易) 사상은 일체의 삼라만상은 천지인(天地人)의 조화를 바탕으로 변화해 나간다는 것으로 그 시원이 복희 시대까지 거슬러 올라간다. 중국 고대의 전설 상의 제왕인 복희는 천하(天河)에 나타난 용마(龍馬)의 등에 새겨진 하도(河圖)를 보고 복희 팔괘를 만들었다고 한다. 이 복희 팔괘는 후에 주나라 문왕이 만들었다는 문왕 팔괘와 더불어 대표적인 주역 팔괘로 유명하다.

　　복희 시대에 등에 검은 점과 흰 점이 아로새겨진 용마 한 마리가 강으로부터 뛰쳐나왔다. 물론 지금처럼 그렇게 잘 정돈된 그림은 아니었다. 정말로 그런 일이 있었는지 확인해 볼 수는 없지만 전해지는 이야기에 따르면 그렇다. 사람들은 그 그림을 하도라 했다. 복희가 하도를 보고서 팔괘를 그렸다는 것이다.

　　복희 시대가 아닌 훗날, 우임금의 아버지가 치수를 제대로 하지 못해 살해되자 우임금이 치수를 이어받아 계속했다. 당시 중국은 대부분이 물에 잠겨 있었다. 고대 신화에는 이런 이야기가 나온다. 우임금이 천지를 감동시키자 어느 마을에서 치수 공사를 하던 중 커다란 거북이 나타났는데, 우임금은 그 거북의 등에 있는 그림을 보고 크게 깨달았다는 것이다. 이로써 그는 신통력을 갖게 되어 마침내 수리 사업을 완성했다는 것이다. 문왕 팔괘는 낙서에서 영감을 얻은 것이라고 한다.

　　주역 팔괘는 대자연의 오묘한 섭리를 기호화한 것이다.

02 은나라

　　복희 시대 이후 주나라 이전에 은나라가 있었다. 은나라 때는 왕이 국가의 대사를 결정할 때 반드시 신에게 점으로 물어보는 신정정치(神政政治)가 행하여졌다. 점을 칠 때는 거북의 등[甲]과 짐승의 뼈[骨], 즉 갑골(甲骨)에 점치는 내용을 문자로 새기고 열을 가해 갈라지는 형상에 따라 신의 뜻을 헤아렸다. 점괘를 판단하여 신의 뜻을 해석하는 것은 오직 왕 한 사람뿐이었다. 이후 갑골문자는 주나라의 고문자(古文字)와 진(秦)나라 때의 문자 통일로 이어졌으며, 한(漢)나라 때 한자(漢字)로 완성되었다.

갑골문에는 은나라의 천문과 역법이 많이 기록되어 있다. 당시 은나라 사람들은 일식과 월식의 예측은 물론 별을 주기적으로 관찰하여 상당한 천문 지식을 갖고 있었으며, 농업에 활용하기 위해 비교적 잘 정리된 역법을 사용하였다. 1년을 12개월로 나누어 큰달은 30일, 작은달은 29일로 정하고, 윤년에는 1개월을 더하였다. 그리고 날짜를 기록하기 위해 간지(干支)를 사용하였다. 간지는 십간(十干) 십이지(十二支)로 짜여져 있고, 갑자(甲子)에서 계해(癸亥)에 이르기까지 60진법을 채용하고 있는데, 이는 이후 동양의 역법에 큰 영향을 주었다. 은대에 사용한 간지는 현재 사용하고 있는 간지와 같다.

◉ 참고

한 조각의 거북 껍질도 하늘이 내려 준 신물이다. 우주 만물은 모두 우리가 본받아야 할 것이다. 인류의 지혜들은 자연으로부터 배운 것이 많다.

예를 들면 태극권은 새와 뱀이 싸우는 장면을 본뜬 것이다. 새와 뱀이 싸우는 장면은 산골에서 오래 살아도 보기가 힘들다. 더욱이 매와 구렁이가 싸우는 장면이라면 더 드물다. 무술을 하는 사람이라면 그런 장면을 보면서 새로운 동작을 하나 떠올릴 것이다. 매가 아무리 애를 써도 구렁이를 제압하지 못하며, 구렁이 또한 아무리 애를 써도 매를 이기지 못한다. 매가 구렁이를 노리고 휙 하고 내리꽂으면 구렁이는 몸을 비틀면서 꼬리로 매를 노린다. 그러면 매도 어쩔 수 없이 달아난다. 아무리 싸워 봐야 쌍방 모두 상대를 제압하지 못한다. 태극권은 바로 이런 장면을 본떠 만든 것이다.

03 주나라

주나라는 은나라가 멸망하기 전에 건국된 나라이다. 은나라 말기에 주나라 문왕은 50년간 재위에 있으면서 안으로는 선정을 베풀어 많은 제후들을 복속시키고, 밖으로는 주변의 여러 이민족들을 토벌하여 영토를 넓혀 주나라 발전의 기반을 마련하였다. 특히 문왕은 문왕 팔괘를 만들었다고 전해진다. 문왕이 죽자 그의 아들 무왕은 은나라의 마지막 왕을 죽이고 600여 년간 지속되어온 은나라를 멸망시켰다(B.C. 1122년경).

주나라가 은나라를 멸망시키고 서쪽 호경에 도읍을 정하였던 시대를 서주 (B.C. 1122~B.C. 770), 동쪽 낙양으로 천도한 시대를 동주(B.C. 770~B.C. 221)라고 한다. 동주 시대는 시대상에 따라 다시 춘추 시대와 전국 시대로 나뉜다. 일반적으로 B.C. 403년을 춘추 시대가 끝나고 전국 시대가 시작되는 시기로 본다. 중원대륙은 동주 시대를 거쳐 진(秦)나라에 의해 통일되었다.

04 제자백가

춘추 시대 말기에서 전국 시대에 걸쳐 독창적인 사상을 지닌 많은 학자들이 출현했는데 이들을 제자백가(諸子百家)라고 한다. 전국 시대에 영토국가가 출현하고 국가들이 서로 경쟁하면서 자연스럽게 부국강병(富國强兵)을 추진하였고, 이 때문에 능력 있는 학자를 우대하는 풍조가 나타났다. 제자(諸子)란 여러 스승님이란 뜻이다. 중국인은 위인의 이름을 함부로 부르지 않는 풍습이 주(周)대에서부터 시작되었으므로 공자(孔子), 맹자(孟子) 등 성(姓) 다음에 자(子)를 붙여 스승으로 존칭하였다. 백가(百家)는 일가를 이룬 여러 저술가를 의미한다. 제자백가는 중국 사상사는 물론 동양 사상사에서도 중요한 위치를 차지한다. 노장 사상에서 발전한 도교와, 자연과 인간에 대한 음양오행적 인식론이 춘추전국 시대의 사상에 근거하여 발전한 것을 감안할 때, 제자백가는 동아시아 문화사에서 매우 중요한 의미를 지닌다.

제자백가의 사상 중에서 중국은 물론 동아시아 문화에 가장 큰 영향을 미친 것이 유가(儒家)이다. 유가는 춘추 시대의 공자(孔子, B.C. 551~B.C. 479)에 의해 창시되었고, 전국 시대의 맹자(孟子)와 순자(筍子)가 사상적인 체계를 정립하였다. 유가는 자신들의 학문과 사상에 중국의 전통 사상을 함축시키고 이를 체계적으로 정리하여 유교 경전을 성립시켰는데 그 중 하나가 『역경(易經)』, 즉 『주역(周易)』이다. 『주역』은 은나라 때의 음양학을 주나라에 와서 정리한 것으로 8괘와 64괘 중심으로 이루어져 있다. 이 『주역』의 음양 사상에서 중국 최초의 자연 철학이 비롯되었다.

한편 오행설(五行說)을 주장한 사람은 기원전 4세기 말의 제(齊)나라 학자인 추연(鄒衍)이다. 그는 오행설로 제왕의 운명을 가늠하고, 그것으로 왕조 교체의 원리와 인간의 길흉화복을 설명하였다.

이처럼 음양설과 오행설은 시작이 서로 다르지만 한(漢)나라 때부터 합쳐져 음양오행설로 발전하였고, 중국은 물론 동아시아 전반에 널리 퍼지게 되었다. 사주학은 이 음양오행설에 기초를 둔 학문 중의 하나이다.

춘추전국 시대에는 서로 다른 3가지 역법(易法)이 있었다. 동지를 포함한 11월을 정월로 하는 주정(周正), 1월을 정월로 하는 은정(殷正), 2월을 정월로 하는 하정(夏正)이 그것이다. 이 중에서 하정이 사계절과 기후의 변화에 잘 들어맞아 농업 생산에 편리하였으므로 전국 시대에 널리 이용되었다. 오늘날의 사주학에서는 새로운 한 해의 출발점을 어떻게 정할지가 문제인데, 춘추전국 시대의 역법을 통해서 당시에도 동일한 문제로 고심했다는 것을 알 수 있다. 오늘날은 입춘이 들어오는 시각을 한 해의 출발 기준점으로 보는 것이 일반적이다.

전국 시대에는 천문학 역시 발전하여 유명한 점성가가 등장하였다. 감덕은 『천문성점(天文星占)』 8권을, 석신은 『천문(天文)』 8권을 지었다고 하는데, 이 책들은 황도 부근 120개 항성의 위치와 북극의 각도 등을 정밀하게 기록하였고, 목성·화성·토성·금성·수성의 운행 법칙을 관찰하였다. 역대 천문학자들이 사용한 별의 이름 중에서 이 두 사람이 정한 것이 많고, 이들이 측정한 항성의 기록은 세계에서 가장 오래된 항성표(恒星表)이다.

수학은 토지를 측량하고 조세를 계산하며 상업을 경영하는 데 필요하고 과학의 기초를 이루기 때문에 일찍부터 발달하였다. 당시 이미 분수의 개념이 있었고, 넓이와 부피를 정확하게 계산하였다.

사주학은 인간 역시 하나의 소행성이라고 인식하고 이론을 전개하므로 천문학 및 수학과 밀접하게 관련되는데, 당시 그러한 기초들이 이미 이루어졌음을 알 수 있다.

전국 시대의 유명한 의학서적인 『황제내경(黃帝內經)』은 진맥과 질병의 원인, 그리고 경락과 침구법 등을 설명하고 있다. 이 책은 중국 의학의 이론적인 기초를 완성한 현존하는 의학서이다. 당시의 명의인 편작(扁鵲)은 제(齊)나라 출신이다. 그는 보고, 듣고, 묻고, 진맥하는 4가지 방법을 잘 활용해 질병을 진단하였고, 내과를 비롯해 인체의 각 부분을 치료하는 데 정통하였다. 또한 의술이 매우 뛰어나 기사회생시키는 경우가 많았고, 여러 가지 난치병을 잘 치료하였다. 한의학은 음양오행학에 바탕을 두고 있으므로 당시 음양오행 이론이 이미 상당히 발전하였다고 추정할 수 있다.

음양오행 사상

SAJU SELF STUDY

01 우주철학

동양에서는 복희 시대 이후 음양오행 사상을 연구 발전시켜 왔다. 음(陰)과 양(陽)은 서로 보완하면서 하나의 통일체를 이루는 존재이고, 오행(五行)은 음과 양의 운동을 세분화한 목(木)·화(火)·토(土)·금(金)·수(水)이다.

그러나 동양의 음양오행 사상은 지극히 단순한 듯하면서도 파고들면 그 깊이가 끝이 없다. 태초에 음양이 나누어지면서 수(水)가 생기고, 이것이 수소와 산소로 극한분열을 이루어 화(火)가 형성된다. 이 과정에서 상승하는 목(木)의 작용과 하강하는 금(金)의 작용이 이루어진다. 그런데 이 모든 작용은 우주의 중심인 토(土)에 의해 조정되기 때문에 천지만물은 태어나면서부터 구심점을 형성해서 빙글빙글 돌게 된다. 달은 지구 둘레를 돌고 지구는 태양 둘레를 돈다. 태양 또한 다른 별자리를 돈다. 이와 같이 모든 천체가 자미신궁(紫微神宮)을 중심으로 돌고 있다. 음양오행 사상은 이러한 우주의 신비를 말해주고, 인간도 하나의 소행성이니 우주의 질서 속에서 조화를 이루며 살아가라고 일러준다.

02 생활철학

인간에게는 하늘의 해[日]와 달[月]이 중요하다. 예로부터 동양에서는 달과 깊은 관련이 있는 음력을 사용했는데, 이 달과 해는 각각 음과 양에 해당하므로 인간은 우선 음양을 알아야 한다.

그리고 인간의 터전은 토(土)이다. 이 토(土)를 관리하는 데는 사계절의 기후가 중요하다. 그런데 목(木)은 봄, 화(火)는 여름, 금(金)은 가을, 수(水)는 겨울이다. 왜냐하면 목(木)은 따뜻함, 화(火)는 더움, 금(金)은 서늘함, 수(水)는 차가움이기 때문이다. 이 목(木)·화(火)·토(土)·금(金)·수(水)가 바로 오행이다.

오늘날 동서양은 시간의 단위인 1주일을 이 음양오행의 7가지(日·月·木·火·土·金·水)로 구성하여 사용하고 있다.

03 기의 파동 철학

음양오행이란 우주변화의 원리를 설명하기 위하여 우주에 충만한 기(氣)가 어떠한 형태로 파동(波動)을 이루어 나가는가를 요약해서 나타내는 동양 전래의 형이상학적인 용어이다. 기의 파동이란 수(水)를 예로 들면 ① 맑고 잔잔하던 명경지수가 ② 갑자기 작용과 반작용을 일으켜서 갈라서며 ③ 이후 물결의 움직임을 이루는 것이다. ①은 음양이 나타나기 전의 상태이고, ②는 수평을 기준으로 내려감과 올라감 즉 음양이 나타난 상태이며, ③은 음양이 전환하면서 각각 확장[목(木)]·분산[화(火)]·조정[토(土)]·수축[금(金)]·통합[수(水)]의 오행이 나타난 상태이다. 오행이란 음양운동에서 발생하는 기의 세분화된 모습을 목(木)·화(火)·토(土)·금(金)·수(水)로 나타낸 것이다.

신기하게도 사람의 경우에는 손·발이 좌우(左右)로 음양이고 각 손·발가락 5개가 오행이다.

04 컴퓨터와 음양오행

오늘날 널리 사용하는 컴퓨터를 음양오행(陰陽五行)으로 설명해보자.

컴퓨터의 가장 기본적인 정보전달 단위인 비트(bit)는 0과 1로 표현할 수 있다. 0과 1은 불이 꺼졌다 켜졌다 하는 것을 나타내는 아주 간단한 전기적인 신호를 표현하는 데 사용된다. 0이 음(陰)이면 1은 양(陽)이니 음양(陰陽)에 바탕을 두고 있다고 볼 수 있다.

또한 컴퓨터의 기본적인 작동원리는 인간의 기본 구조와 매우 흡사하다. 예를 들어 우리가 수를 더할 때 해당 숫자를 보거나 듣고 그것을 기억하여 계산한 후 그 결과를 입으로 말하거나 종이에 적어 다른 사람에게 전달하듯이, 컴퓨터도 다음과 같은 5가지 기능을 가지고 작동한다. ① 자료나 명령을 입력하는 입력기능, ② 입력된 자료나 명령 등을 기억하는 기억기능, ③ 수치 계산과 논리적으로 비교하고 판단하는 연산기능, ④ 처리한 결과를 외부로 표시하는 출력기능, ⑤ 모든 동작을 명령·감독하는 제어기능이 그것이다. 이 5대 기능을 오행(五行)과 결부시켜 이해할 수 있다. 그래서 서양의 컴퓨터는 바로 동양의 음양(陰陽) 사상과 오행(五行) 사상 즉 음양오행(陰陽五行) 사상을 구체화시킨 것이라고 단정하는 견해가 등장한다.

사주학의 역사

01 사주학의 성립

사주학은 '명리학(命理學)' 또는 '자평학(子平學)' 등으로도 불린다. 사주학은 역학의 한 분야이다. 역학은 '모든 것은 바뀐다'는 사상을 바탕으로 하여 변화의 이치를 연구하는 학문으로서 주역과 사주학이 그 대표적인 예이다. 다만 주역은 음양론에 기초하여 연구대상을 모든 사안으로 확대시켰지만, 사주학은 음양오행론에 기초하여 사람에 한정시킨 점이 다르다. 사주학은 사람의 한평생이 변화하는 이치를 연구하는 학문이다.

역학은 천(天)·지(地)·인(人)의 세 분야로 나누어 다른 학문의 형태로 살펴볼 수 있다. 예를 들면 천은 자미두수, 지는 기문둔갑, 인은 사주학으로 살펴보는 것이다.

사주학에는 여러 학파가 있다. 당대에 이허중이 오늘날까지 전해오는 당사주를 만들었다고 하는데, 태어난 해인 연주의 간지 위주로 이론을 전개하기 때문에 추상적인 판단에 그치는 아쉬움이 있다.

사람의 출생 연월일시를 기초로 하여 체계적이고 종합적인 이론을 전개한 오늘날의 사주학, 즉 명리학은 중국의 5대 시대에 이루어졌다. 5대는 한반도에서 신라가 멸망하기 전후의 시기로, 당나라가 망하고 송나라가 건국되는 53년간(907~960)으로서 5대 10국 시대라고도 한다. 이때 서자평(徐子平)이 종래의 연주 위주의 사주 간명법에서 벗어나 일간을 위주로 하며 적중률이 높은 오늘날의 사주 간명법을 만들어냈다.

02 사주학의 전개

송대에는 서대승(徐大升)이 등장해서 서자평의 사주 간명법을 계승 발전시키고 『연해자평』을 저술하였다. 그러나 이 책은 서대승 이후의 인물인 당금지가 기존의 『연해』와 그 후의 비결집을 합본하여 만들었다는 주장도 있어서 저술인이 명확하지 않다.

명대에는 유백온(劉伯溫)·장남·만육오 등이 등장하였다. 유백온은 『적천수』를, 장남은 『명리정종』을 저술하였다. 장남 또는 만육오의 저서라고 하는 『삼명통회』가 전해진다.

청대에는 사주학이 다른 어느 시대보다 그 꽃을 활짝 피웠다. 당시의 고증학이 영향을 미쳤다고 본다. 심효첨(沈孝瞻)·진소암·임철초(任鐵樵) 등이 등장했는데, 심효첨은 『자평진전』, 진소암은 『명리약언』을 저술하였고, 임철초는 『적천수』에 주석을 달았다. 이 중에서 『자평진전』은 『적천수』·『궁통보감』과 함께 사주학의 3대 보서(寶書)로 꼽힌다. 『궁통보감』은 원래 이름이 『난강망』이라고 한다. 이 책은 오랫동안 묻혀 있다가 청대의 학자 여춘태(余春台)가 발견하였고, 지금은 『궁통보감』으로 불린다.

근대에는 서락오·원수산·위천리·아부태산 등이 등장하였다. 임철초가 『적천수』에 주석을 단 것을 서락오는 『적천수징의』로, 원수산은 『적천수천미』로 펴냈다.

우리나라에서 사주학의 대가로는 이석영과 박재완이 있다. 이석영은 『사주첩경』을, 박재완은 『명리요강』을 저술하였다.

◎ 참고

서자평(徐子平)은 세상이 바뀌자 자기의 이름을 서대승(徐大升)으로 바꾼 것이 아닌가 하는 생각이 든다.

◎ 유백온[劉伯溫, 1311~1375]

중국 원나라 말기에서 명나라 초기의 유학자이자 정치가이다. 이름은 기(基)이고 백온(伯溫)은 자(字)이다. 천문과 병법에 정통했고 명태조를 도와 중원을 얻었으며 저서로는 『적천수』 등이 있다.

중국 청나라 사주학자이다. 구체적인 생몰 연대는 알려진 바가 없고 사주학의 3대 보서로 꼽히는 『자평진전』을 저술했다는 것만이 전해질 뿐인데 논리 정연한 학자라는 평가를 받는다.

중국 청나라 사주학자이다. 구체적인 생몰 연대는 알려진 바가 없고 『적천수』에 주석을 달았다는 것만이 전해질 뿐인데 『적천수』의 깊은 이치를 밝힌 학자로 존경을 받는다.

중국 청나라 학자이다. 구체적인 생몰 연대는 알려진 바가 없고 지금은 『궁통보감』으로 불리는 『난강망』이란 책을 발견했다는 것만이 전해질 뿐이다.

03 시대별 특색

학문이란 그 시대의 사상을 반영한다. 아득한 복희 시대에서부터 전해 내려온 역학 또한 마찬가지다. 하·은·주 3대를 거치면서 춘추전국 시대 전 기간에 이르는 동안 역학에는 그동안의 여러 사상들, 예를 들어 도가(道家)와 유가(儒家) 사상뿐만 아니라 천문학과 수학 등 학문적인 지식까지 자연스럽게 스며들었으며 불교가 전래되면서 불교의 사상도 용해되었다고 보인다. 사실 사주학에서는 이러한 사상의 영향을 모두 찾아볼 수 있다. 사주는 천간·지지·지장간으로 이루어진다는 천지인(天地人)의 삼신(三神) 사상은 도가에서, 사주 오행의 성격을 인의예지신(仁義禮智信)으로 파악하는 오상(五常) 사상은 유가에서 유래한 것으로 보인다. 아울러 사주 12운의 생로병사 사상은 불교에서 유래했다고 보인다.

또한 사주학에는 당시의 다양한 지식이 담겨 있을 것이다. 예를 들어 B.C. 104년 한무제 때 제작한 달력은 태양년 1년을 $365\frac{385}{1539}$ 일까지, 음력은 $29\frac{43}{81}$ 까지 정확하게 계산했는데, 이 또한 사주학의 기초를 이루는 요소가 되었을 것이다. 중국의 수학은 이미 주대에 육예(六藝)의 한 과목으로 중시되었고 음양오행설과 함께 발전했는데, 기원전 1세기 무렵에는 이미 음수의 개념과 음수·양수의 계산방법까지 나타났다.

송대에는 주자학이 등장했는데, 주돈이는 『태극도설』을 저술하여 도가 사상과 한대 유학자의 음양오행설을 조화시켜 주자학의 개조(開祖)가 되었다. 원래 태극도설은 노자와 장자 계통의 학자들이 주창한 것으로 주돈이가 그 의미를 새롭게 재정리하였다. 태극도설에 의하면 태극에서 음양이 생기고 여기에서 다시 오행으로 진행되는데, 주자학의 우주론과 존재론의 기초가 여기에서 시작된다. 오늘날의 사주학에서 눈여겨볼 대목이다.

명대에는 양명학, 청대에는 고증학이 발달하였고 이 역시 사주학에 영향을 미쳤다고 본다. 특히 고증학은 송대와 명대의 주지주의적 관념론과 달리 명확한 근거를 바탕으로 사실을 파악하는 실사구시(實事求是)의 실증주의적 연구방법을 택했기 때문에 사주의 고증을 통한 사주학의 발전에 크게 공헌했다고 본다.

"

사주학의 재조명

01 사주학의 의의

사주학은 사람의 한평생이 변화하는 이치를 연구하는 학문이다. 형이상학적인 역학의 한 분야인데, '명리학(命理學)' 또는 '자평학(子平學)' 등으로도 불린다. 이 중에서 명리학에는 하늘이 자신에게 부여한 사명을 깨닫고 스스로 자신의 앞날을 잘 다스려 나간다는 뜻이 있다. 자평학의 의미 또한 이와 다르지 않다. 자(子)는 수(水), 즉 천지를 구성하는 가장 핵심적인 물질인데, 이 수(水)는 항상 평(平)을 이루려는 성질이 있어서 결국에는 명경지수가 된다. 변화가 많은 현대인에게는 자평(子平), 즉 명경지수의 경지에 이르는 것이 목표이다.

02 사주학의 근거

사주학은 음양오행설에 근거를 두고 개인의 생년월일시를 기초로 생극제화(生剋制化)의 관계를 파악하여 조화와 순리의 관점에서 평생의 기상도를 파악한다. 이때 특정 개인의 출생 시점을 네 기둥 여덟 글자로 확정지어 이론을 전개한다. 모래알 하나에도 우주의 신비가 깃들어 있다. 사주학에서는 개인이 특정한 시점에 이 세상과 인연을 맺고 태어났다는 사실을 부정할 수 없는 인과의 귀결이며 하늘의 명(命)이라고 본다. 예를 들어 대포를 쏘면 각도, 화약과 포신의 크기 등에 따라 포탄의 운동곡선과 낙하지점 및 시점이 달라지듯이, 사주 또한 그 사람의 세세생생(世世生生) 함축된 인과를 나타내는 법륜(法輪) 즉 법의 수레바퀴라고 보는 것이다.

사주학의 이론을 발전시켜온 선현들은 인간도 하나의 소행성이라는 인식하에 천문학, 우주학에 근거를 두고 많은 이론을 전개했다. 생각해보자. 인간도 지구와 마찬가지로 태양계에서 태어나 태양 주위를 맴돌다 사라지는 하나의 소행성이 아닌가. 따라서 한 사람이 어느 해, 어느 달, 어느 날, 어느 시에 태어났는지는 태양과의 관계에서 매우 중요한 의미가 있다.

그리스의 천문학자·지리학자·수학자인 에라토스테네스[Eratosthenes, B.C. 273?~B.C. 192?]는 막대기의 그림자로 지구 둘레의 길이를 계산해 냈다.

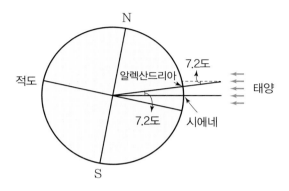

어느 날 도서관에서 그는 파피루스(papyrus) 하나를 발견했는데 거기에 하짓날 정오에는 시에네 우물에 태양이 정면으로 비친다는 기록이 있었다. 이는 그 날 그 시각에는 시에네에 막대기를 꽂아 놓으면 그림자가 생기지 않는다는 것이다. 하지만 같은 날 같은 시각에 알렉산드리아에서는 막대기의 그림자가 사라지지 않았다. 그래서 그는 지구는 완전한 구형이라고 생각했다. 그리고 지구로 들어오는 태양 광선은 어느 곳에서나 평행이라고 가정했다.

그는 하짓날 시에네와 알렉산드리아에 막대기를 수직으로 세우고 시에네 막대기의 그림자가 사라졌을 때의 알렉산드리아 막대기의 그림자를 측정했다. 그 결과 그림자의 길이가 막대기의 1/8이었다. 이는 알렉산드리아로 들어오는 태양 광선과 막대기 사이의 각도가 약 7.2도라는 것이다. 즉 시에네와 알렉산드리아가 약 7.2도 떨어져 있다는 것이다. 이를 기초로 지구 둘레의 길이를 계산하기 위해 필요한 것은 시에네와 알렉산드리아의 직선거리이다. 두 도시의 직선거리는 측정 결과 5,000stadia(925km)였다. 지구 둘레의 길이를 x라고 하면 다음과 같은 방정식이 성립된다.

$$360도 : 7.2도 = x : 5,000stadia(925km)$$
$$x = 250,000stadia(46,250km)$$

위의 계산 결과는 오늘날의 실제값인 약 40,000km에 상당히 가깝다. 얼마간 오차가 생긴 것은 지구가 에라토스테네스의 생각처럼 완전한 구형이 아니기 때문이다. 지구 둘레의 길이는 적도를 따라 도느냐 아니면 북극 → 남극 → 북극으로 도느냐에 따라서 조금 차이가 있다.

그러니까 에라토스테네스는 순간의 현상을 잣대로 삼아 이것을 가지고 자연의 이치를 밝혔다. 사주학 또한 이와 다르지 않다.

03 사주와 운명

사주가 똑같은 사람들은 운명도 동일할까? 그렇지는 않다. 비록 개인의 출생시점을 놓고 사주를 판단하지만, 출생 시점 자체는 시간의 나열에 불과하여 아무런 의미가 없고 주체인 개인과 결부되어야 비로소 의미를 갖기 때문이다.

예를 들어 서기 2000년 5월 15일 12시 정각에 태어난 나비·사슴·인간은 사주가 똑같지만 운명이 동일한 것은 아니다. 각각 나비·사슴·인간으로서 서로 다른 일생을 살지 않겠는가.

이러한 논리는 사주가 똑같은 사람들에게도 적용된다. 그러므로 사주는 주체가 되는 개인과 결부시켜 판단해야 한다. 개인마다의 현실적인 차이를 고려하지 않은 사주 판단은 추상적인 추리에 그치고 만다.

필자는 사주가 똑같은 두 여인―을사(乙巳)년 기축(己丑)월 경오(庚午)일 무인(戊寅)시 출생-과 자리를 함께한 적이 있다. 한 여인은 남쪽 섬에서 태어났고, 다른 한 여인은 휴전선 부근에서 태어났다. 또 두 여인의 출생시각은 45분의 차이가 있었다.

사주가 똑같은 두 여인의 공통점은 다음과 같다.

▶ 둘 다 춤을 추면서 살아간다(한 여인은 무당이고, 다른 한 여인은 고전무용가이다).
▶ 둘 다 아버지가 매우 일찍 돌아가셨다.
▶ 둘 다 어머니가 후처이다.
▶ 둘 다 나이 마흔이 가깝도록 남편 및 자식과 인연이 없다.
▶ 둘 다 이름에 '아름다울 미(美)'가 들어 있다.
▶ 둘 다 다리에 질환이 있고 기타 신체에 공통점이 많다.

사주가 똑같은 두 여인의 차이점은 다음과 같다.

▶ 한 여인은 남쪽 섬에서 태어나 고등학교를 졸업하고 독신으로 살아왔는데 지금은 작두 위에서 칼춤을 추는 무당이다.
▶ 다른 한 여인은 휴전선 부근에서 태어나 대학교까지 졸업하고 결혼해서 자식까지 두었는데 지금은 그들과 헤어져 고전무용가로서 활약하고 있다.
▶ 두 여인의 이름 글자 중 한 글자는 공교롭게도 똑같지만 나머지 한 글자는 다르다.

사주가 똑같다고 해도 각기 다르게 풀이할 수 있다.

04 사주의 종류

　사주는 몇 개나 이루어질 수 있을까. 연월일시마다 각각 60갑자가 있고 남녀의 경우가 다르므로 $60 \times 60 \times 60 \times 60 \times 2$로 계산하는데, 다시 1달을 초기·중기·정기로 나누면 그 3배인 77,760,000개가 나온다는 설명이 있다. 그러나 연은 60, 월은 12, 일은 30, 시는 12이고 남녀의 경우가 다르기 때문에 $60 \times 12 \times 30 \times 12 \times 2$로서 518,400개가 기준이고, 1달을 3으로 나누면 그 3배가 된다는 계산이 나온다. 이러한 사주의 수는 인간의 혈액형보다 엄청나게 많다.

05 사주학은 수신학이다

　사람은 자신의 환경과 심상을 다른 누구보다 더 잘 안다. 그러므로 자신의 사주는 스스로 보는 것이 바람직하다. 자신의 사주가 재물과는 인연이 없는데 본인이 이것을 깨닫지 못하고 재물을 탐하면 거지가 된다. 하지만 똑같은 사주라도 주체성이 강한 사람은 물욕을 버릴 경우에 많은 사람의 존경을 받는 천하의 영웅호걸이 될 수 있다. 또 재물에는 관심을 두지 않고 자신의 재능을 발휘하는 것은 길하므로 이런 경우에는 교수가 된다. 이처럼 사주학을 통해서 본인 스스로 갈고닦을 수 있기 때문에 사주학은 수신학(修身學)이다. 사람마다 각기 살아온 과정을 돌이켜보고, 그에 따라 사주학의 어느 이론이 자신에게 합당한지 살펴봐야 한다. 나아가 앞날을 추리하고 자신을 가다듬어 나가야 한다. 그래서 오늘날 사주학은 『명심보감』과 같은 수신학으로 재조명되는 것이다.

　우리는 사주학에 깃들어 있는 천지인(天地人) 사상·조화 사상·순리 사상·역(易) 사상을 바탕으로 스스로를 갈고닦아 보다 나은 내일을 창조해 나가야 한다.

컴퓨터 프로그램의 활용

SAJU SELF STUDY

01 필요성

　필자는 사주 간명, 자료 관리, 추후 검증, 사례 연구 등 사주학의 전 분야에 걸쳐 도서출판 갑을당이 개발한 컴퓨터 프로그램을 활용하고 있다. 도서출판 갑을당은 『컴퓨터 만세력』으로 유명하다. 컴퓨터 프로그램을 활용하면 우선 사주와 관련자료를 신속하고 정확하게 뽑을 수 있어서 좋다. 사실이 이러하니 필자에게는 컴퓨터 프로그램 없이 사주를 보는 사람들이 신기하게 보일 정도이다. 우선 사주의 네 기둥을 뽑고 대운을 전개시키려면 복잡하고 혼란스러운 과정을 거쳐야 하는데, 만세력을 보고 수리 계산까지 해야 하므로 시간이 걸리고 틀리기 쉽다. 더구나 여러 사람의 사주를 한꺼번에 볼 경우에는 더욱 그렇다. 이런 일들을 컴퓨터 프로그램 없이 척척 해내는 사람들을 보면 참으로 뛰어난 능력을 갖고 있다고 생각된다.

뿐만 아니라 사주를 볼 때에는 네 기둥과 대운 이외에도 살펴볼 것들이 많다. 지장간, 통변성, 합·충·형·해·파, 조후, 명궁, 12운, 대운과 연운 및 월운에 관한 분석 등 해야 할 일들이 한두 가지가 아니다. 하지만 컴퓨터 프로그램을 활용하면 이러한 문제는 바로 해결할 수 있다. 또한 사주를 볼 때에는 철저한 수리 계산이 뒷받침되어야 하기 때문에 컴퓨터 프로그램이 더욱 필요하다. 대운이 바뀌는 시기를 판단해내는 것도 수리 계산에서 이루어진다.

그러나 가장 중요한 것은, 예를 들어 같은 묘(卯)월에 태어났더라도 갑(甲)이 강한 시점인지 을(乙)이 강한 시점인지 분석해내는 것인데, 이를 위해서는 수리 계산이 절대적으로 필요하다. 이른바 초기(初氣)·중기(中氣)·정기(正氣)를 구분하는 문제로, 이때는 태어난 연월일시에서 절입 일시를 빼서 그 기간에 해당하는 기(氣)를 선택하면 된다. 그 중에서 가장 기가 센 것을 주권신(主權神)이라고 한다. 양력 1981년 3월 25일 12시 10분 대전 출생이라면 절입 일시인 양력 3월 6일 01시 05분을 뺀 19일 11시간 05분이 월의 심천(深淺), 즉 절입 일시 경과시간이 되고 따라서 을(乙)이 태어난 월의 주권신이 된다. 사주에서 이와 같이 계산하려면 번거롭기 때문에 사람들은 대개 이를 생략해버리지만 컴퓨터 프로그램을 활용하면 금방 해결할 수 있다. 사주 간명, 자료 관리, 추후 검증, 사례 연구 등 사주학에는 컴퓨터 프로그램을 활용하는 것이 필요하다.

컴퓨터의 어원은 '컴퓨테어(computare)'로 '계산하다'라는 의미가 있다. 초기에 컴퓨터는 '계산을 수행하는 장치'라는 뜻이었다. 그러나 오늘날의 컴퓨터는 '계산하다'라는 산술적인 기능을 넘어서 그 영역이 확장되어 비교·분석·판단·계측 등과 같은 인간의 지적 활동에 견줄 만한 기능을 해낸다.

후학들은 컴퓨터를 활용해서 같은 사주를 지닌 사람들의 공통점을 파악하여 사주학을 한 차원 높게 발전시켜야 한다. 이제는 사주학을 양지로 끌어내야 한다. 이제마는 사람의 체질을 음양으로 나누어 태음인·태양인·소음인·소양인의 4가지로 분류하였다. 그러나 사주의 종류는 518,400개의 3배수에 이른다. 의학도라면 이것을 토대로 사주와 건강의 상관성을 연구하여 의학을 한 차원 높게 발전시킬 만하다. 서양의학도 동양의학과 접목되어야 꽃이 필 것이다. 의학 분야에만 사주학 연구가 필요한 것은 아니다. 적성과 심리 파악, 직업 선택, 시기 판단 등 광범위한 분야에 사주학을 접목시킬 수 있다. 후학들은 컴퓨터를 활용해서 이를 잘 해낼 수 있으리라고 기대한다.

추가로 지구의 북반구와 남반구에 관한 문제를 언급하지 않을 수 없다. 왜냐하면 사주 풀이에 필요한 사주의 네 기둥을 확정짓기 위해서는 만세력이 필요한데, 지금의 만세력은 북반구 중심으로 이루어져서 이를 남반구에 그대로 적용시킬 수 없기 때문이다. 오늘날은 국제화 시대이고 한국인이 호주나 뉴질랜드 등 남반구에 있는 국가에서 태어나는 경우가 많다. 이런 경우 북반구 중심의 만세력을 기준으로 사주를 작성해서 앞날의 운명을 추리하는 것이 과연 타당한가?

일반적으로 여름철에 태어난 사람한테는 수(水)가 필요하고, 겨울철에 태어난 사람한테는 화(火)가 필요하다. 그런데 남반구에서 겨울철에 태어난 사람한테 북반구 중심의 만세력을 기준으로 여름철에 태어난 사람이니 수(水)가 필요하다고 하면 이는 마치 추위에 떨고 있는 사람을 차가운 물속으로 밀어 넣는 것과 마찬가지가 아닌가.

　　이상의 문제를 극지대와 적도지대에까지 확장할 수 있다.
　　새로운 컴퓨터 프로그램을 개발할 때에는 오늘날의 다양한 지식을 선명하게 반영할 분야가 많으리라고 본다.

하도와 낙서

01 우주변화의 원리

우주변화의 원리를 상수(象數)로 체계화하여 나타낸 도서가 하도(河圖)와 낙서(洛書)이다.

복희는 황하에서 나온 용마(큰 말)의 등에 그려진 무늬를 보고 하늘과 땅의 율동상을 깨달아 이를 그림으로 그렸다고 한다. 이것이 하도이다. 하늘의 계시로 자연 속에 숨겨진 질서인 상(象)을 읽고 이를 천지의 기본 수인 1에서 10까지의 수(數)로 체계화하였다.

하도와 음양 짝을 이루는 것으로 우주변화의 원리를 그려낸 문서가 낙서이다. 낙서는 하나라 우임금이 9년홍수를 다스리던 중 낙수에서 나온 커다란 거북의 등에 나타난 여러 개의 점에서 천지 변화의 기틀을 깨닫고 이를 수상(數象)으로 나타낸 것이라고 한다.

하도와 낙서는 이후 주나라 문왕과 공자를 거쳐 음양 팔괘를 구성 원리로 한 주역으로 체계화되었다.

하도와 낙서는 동양철학의 알맹이 내지 '알파와 오메가'이다.

02 소강절 이야기

송나라 소강절[邵康節, 1011~1077]은 이름이 옹(雍)이고 강절은 시호이다. 시호란 제왕·경상(卿相)·유현(儒賢)이 죽은 뒤에, 그의 공덕을 칭송하여 임금이 추증하던 이름이다. '옹'이란 이름 대신 '강절'이란 시호로 불리는 경우가 많다. 송나라 도학의 중심 인물로 꼽힌다.

소강절은『황극경세서』를 저작하여 천지간 모든 현상의 전개를 수리로서 해석하고 그 장래를 예시했으며, 또『관물내외편』에서 도덕수양법을 설명했다.

매화역수(梅花易數)는 소강절이 개발한 점법이다. 소강절이 매화를 감상하다가 새 두 마리가 싸우다 떨어져 죽어 가는 것을 보고, 그 현상을 수로 바꾸어, 내일 저녁에 한 여자가 아름다운 꽃을 몰래 꺾다가 정원을 관리하는 하인에게 발각되어 정신없이 도망가다 땅바

닥에 여지없이 넘어져 마침내 다리를 다칠 것으로 예언했다. 이 예언이 적중해서 매화역수란 점법이 유래한다. 순간적인 자연 현상을 근거로 하는 점법의 한 가지 이다.

매화역수는 동전을 흔들거나 대나무 쪽을 뽑을 필요도 없다. 어떤 사람이 방 안으로 들어오기만 하면 곧 그에 대한 모든 것이 파악된다. 점이 이미 끝난 것 이다. 매화역수의 방법은 통상 간지(干支)와 월일시의 숫자로써 체괘(體卦)와 용 괘(用卦)를 결정한다. 그리고는 다시 호괘(互卦)로써 괘의 발전을 살펴 길흉과 득실을 판정한다. 지금이 임자(壬子)년 음력 9월 12일 신(申)시라 하자. 임자년 의 자(子)는 1이고 9월은 9, 12월은 12이다. 그러면 1+9+12=22, 22를 8로 나누 면 나머지가 6인데, 6은 감(坎)으로서 상괘는 감이 된다. 신시의 신(申)은 9로서 9+22=31, 31을 8로 나누면 나머지가 7, 7은 간(艮)으로서 하괘는 간이 된다. 이 렇게 해서 수산(水山) 건(蹇)괘를 얻을 수 있다. 이처럼 매화역수의 방법은 연월 일시로부터 괘를 얻을 수 있고, 혹은 들어와서 앉는 위치, 혹은 오른발이 먼저 들어오는지 왼발이 먼저 들어오는지, 서 있는지 앉아 있는지, 어느 방향을 향하 고 있는지 등 편의에 따라 임의로 괘를 만들어 낼 수 있다. 그가 물을 때까지 기 다릴 필요도 없이 이미 대략을 파악한다. 이것이 매화역수의 방법이다. 보기엔 쉬울 것 같지만 실제로는 매우 어렵다. 고도의 지혜와 순발력이 있어야 가능하 다. 아무렇게나 마구 할 수 있다고 생각하면 오산이다.

이리저리 전해 내려오는 '소강절 일화'가 많다. 그 중 하나만 추려서 보기로 하 자. 사실 여부를 떠나 '소강절이 참으로 상수학(象數學)의 대가였구나'라는 관점 에서 받아들이면 된다.

뱀[巳]의 해였다. 춘삼월을 맞이하여 소강절 선생은 제자 몇 명과 친구 집을 찾아갔다.

친구집은 고래 등 같은 기와집으로 넓은 뜰에 모란꽃이 만발하여 온 집안에 꽃향기가 가득했다. 벌과 나비들이 날아다녀 더욱 운치를 돋우었다.

선생을 모시고 동행한 제자 한 명이 "선생님, 모란꽃이 이렇게 만발한 것도 그만한 연유가 있을 것으로 생각됩니다"라고 했다. 그러자 선생은 "아무렴, 이 꽃에도 숨겨진 연유가 있을 것이다. 연월일시작괘법으로 연월일의 숫자를 합해보면 올해 사(巳)년의 사(巳) 본래 숫자가 6, 이달 3월이 3, 오늘 날짜가 16인지라 25가 된다. 이 25를 8로 나누면 3·8·24로 1이 남아 천(天)상괘가 천(天)이고, 기본 숫자 4를 25와 합하면 29가 되니 이 29를 8로 다시 나누면 3·8·24로 5가 남아 지(地)하괘가 풍(風)이라 결국 천풍구(天風姤)가 되느니라. 기타 변괘(變卦)는 화풍정(火風鼎)이고, 호괘(互卦)는 64괘 중(六十四卦中)에서 가장 강(强)하다는 건위천(乾爲天)이 되느니라."

제자들은 숨을 죽이고 고개를 끄덕였다. 이윽고 선생은 물을 한 그릇 떠 오라 하더니 꿀꺽 꿀꺽 마시고 입술과 하얀 수염에 묻은 물방울을 닦고 낮은 목소리로 "괴이한 일이로다. 이 아름다운 꽃이 내일 오(午)시에 말발굽에 짓밟혀 파손될 것이리니…"

이 말을 들은 친구나 제자들은 꽃이 다른 이유로 약간 파손될 수는 있어도 말발굽에 짓밟혀 파손될 것이라고는 믿지 않았다.

그러나 그 이튿날 오시가 되자, 어느 고관이 타고 가던 말들이 싸움을 하여 그 아름다운 모란꽃을 짓밟아버리는 불상사가 생겼다.

감탄한 친구와 제자들이 꽃이 말발굽에 짓밟혀 파손되는 상세한 괘풀이를 청했다. 그러자 선생은 다음과 같이 설명했다.

"모든 괘에는 체(體)와 용(用)이란 것이 있어 이는 주인과 손님의 관계이므로 이를 잘 판단해야 하느니…. 천풍구에서 천(天)은 말이고 풍(風)은 나뭇가지, 즉 꽃이므로 말을 상징한 천금(天金)이 꽃을 상징한 풍목(風木)을 금극목(金剋木)한다. 더구나 말발굽에는 쇠가 부착되어 있으니 금극목이 심하여 말발굽에 짓밟혀 파손된다. 여기에 오시란 시간까지 알 수 있었던 것은 천(天)이 말인데 이 말에 해당한 시간이 바로 오시이기 때문이다. 물론 이 밖에도 변괘 · 호괘가 있어 각기 작용하는 면이 있지만 대충 이러하느니라."

선생의 이러한 괘풀이를 듣고 있던 제자들은 할말이 없다는 듯 고개만 연신 끄덕였다.

'소강절 일화' 가운데는 '심역현기(心易玄機)'를 이야기하고 있는 것이 있다. 괘로 사물을 판단할 때는 이치를 밝혀야 하는데 그 이치를 밝히기 위해선 무엇보다 심역현기에 능통해야 한다는 것이다. 그러면 심역현기란 무엇인가?

심역현기란 학문적이고 체계적인 논리에서 한 걸음 나아가 자신의 마음을 잘 다스려 명경지수(明鏡止水, 밝은 거울과 정지된 물이라는 뜻으로, 고요하고 깨끗한 마음을 가리키는 말)의 경지에 이르는 것을 말한다.

괘상(卦象)으로만 판단하면 호미나 도끼는 둘 다 쇠와 나무로 이루어진 물건이므로 백지 한 장 차이이다. 이 백지 한 장을 메우기 위해선 심역현기가 필요하다. 다시 말하면 겨울에 해가 져 이미 저녁때도 지난 시각에는 들판에 나가 언 땅을 팔 리가 없으니 호미가 아니라 날씨가 춥기 때문에 통나무를 쪼개는 도끼가 필요할 것이다. 또한 여름에 천기(天氣)를 볼 경우 눈이 온다는 확신보다는 비가 온다는 확신이 더 강한 것과 같다. 이러한 까닭에 팔괘(八卦)를 배우는 사람은 모든 이치에 능통해야 한다는 이야기이다.

소강절은 하도와 낙서를 3년간 들여다보고 비로소 그 의미를 깨우쳤다고 한다.

03 하도

하도(河圖)란 옛날 중국 복희 시대에 황하(黃河)에서 나왔다는 용마가 등에 지니고 있던 쉰다섯 점의 그림이다. 황하의 '하(河)'와 그림의 '도(圖)'를 합친 것이 '하도(河圖)'이다.

하도는 용마의 등에 나타난 모양인데 등의 털이 마치 별 모양과 같이 똘똘 말려 1에서 10까지 55개의 점으로 질서 있게 배열되어 있다. 복희가 이것을 보고 천지(天地)의 이치를 깨달아 팔괘(八卦)를 그었으니 음양오행과 상수(象數)가 여기에서 시작되었다고 한다.

◎ 하도

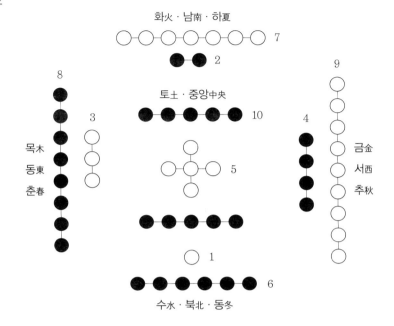

위의 그림에서 55개의 점은 검은 점(●)과 흰 점(○)으로 표시되어 있다. ○은 양(陽)을 상징하고 ●은 음(陰)을 상징한다.

1 · 3 · 5 · 7 · 9는 홀수이므로 양수(陽數) 또는 천수(天數)라 하고 합하면 25가 된다.

2 · 4 · 6 · 8 · 10은 짝수이므로 음수(陰數) 또는 지수(地數)라 하고 합하면 30이 된다.

천수 25와 지수 30을 합한 55를 천지수(天地數)라 한다.

그리고 5와 10은 중앙에 있으므로 중앙수라 한다.

또 1 · 2 · 3 · 4 · 5를 생수(生數)라 하고 6 · 7 · 8 · 9 · 10을 성수(成數)라 한다.

1이 5를 만나 6이 되고, 2가 5를 만나 7이 되고, 3이 5를 만나 8이 되고, 4가

5를 만나 9가 되고, 5가 5를 만나 10이 된다. 그러므로 5는 생수의 극(極)이고 10은 완성수이다.

그리고 생수인 1·2·3·4·5가 각각 성수인 6·7·8·9·10과 어울려 홀수 짝수의 음양배합을 이루니 여기에서 오행인 수(水 : 1·6), 화(火 : 2·7), 목(木 : 3·8), 금(金 : 4·9), 토(土 : 5·10)가 생겨난다.

한편 2화(火)와 3목(木)의 합은 5이고 1수(水)와 4금(金)의 합 역시 5로서 각각 중앙의 5토(土)를 이룬다. 중앙의 5토(土)는 상하좌우, 동서남북, 사계절을 모두 조정한다. 토(土)가 중간에서 조정 역할을 하기 때문에 겨울인 듯 봄이 오고 여름인 듯 가을이 온다.

▶ 동(東) : 흰 점 3(양)과 검은 점 8(음)로 이루어져 있어서 3·8목(木)이라 한다. 봄[春]을 나타낸다.

▶ 서(西) : 검은 점 4(음)와 흰 점 9(양)로 이루어져 있어서 4·9금(金)이라 한다. 가을[秋]을 나타낸다.

▶ 남(南) : 검은 점 2(음)와 흰 점 7(양)로 이루어져 있어서 2·7화(火)라 한다. 여름[夏]을 나타낸다.

▶ 북(北) : 흰 점 1(양)과 검은 점 6(음)으로 이루어져 있어서 1·6수(水)라 한다. 겨울[冬]을 나타낸다.

▶ 중앙(中央) : 흰 점 5(양)와 검은 점 10(음)으로 이루어져 있어서 5·10토(土)라 한다. 환절기를 나타낸다.

동남에서는 밖의 8(음)이 안의 2(음)와 합하여 완성수 10이 된다.
그리고 밖의 7(양)은 안의 3(양)과 합하여 완성수 10이 된다.
음양이 서로 교차하여 동남의 구심점을 이룬다.

서북에서는 밖의 9(양)가 안의 1(양)과 합하여 완성수 10이 된다.

그리고 밖의 6(음)이 안의 4(음)와 합하여 완성수 10이 된다.

　음양이 서로 교차하여 서북의 구심점을 이룬다.

　동서남북의 사계절에 속한 흰 점(1·3·7·9)과 검은 점(2·4·6·8)은 각각의 합계가 모두 20으로서 음양이 서로 균형을 이루고 있다.

　태초에 음양이 나누어지면서 1수(水 : H$_2$O)가 생기고, 이것이 수소와 산소로 분열되면서 2화(火)가 형성된다.

　작용과 반작용의 원리 또는 에너지 보존의 법칙에 따라 차가운 수(水)와 뜨거운 화(火)가 어우러져 최초의 균형 상태를 유지시켜준다고 볼 수 있다.

　습도[수(水)]와 온도[화(火)]가 생명체를 자라게 만들어주니 이것이 목(木)작용이다.

　그러나 상승하는 목(木)작용에는 하강하는 금(金)작용이 반작용을 이룬다.

　따라서 생명체는 자라는 것이 한계가 있고 그만 시들어버린다.

　이 모든 작용은 토(土)의 조정작용을 받기 때문에 만물은 태어나면서부터 구심점을 형성해서 자전과 공전을 한다. 달은 자전하면서 지구를 중심으로 공전하고, 지구는 자전하면서 태양을 중심으로 공전한다.

　이와 같이 모든 전체들이 하느님이 계신 자미신궁을 중심으로 원무를 추고 있다. 음양오행의 이론은 이러한 우주의 신비를 말해주고, 인간도 하나의 소행성이니 우주의 질서 속에 조화를 이루며 살아가라고 일러준다.

하도는 만물의 근원인 북방 1·6수(水)로부터 시작하여 우회전하면서 동방 3·8(木)을 생(生)하고, 목(木)은 위의 남방 2·7화(火)를 생하고, 화(火)는 중앙 5·10토(土)를 생하고, 토(土)는 오른편 서방 4·9금(金)을 생하고, 금(金)은 아래의 북방 1·6수(水)를 생하는 원리로 이루어져 있다. 하도는 수생목(水生木), 목생화(木生火), 화생토(火生土), 토생금(土生金), 금생수(金生水)하여 오행이 생(生)하는 작용을 나타낸다.

반면 이어서 설명할 낙서(洛書)는 수극화(水剋火), 화극금(火剋金), 금극목(金剋木), 목극토(木剋土), 토극수(土剋水)하여 오행이 극(剋)하는 작용을 나타낸다.

하도는 생명체를 낳아 길러주는 모성애를 의미하고, 낙서는 욕망을 성취하려는 소유본능을 의미한다.

하도는 우주의 선천적인 체(體)가 되고 낙서는 후천적인 용(用)이 된다.

04 낙서

낙서(洛書)란 옛날 중국 하나라 우임금이 홍수를 다스릴 때 낙수(洛水)에서 나왔다는 거북의 등에 있던 45개의 점이다. 팔괘(八卦)의 법이 이에 의해 만들어졌다고 한다.

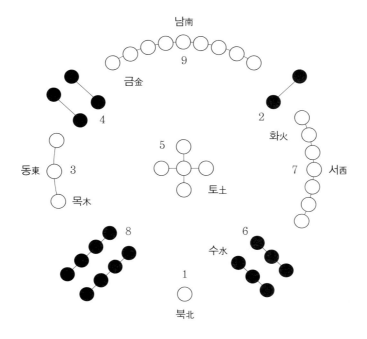

낙서는 거북의 등에 나타난 모양인데 45개의 무늬가 마치 글자 획을 그은 듯이 선명하게 나타나 있다.

하도는 용마의 등에 나타난 모양이 그림과 같으므로 '그림 도(圖)' 자를 썼고, 낙서는 거북의 등에 나타난 모양이 글자 획과 같아서 '글 서(書)' 자를 썼다고 한다. 낙수의 '낙(洛)'과 글 서의 '서(書)'를 합친 것이 '낙서(洛書)'이다.

낙서는 수치로 요약할 수 있는데 다음 그림에서 수치 표시는 낙서에서 가로·세로·대각선의 합이 모두 15가 된다는 것을 나타낸다.

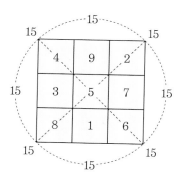

05 하도와 낙서의 의의

하도에서는 우회전하면서 수생목(水生木), 목생화(木生火), 화생토(火生土), 토생금(土生金), 금생수(金生水)를 하였다.

그러던 것이 낙서에서는 북방 1·6수(水)가 좌회전하면서 서방 2·7화(火)를 극하고, 화(火)는 남방 4·9금(金)을 극하고, 금(金)은 동방 3·8(木)을 극하고, 목(木)은 중앙 5토(土)를 극하고, 토(土)는 북방 1·6수(水)를 극하는 원리로 이루어져 있다.

하도는 상생작용을 나타내어 완성수 10이 있지만, 낙서는 상극작용을 나타내어 완성수 10이 없어져버렸다.

하도에서는 양의 수와 음의 수가 서로 합하여 동·서·남·북 네 곳에 자리를 잡고 있었지만, 낙서에서는 양의 수(1·3·7·9)가 일방적으로 동·서·남·북에 자리를 잡고 앉아 있으므로 군주의 형상이고 음의 수(2·4·6·8)는 그 옆으로 밀려나 있으므로 신하의 형상이다.

하도는 음양의 수가 상호 교합(交合)하는 조직체를 의미하고, 낙서는 양이 움직이기 시작하는 운동력을 의미한다.

하도의 총수는 55이고 낙서의 총수는 45로 둘을 합하면 100이 된다.

하도에서는 천수(天數) 즉 1·3·5·7·9의 합이 25이고, 지수(地數) 즉 2·4·6·8·10의 합이 30이다.

하지만 낙서에서는 천수 즉 1·3·5·7·9의 합이 25이고, 지수 즉 2·4·6·8의 합이 20이다.

하도와 낙서를 통틀어 천수의 합이 50, 지수의 합이 50으로 균형을 이룬다.

낙서에는 1에서 9까지만 있고 10이 나타나 있지 않다.

그러나 중앙 5를 중심으로 마주 보는 수의 합이 1·9, 2·8, 3·7, 4·6으로서 10을 이루고 있다.

완성수 10은 하도와 낙서 전체의 수 100을 총괄하는 구심체로서 기(己)토에 해당하고, 토중지토(土中之土)로서 우주의 중심을 이룬다. 기(己)토는 사물 전체를 포용하는 형상[己]이다.

하도와 낙서는 아래의 그림처럼 완성수 10의 조화 속에서 파동을 이루어나가는 우주 변화의 두 가지 상반(相反)된 모습이라고 할 수 있다.

◎ 우주

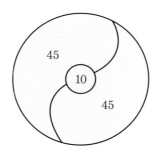

하도와 낙서에 대해서는 여러 가지 견해가 있을 수 있다. 그 가운데 천문학의 가설인 '홀(hole)' 이론을 적용한 다음의 견해가 무척 흥미롭다.

하도는 수축(↻)하는 우주를 나타낸 것이고, 낙서는 팽창(↺)하는 우주를 나타낸 것이다. 그런데 우주는 블랙홀(black hole) → 웜홀(worm hole) → 화이트홀(white hole)로 이어지면서 수축과 팽창을 반복하는 다원우주이다. 하도의 우주는 블랙홀로 빠져들어간다. 그 다음 블랙홀과 화이트홀의 연결고리인 웜홀을 통과하게 되는데, 여기에서는 시간과 공간 등 모든 것이 사라지며 우주 구조의 코드 변화인 이른바 금화교역(金火交易, 하도의 서쪽金·남쪽火가 낙서의 서쪽火·남쪽金으로 金과 火가 서로 자리바꿈을 하는 것)이 일어난다. 그 결과 블랙홀로 빠져들어간 하도의 시간과 공간 등 모든 것이 다시 분출되는 낙서의 우주가 전개된다.

위의 견해에 따르면 아득히 멀어져 간 그 옛날이 화이트홀에서 다시 살아나고 있으리라.

06 기본수

1) 기본수의 의미

기본수는 하도에 나타난 1, 2, 3, 4, 5, 6, 7, 8, 9, 10이다.

하도에 나타난 1에서부터 10까지의 기본수는 작용과 반작용 그리고 조정작용에 의하여 삼라만상이 변화하는 구체적인 단계를 나타내는 진리수이다. 현실적으로도 1(물) → 6(육각수), 2(불) → 7(일곱 색깔 무지개)로 입증되고 있지 않은가.

동양 전래의 하도에 나타난 1에서부터 10까지의 기본수는 현재 우리가 쓰고 있는 원소의 주기율표에 배열한 원자번호와 같다.

2) 0과 0으로 끝나는 수

기본수를 논하는 이 기회에 '0'이라는 수 및 '0'으로 끝나는 10, 20, 30 등의 수에 관하여 살펴볼 필요가 있다. 왜냐하면 이러한 수가 시작인 동시에 끝인 신비로운 가변수인지라, 이를 과연 자연수의 하나로 인정할 수 있는지 의문이 생기기 때문이다.

『천부경』에서는 "일적십거 무궤화삼(一積十鉅 無匱化三)"이라고 하여 1이 10까지 나아가면 극(極)을 이루고, 극이면 변한다는 원리에 따라 텅 빈 상태로 변하여 새로운 시작을 일으킨다고 한다. 따라서 10이 즉 0이고 이것이 다시 1로 이어진다. 비어 있는 상태를 채우는 과정이 계속 이어지지만 결코 채울 수 없는 우주 변화의 원리를 일러주고 있다.

0단위	0	1	2	3	4	5	6	7	8	9
10단위	10	11	12	13	14	15	16	17	18	19
20단위	20	21	22	23	24	25	26	27	28	29
30단위	30	31	32	33	34	35	36	37	38	39

위에서 각 수를 한 자리의 것으로 보면, 수의 연속이란 결국 0에서 9까지의 순환 즉 1에서 10까지의 배열에 불과할 따름이다.

그런데 문제는 인도인들이 '수냐(Sunya)'라고 명명하여 작은 원으로 표현한 '0'이라는 숫자의 실체가 무엇이냐는 것이다.

수리 이론이 '시작인 동시에 끝'인 '0'이라는 가변수를 전제로 하는 이상, 수리로 운명을 판단하는 것 또한 가변적일 수밖에 없다. 만물의 근원을 수(數)로 본 피타고라스 학파에서 자연수가 아닌 무리수(無理數)를 발견하고 이것을 '알로고스(Alogos)'라고 부르면서 이러한 사실을 대외적으로 발설하지 말도록 한 것을 보면 수리 이론이 한계가 있다는 생각이 든다.

3) 하도의 수와 낙서의 수

하도의 수와 낙서의 수가 다른가?

기본수를 1부터 10까지로 본 것, 즉 '0'이 완성수로 나타난 것이 하도이다.

그리고 기본수를 0부터 9까지로 본 것, 즉 '10'이 텅 빈 상태로 사라진 것이 낙서이다.

'0'이라는 수와 '0'으로 끝나는 10, 20, 30 등의 수는 완성인 동시에 출발이며 시작인 동시에 끝이어서 신비로운 가변수이다. 우리가 마음의 눈을 열지 않고 육안으로 볼 때에는 낙서에 '0'이나 '10'이 없다.

◎ 낙서

4	9	2
3	5	7
8	1	6

위에서 보듯이 낙서는 가로·세로·대각선의 합이 모두 15로서 전체가 균형을 이루고 있다. 그리고 낙서의 가운데에 있는 5는 사방이 10(1·9), 10(6·4), 10(7·3), 10(2·8), 10(9·1), 10(4·6), 10(3·7), 10(8·2)으로 둘러싸여 안정된 상태이다.

그런데 우리는 가변수인 '10'이 그 모습을 직접 드러내지 않으면 이것을 '0'이라고 부른다. 낙서의 10이 바로 여기에 해당한다.

인도 사람들이 '0'을 작은 원으로 표현했던 것은 아마도 그들의 철학과 관련된 듯하다. 즉 그들은 공허한 것, 비어 있는 것을 표현하기 위해 이 숫자를 하나의 작은 원으로 표현한 것이다.

눈에 잘 띄지 않는 이 볼품 없는 기호는 몇 가지의 연상작용을 불러일으킨다. 이 작은 원은 벌린 입모양처럼 보이기도 하지만, 어머니의 무릎처럼 보이기도 한다.

우리가 육안으로 볼 때에는 낙서에 '0'이나 '10'이 없지만, 마음의 눈을 열고 볼 때에는 낙서가 '0'이나 '10'의 바탕 위에 서 있다.

01 간지의 유래

은나라가 남긴 문화유산 가운데 가장 뛰어난 것이 거북의 등[甲]과 짐승의 뼈 [骨]에 점칠 내용으로 새겨서 쓰인 이른바 갑골(甲骨)문자이다. 현재까지 해독된 문자는 약 1,400여 자로 문자의 형성과 발달 과정에서 볼 때 한자의 구성원칙이 이미 갑골문자에 완비되어 있다. 자체(字體)도 한자체와 비슷한 글자가 많고, 서 체는 조화를 이루어 예술성까지 갖추고 있다.

이 갑골문자로 기록된 갑골문에는 은나라 당시의 천문과 역법에 관한 내용이 많이 기록되어 있다. 은나라 사람들은 일식과 월식을 예측하는 등 높은 수준의 천문지식을 가지고 있었고, 농업 생산의 필요에 의해 비교적 완비된 역법을 사용하였다. 그리고 날짜를 기록하기 위해 간지(干支)를 사용했는데, 간지는 10간(干)과 12지(支)로 짜여져 있었고, 갑자(甲子)에서 계해(癸亥)에 이르기까지 60일을 단위로 한 60진법을 채택하였다.

◎ 은나라 초기 전쟁 토벌 기사가 실린 갑골문

만세력이란 천체를 관측하여 해와 달의 운행과 절기 따위를 적은 책이다. 만세력은 음양오행의 바로미터(barometer)이다. 그런데 만세력에는 연월일이 간지(干支)라는 문자로 나타나있다. 예를 들면 2010년은 경인(庚寅)년인데 무인(戊寅)월 을유(乙酉)일부터 시작된다.

간(干)은 하늘이고 천간(天干)이라고도 한다. 천간에는 갑(甲)·을(乙)·병(丙)·정(丁)·무(戊)·기(己)·경(庚)·신(辛)·임(壬)·계(癸)의 10간이 있다. 위에서 본 2010년의 경우 윗글자인 경(庚)·무(戊)·을(乙)은 천간이다.

지(支)는 땅이고 지지(地支)라고도 한다. 지지에는 자(子)·축(丑)·인(寅)·묘(卯)·진(辰)·사(巳)·오(午)·미(未)·신(申, 천간의 辛과는 발음은 같으나 글자는 다르다)·유(酉)·술(戌)·해(亥)의 12지가 있다. 위에서 본 2010년의 경우 밑글자인 인(寅)·인(寅)·유(酉)는 지지이다.

천간과 지지를 합쳐 간지(干支)라고 한다. 10간과 12지를 동시에 순차적으로 진행시켜 짝을 이루어나가면 60개의 간지가 되는데 이것을 육십갑자(六十甲子)라고 한다. 갑자(甲子), 을축(乙丑), 병인(丙寅), 정묘(丁卯)…… 순으로 짝지어나가면 마지막은 계해(癸亥)가 된다.

| 천간 | 甲乙丙丁戊己庚辛壬癸甲乙丙丁戊己庚辛壬癸甲乙丙丁戊己庚辛壬癸 |
| 지지 | 子丑寅卯辰巳午未申酉戌亥子丑寅卯辰巳午未申酉戌亥子丑寅卯辰巳 |

육십갑자

甲子	乙丑	丙寅	丁卯	戊辰	己巳	庚午	辛未	壬申	癸酉
甲戌	乙亥	丙子	丁丑	戊寅	己卯	庚辰	辛巳	壬午	癸未
甲申	乙酉	丙戌	丁亥	戊子	己丑	庚寅	辛卯	壬辰	癸巳
甲午	乙未	丙申	丁酉	戊戌	己亥	庚子	辛丑	壬寅	癸卯
甲辰	乙巳	丙午	丁未	戊申	己酉	庚戌	辛亥	壬子	癸丑
甲寅	乙卯	丙辰	丁巳	戊午	己未	庚申	辛酉	壬戌	癸亥

10간과 12지를 조합하면 120개가 나오지만 은나라 사람들은 간지를 위아래로 짝을 지을 때 양간(陽干)은 양지(陽支)와, 음간(陰干)은 음지(陰支)와 짝을 지어서 60개가 나오도록 하였다.

만세력의 육십갑자는 갑자로 시작하여 계해로 끝나고 다시 갑자로 시작하는 것을 반복한다.

나이 60이 되면 이 해를 환갑(還甲) 또는 회갑(回甲)이라 하여 잔치를 벌이는 풍속은 자신이 태어난 해의 육십갑자를 60년이 지난 지금 다시 맞이하여 이를 축하한다는 의미가 있다.

02 하도의 구체화

간지는 하도의 구체화이다.

하도에는 1에서부터 10까지의 수가 나온다.

1·3·5·7·9는 홀(+)수이므로 이를 천(天)수라고 한다.

2·4·6·8·10은 짝(-)수이므로 이를 지(地)수라고 한다.

천수가 5개, 지수가 5개이므로 천간과 지지에 각각 5개의 오행이 자리 잡게 되고, 천수의 합이 25이고, 지수의 합이 30으로 그 비율이 5 : 6, 즉 10 : 12의 관계이므로 10천간과 12지지가 이루어진다. 또한 지수의 합이 30인데 그 중에서 토(土)가 10으로 지수 전체의 1/3을 차지하므로 12개의 지지 중에서 4개는 토가 된다(하도의 5와 10이 모두 토이지만 5는 홀수로서 지수가 아닌 천수에 속해 있으므로 지수의 합에서 토의 비중을 계산할 때는 5를 제외한다).

천간은 하늘이고, 형체가 없으며, 기(氣)이다.

지지는 땅이고, 형체가 있으며, 질(質)이다.

오늘날 사용하는 10간 12지의 문자는 하도에 나타난 오행별 특성을 상형문자화한 것으로, 시대에 따라 변화하며 지금의 형태로 확립되었다.

◎ 간지 성립도

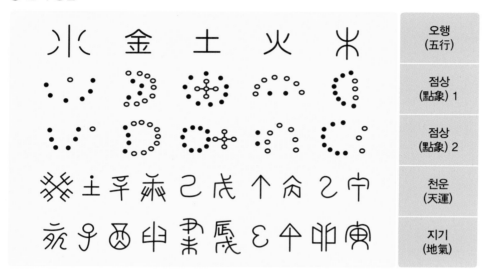

	오행 (五行)
	점상 (點象) 1
	점상 (點象) 2
	천운 (天運)
	지기 (地氣)

1) 목(木)

목(木)에는 천간에 갑(甲)과 을(乙), 지지에 인(寅)과 묘(卯)가 있다.

① 갑(甲)은 하도에서 3(양)에 해당하고, 식물이 지표를 뚫고 상승하는 형상에서 이루어졌다.

② 을(乙)은 하도에서 8(음)에 해당하고, 식물이 구부러지며 가지와 잎, 그리고 덩굴로 뻗어 나가는 형상에서 이루어졌다.

③ 인(寅)은 하도에서 3(양)에 해당하고, 식물의 새싹이 흙에 뿌리를 내리고 정기가 퍼져 나가는 형상에서 이루어졌다.

④ 묘(卯)는 하도에서 8(음)에 해당하고, 식물에서 잎이 나오며 둘로 갈라지는 형상에서 이루어졌다.

2) 화(火)

화(火)에는 천간에 병(丙)과 정(丁), 지지에 오(午)와 사(巳)가 있다.

① 병(丙)은 하도에서 7(양)에 해당하고, 이글이글 타오르는 태양의 불꽃 형상에서 이루어졌다.

② 정(丁)은 하도에서 2(음)에 해당하고, 예리한 직사광선 형상에서 이루어졌다.

③ 오(午)는 하도에서 7(양)에 해당하지만, 화(火)가 한계에 이르렀으므로 양이 음으로 바뀌어 천간의 정(丁)과 같은 정신과 형상을 지니게 된다.

④ 사(巳)는 하도에서 2(음)에 해당하지만, 화(火)가 치열해지는 상태로 천간의 병(丙)과 같은 정신과 형상을 지니게 된다.

3) 토(土)

토(土)에는 천간에 무(戊)와 기(己), 지지에 진(辰)·술(戌)·축(丑)·미(未)가 있다.

① 무(戊)는 하도에서 5(양)에 해당하고, 상승과 하강(丨)을 조정(戈)하는 형상에서 이루어졌다.

② 기(己)는 하도에서 10(음)에 해당하고, 사물 전체를 포용하는 형상(乙)에서 이루어졌다.

③ 진(辰)과 술(戌)은 천간의 무(戊)와 같은 정신과 형상을 지니고 있는데 진(辰)은 물을 보존하고, 술(戌)은 불을 보존한다.

④ 축(丑)과 미(未)는 천간의 기(己)와 같은 정신을 지니고 있는데 축(丑)은 식물과 물을 중간에서 이어주고, 미(未)는 목(木) 위에 선(一)이 그어져 있어서 식물의 성장의 한계를 나타낸다.

4) 금(金)

금(金)에는 천간에 경(庚)과 신(辛), 지지에 신(申)과 유(酉)가 있다.

① 경(庚)은 하도에서 9(양)에 해당하고, 결실을 거둬들이는 형상에서 이루어졌다.

② 신(辛)은 하도에서 4(음)에 해당하고, 정기가 응고된 둥근 형상에서 이루어졌다.

③ 신(申)은 하도에서 9(양)에 해당하고, 응고와 수축의 형상에서 이루어졌다.

④ 유(酉)는 하도에서 4(음)에 해당하고, 정기가 결집된 둥근 형상에서 이루어졌다.

5) 수(水)

수(水)에는 천간에 임(壬)과 계(癸), 지지에 자(子)와 해(亥)가 있다.

① 임(壬)은 하도에서 1(양)에 해당하고, 중앙의 토(土)에서 생겨난 한 방울의 물(•) 형상에서 이루어졌다.

② 계(癸)는 하도에서 6(음)에 해당하고, 물이 응고한 형상에서 이루어졌다.

③ 자(子)는 하도에서 1(양)에 해당하지만, 수(水)가 한계에 이르렀으므로 양이 음으로 바뀌어 천간의 계(癸)와 같은 정신을 지니게 되며, 생명체의 씨앗 형상에서 이루어졌다.

④ 해(亥)는 하도에서 6(음)에 해당하지만, 수(水)가 치열해지는 상태이므로 천간의 임(壬)과 같은 정신을 지니게 되고, 둘이서 한 점의 생명체를 탄생시켜 떠받들고 있는 형상에서 이루어졌다.

03 10천간

천간	음양	성질	오행	방위
甲	양	바르게 솟는 기상 · 선두주자 · 통치권자 · 큰 수목 · 재목	木	동
乙	음	성장의 발현 · 형질 · 초목 · 화초 · 덩굴 식물 · 채소류 · 해조류		
丙	양	이상 · 큰 꿈 · 빛 · 광선 · 태양	火	남
丁	음	정열 · 도전 · 열 · 인공적인 불 · 등댓불		
戊	양	성취의 전개 · 중화지기(中和之氣) · 조정 · 촉매 · 큰 산 · 제방	土	중앙
己	음	성취의 기쁨 · 중앙 토양 · 중용 · 포용성 · 평원옥토 · 논밭 · 화단		
庚	양	회고의 정 · 결실의 기운 · 마무리하는 기상(숙살지기 · 생사여탈의 권력) · 고침 · 무쇠 · 바위 · 원광석	金	서
辛	음	마무리된 결실 · 열매 · 보석 · 바늘 · 우박 · 서리		
壬	양	정신적인 승화 · 잉태 · 외유내강 · 바다 · 호수	水	북
癸	음	법칙에의 순응 · 생동의 물결 · 비 · 이슬 · 눈 · 개울물		

04

12지지

지지	음양	음력달	성질	오행	방위
子	양	11월	한랭지수(寒冷之水). 수생목(水生木)이 어렵지만 씨앗의 생기를 북돋우어 준다. 수극화(水剋火)를 잘한다. 본성은 양이지만 실제로 사용할 때는 지장간을 고려하여 음으로 쓴다.	水	북
丑	음	12월	동습토(冬濕土). 금(金)을 잘 만들어주지만 나무는 잘 살지 못한다. 촉촉이 젖어 있는 흙이므로 물을 막아주지 못한다.	土	중앙
寅	양	1월	바짝 마른 조목(燥木). 목생화(木生火)를 잘한다.	木	동
卯	음	2월	생목(生木). 습목. 목생화(木生火)가 어렵다. 목극토(木剋土)를 잘한다.	木	동
辰	양	3월	습토(濕土). 나무가 뿌리를 잘 내린다. 木의 입장에서는 진(辰)토를 좋아한다.	土	중앙
巳	음	4월	광선. 햇빛. 본성은 음이지만 실제로 사용할 때는 지장간을 고려하여 양으로 쓴다.	火	남
午	양	5월	불꽃. 본성은 양이지만 실제로 사용할 때는 지장간을 고려하여 음으로 쓴다.	火	남
未	음	6월	건조토(乾燥土). 토생금(土生金)이 어렵다. 토극수(土剋水)는 잘한다.	土	중앙
申	양	7월	강금(剛金). 불을 만나 제련되는 것을 좋아한다.	金	서
酉	음	8월	세공된 금. 금은보석. 주옥(珠玉). 불을 두려워한다.	金	서
戌	양	9월	조열토(燥熱土). 토생금(土生金)이 힘들다. 토극수(土剋水)에는 뛰어나다.	土	중앙
亥	음	10월	생목지수(生木之水). 수생목(水生木)과 수극화(水剋火)를 잘한다. 본성은 음이지만 실제 사용할 때는 지장간을 고려하여 양으로 쓴다.	水	북

05 10천간과 12지지

방위	북	
계절	겨울	
오행	水	
음양	양	음
천간	壬	癸
지지	子	亥

방위	서	
계절	가을	
오행	金	
음양	양	음
천간	庚	辛
지지	申	酉

방위	중앙	
계절	사계절	
오행	土	
음양	양	음
천간	戊	己
지지	辰戌	丑未

방위	동	
계절	봄	
오행	木	
음양	양	음
천간	甲	乙
지지	寅	卯

방위	남	
계절	여름	
오행	火	
음양	양	음
천간	丙	丁
지지	午	巳

체용 지지	체(體)	용(用)
子	水(양)	水(음)
亥	水(음)	水(양)
午	火(양)	火(음)
巳	火(음)	火(양)

지장간

01 지장간 이론

　사주는 하늘과 땅으로 구성되는데, 하늘에는 4개의 천간이 나타나 있고 땅에는 4개의 지지가 자리를 잡고 있다. 그런데 사주의 4개의 지지 속에는 각각 2~3개의 천간이 들어 있다. 이 지지 속의 천간은 하늘의 것이 아니라 지지가 간직하고 있는 것이므로 이를 지장간(支藏干)이라고 부른다. 이 지장간은 사주에서 땅이 하늘로부터 부여받아 간직한 기(氣)로서 이것이 천간과 지지와 어우러져 풍운조화를 일으킨다.

사주학에서는 각각의 지장간이 ㉮ 어떤 차례로 가장 주된 역할을 하고 ㉯ 가장 주된 역할을 하는 활동기간을 설정하였다. 예를 들어 인(寅)월은 인(寅) 속의 지장간인 무병갑(戊丙甲)이 ㉮ 무병갑(戊丙甲)의 차례로 가장 주된 역할을 하고 ㉯ 가장 주된 역할을 하는 활동기간은 무(戊)가 7일 2시간이고 병(丙)이 7일 2시간이며 갑(甲)이 16일 5시간이라고 하는 따위이다.

지장간 이론은 『연해자평』에서 처음 다루었는데, 그 무렵은 사주학이 학문적으로 상당한 수준에 오른 때이다. 지장간 이론은 매우 중요하다. 그런데 후세로 전해 내려오면서, 그 중요성에도 불구하고, 적용하기가 번거롭다는 이유로 단순히 사주의 월(月) 부분에서만 조금씩 다루어 왔다. 이에 대해서 국내와 일본의 일부 학자들이 지장간 이론의 활용을 위하여 새로운 시도를 하였다. 1달을 초기(初氣)·중기(中氣)·정기(正氣)로 나누어 그 구분에 따라 4개의 지지 속의 해당 지장간을 주권신(主權神)으로 채택하여 활용하자는 것이다. 대부분의 사람들이 1달 중 초순·중순·하순에 따라 태양열이 각각 달라진다는 점을 인식하고 월(月)을 초기·중기·정기로 구분하는 이론에는 공감하지만, 4개의 지지를 각각 초기·중기·정기로 구분하는 이론에는 의문을 제기한다. 그러나 월을 초기·중기·정기로 구분하려면 년일시(年日時)를 제외할 수 없다. 따라서 4개의 지지를 각각 초기·중기·정기로 구분하는 이론의 성립이 가능하다. 주권신파란 1달을 초기·중기·정기로 나누어 그 구분에 따라 4개의 지지 속에서 각각 힘을 받는 하늘의 기를 주권신으로 채택하여 활용하는 학파이다. 주권신파를 따르면 사주의 수가 많아져서 다양한 사주 풀이를 할 수 있다. 그렇다고 해서 이 학파를 그대로 따라야 하느냐는 별개의 문제이다. 현재로서는 어느 지장간 이론이든지 다 베일(veil)에 가려 있으므로 반듯한 결론을 내릴 수가 없다.

황희(黃喜) 정승이 다음과 같이 시비곡직을 분명하게 가리지 않은 경우가 있다.

하루는 하인들이 서로 싸우다가 한 사람이 와서 사연을 이야기하자, 공은,
"네 말이 옳구나"
하였다. 또 한 사람이 와서 사연을 이야기하자, 공은 또,
"네 말이 옳구나"
하였다. 황희 정승의 부인이 곁에 있다가 말하였다.
"상공의 애매모호함이 심하시구려! 하나는 옳고 하나는 그르다고 판단하실 일이지, 어찌 이같이 하십니까?"
그러자 공이 말하였다.
"부인의 말씀도 역시 옳구려!"

어느 큰스님이 다음과 같이 그 누구의 말이 맞다고 분명하게 밝히지 않은 경우가 있다.

하루는 노보살님 두 분이 기도하다가 시비가 벌어졌다. 한 분이 기도하면서 '관셈보살, 관셈보살'하며 염불하는데 다른 한 분이 '관세음보살, 관세음보살'이 맞다고 하며 상대방에게 옳고 그름을 따졌다. 서로 자기가 옳다고 싸우다가 결론을 내지 못하여 그 큰스님을 찾아갔다. 그 큰스님은 내일 판결을 내려주겠노라고 하였다.
한 분이 그 큰스님께 몰래 호박죽을 쑤어 드리면서 내일 자기편을 들어달라고 하였다. 잠시 후에 다른 한 분이 국수를 가져와서는 내일 자기편을 들어달라고 하였다.
날이 밝자 그 큰스님은 "호박경에는 관셈보살이라고 나와 있고, 국수경을 보니 관세음보살이라고 적혀 있다"라고 판결을 내렸다.

02 이론 내용

1) 정기

정기(正氣)는 해당 지지와 음양오행이 같은 천간을 쓴다. 예를 들어 인(寅)월은 양목(陽木)이므로 천간의 갑(甲)을 쓰고, 묘(卯)월은 음목(陰木)이므로 천간의 을(乙)을 쓴다. 정기는 그 달의 기가 무르익은 것이기 때문이다.

다만 해자(亥子)월과 사오(巳午)월은 예외이다. 해(亥)는 하도에서 6(음)에 해당하지만 수(水)가 치열해 천간의 임(壬)과 같은 정신을 지니게 되고, 자(子)는 1(양)에 해당하지만 수(水)가 한계에 이르렀으므로 양이 음으로 바뀌어 천간의 계(癸)와 같은 정신을 지니게 되기 때문이다. 또한 사(巳)는 하도에서 2(음)에 해당하지만 화(火)가 치열해 천간의 병(丙)과 같은 정신을 지니게 되고, 오(午)는 7(양)에 해당하지만 화(火)가 한계에 이르렀으므로 양이 음으로 바뀌어 천간의 정(丁)과 같은 정신을 지니게 되기 때문이다.

2) 초기

초기(初氣)는 여기(餘氣)라고도 하는데, 이는 전달의 기가 바로 사라지는 것이 아니라 다음 달에도 남아서 영향을 미치기 때문이다. 그래서 초기는 전달의 정기를 그대로 쓴다. 예를 들어 자(子)월은 해(亥)월의 정기인 임(壬)을 쓰고, 축(丑)월은 자(子)월의 정기인 계(癸)를 쓴다.

다만 인(寅)월과 신(申)월은 예외이다. 왜냐하면 인신사해(寅申巳亥)월은 각 계절의 중심과 방위의 정방향을 향해 치닫는 생동감 넘치는 달이므로 출발부터 양간(陽干)이 되어야 하기 때문이다. 한편 진술축미(辰戌丑未)월은 조정기인 환절기에 해당하므로 모두 음간(陰干)이 되고, 자오묘유(子午卯酉)월은 제왕월(帝旺月)이므로 모두 양간(陽干)이 된다.

3) 중기

중기(中氣)는 초기와 정기의 중간에 해당하므로 해당 지지가 삼합(三合)하는 중앙의 제왕성인 자오묘유(子午卯酉)와 오행이 같은 천간을 쓴다.

다만 초기에서와 같은 이유로 인신사해(寅申巳亥)월은 양간(陽干)을 쓰고, 진술축미(辰戌丑未)월은 음간(陰干)을 쓴다. 예를 들어 인(寅)월은 인오술(寅午戌) 삼합의 제왕성인 오(午)에 해당하는 화(火)를 택하여 그 양간인 병(丙)을 쓰고, 진(辰)월은 신자진(申子辰)삼합의 제왕성인 자(子)에 해당하는 수(水)를 택하여 그 음간인 계(癸)를 쓴다.

다만 자오묘유(子午卯酉)월은 예외이다. 자오묘유(子午卯酉)월은 각 계절의 중심이고 방위의 정방향이기 때문에 안정되고 왕(旺)하여 같은 오행으로 정기와 초기만 있고 중기가 없다. 그러나 오(午)월은 하도와 낙서 전체의 100수를 총괄하는 구심체인 기(己)토의 조정작용을 받게 되어 중기가 기(己)가 된다.

◎ 월별 지장간 및 활동기간

지지 / 기간	子	丑	寅	卯	辰	巳	午	未	申	酉	戌	亥
초기	壬 10일 1시간	癸 9일 3시간	戊 7일 2시간	甲 10일 3시간	乙 9일 3시간	戊 7일 2시간	丙 10일	丁 9일 3시간	戊 7일 2시간	庚 10일 3시간	辛 9일 3시간	戊 7일 2시간
중기		辛 3일 1시간	丙 7일 2시간		癸 3일 1시간	庚 7일 3시간	己 10일 1시간	乙 3일 1시간	壬 7일 2시간		丁 3일 1시간	甲 7일 1시간
정기	癸 20일 2시간	己 18일 6시간	甲 16일 5시간	乙 20일 6시간	戊 18일 6시간	丙 16일 5시간	丁 11일 2시간	己 18일 6시간	庚 16일 5시간	辛 20일 6시간	戊 18일 6시간	壬 16일 5시간

그런데 월별 지장간의 활동기간은 어떻게 설정되었을까. 지장간 이론은 어느 것이나 다 베일(veil)에 가려 있다. 그러나 다음과 같이 추리해볼 수 있다. 1년 365일을 오행별로 나누면 365÷5로 각각의 오행은 73일을 차지한다. 그러므로 이 73일을 기준으로 각각의 오행의 활동기간을 구체적으로 조정했을 것이라고

추리해볼 수 있다. 한 달을 30일로 계산하면 각각의 오행은 72일을 차지하므로 이 72일을 기준으로 각각의 오행의 활동기간을 구체적으로 조정해야 한다. 뒤에 나오는 투파와 지장간에서는 투파가 이를 따르고 있음을 볼 수 있다.

사주학을 농부학으로 볼 때, 농부가 되어야 사주를 가장 잘 깨달을 수 있다. 옛날 농경사회에서 농부는 터전인 토(土)가 해[陽]와 달[陰], 그리고 봄(木), 여름(火), 가을(金), 겨울(水)과의 관계에서 어떻게 변화하는지를 매우 깊이 있고 정확하게 연구하였다. 즉, 동짓날 0시에 갈대를 태운 재를 생토(生土)에 묻어놓으면 15일 만에 재가 없어지므로 15일을 1절기(節期)로 정하고, 1년은 12개월, 12개월은 24절기, 24절기는 72후(候), 1후는 5일로 하여 기(氣)가 5일마다 옮겨 가는 것으로 정하였다. 또한 동짓날 0시부터 양(陽)이 움직이기 시작해 하짓날에 절정을 이루며, 하짓날 0시에 음(陰)이 생기기 시작해 동짓날에 그 절정을 이루는 음양의 교체가 전개된다고 보았다.

우리는 기후의 변화와 관련해 선가(仙家)의 입장을 살펴볼 필요가 있다. 선가의 『천부경』에 있는 천이삼(天二三)・지이삼(地二三)・인이삼(人二三)에서 각각 2와 3을 더한 5가 1후이며, 천・지・인 삼신(三神)을 더한 수는 15가 된다. 이것을 통해 선가에서는 5일을 1후로 쳐서 3후가 모여야 15일의 1절기가 되고, 1절기는 천심(天心)・지심(地心)・인심(人心)의 삼심(三心)이 합해 일심(一心)을 이루는 15가 되기 때문에 기후의 변화가 온다고 이해하고 있음을 알 수 있다. 지장간 이론을 연구하는 사람들에게 많은 것을 암시하는 대목이다.

삼원(三元) 또는 삼재(三才)란 도가(道家)에서 이르는 하늘・땅・물이며, 또한 세상의 시작과 중간과 끝이다. 선가에서는 『천부경』을 통하여 삼원 사상을 일러주면서 도가에서 이르는 '물'을 '인(人)'으로 대체시켜 인(人)의 존재를 부각시키고 있다.

사주학은 고도의 초능력을 지닌 선현들이 수천 년 동안 발전시켜온 차원 높은 학문이고, 게다가 지장간 이론은 사주학이 학문적으로 상당한 수준에 오른 때에 등장하였다. 이러한 점에 비추어 월별 지장간의 활동기간을 설정한 선현들의 지혜를 일단 존중하고 따라야 할 것이다. 그러나 후학들이 세심한 연구로 이 선현들의 지혜를 정교하게 다듬어 나가기 바란다.

03 투파와 지장간

투파(透派)란 사주를 천간과 그 뿌리인 지장간 위주로 파악하고 천간이나 지장간이 아닌 지지는 합과 충의 작용을 할 뿐이라고 보는 학파이다. 투파는 지장간을 천간의 뿌리와 장간법으로 나누어서 다룬다.

1) 천간의 뿌리

뿌리를 한자로 표기하면 근(根)이다. 근이란 천간과 동일한 오행의 지장간이다. 이 지장간의 음양은 문제가 되지 않는다.

① 자(子) - 수(水)

자(子) 속의 임(壬)과 계(癸)는 비록 음양은 다르지만 둘이 아닌 하나의 수(水)로서 천간에 있는 수(水)의 근이다.

② 축(丑) - 수(水)·금(金)·토(土)

축(丑) 속의 계(癸)와 신(辛)과 기(己)는 각각 천간에 있는 수(水)와 금(金)과 토(土)의 근이다.

③ 인(寅) - 화(火) · 목(木)

　인(寅) 속에는 무(戊)가 없다. 인(寅) 속의 병(丙)과 갑(甲)은 각각 천간에 있는 화(火)와 목(木)의 근이다.

④ 묘(卯) - 목(木)

　묘(卯) 속의 갑(甲)과 을(乙)은 비록 음양은 다르지만 둘이 아닌 하나의 목(木)으로서 천간에 있는 목(木)의 근이다.

⑤ 진(辰) - 목(木) · 수(水) · 토(土)

　진(辰) 속의 을(乙)과 계(癸)와 무(戊)는 각각 천간에 있는 목(木)과 수(水)와 토(土)의 근이다.

⑥ 사(巳) - 금(金) · 화(火)

　사(巳) 속에는 무(戊)가 없다. 사(巳) 속의 경(庚)과 병(丙)은 각각 천간에 있는 금(金) · 화(火)의 근이다.

⑦ 오(午) - 화(火)

　오(午) 속에는 기(己)가 없다. 오(午) 속의 병(丙)과 정(丁)은 비록 음양은 다르지만 둘이 아닌 하나의 화(火)로서 천간에 있는 화(火)의 근이다.

⑧ 미(未) - 화(火) · 목(木) · 토(土)

　미(未) 속의 정(丁)과 을(乙)과 기(己)는 각각 천간에 있는 화(火)와 목(木)과 토(土)의 근이다.

⑨ 신(申) - 수(水) · 금(金)

　신(申) 속에는 무(戊)가 없다. 신(申) 속의 임(壬)과 경(庚)은 각각 천간에 있는 수(水)와 금(金)의 근이다.

⑩ 유(酉) - 금(金)

　유(酉) 속의 경(庚)과 신(辛)은 비록 음양은 다르지만 둘이 아닌 하나의 금(金)으로서 천간에 있는 금(金)의 근이다.

⑪ 술(戌) − 금(金) · 화(火) · 토(土)

술(戌) 속의 신(辛)과 정(丁)과 무(戊)는 각각 천간에 있는 금(金)과 화(火)와 토(土)의 근이다.

⑫ 해(亥) − 목(木) · 수(水)

해(亥) 속에는 무(戊)가 없다. 해(亥) 속의 갑(甲)과 임(壬)은 각각 천간에 있는 목(木)과 수(水)의 근이다.

투파에 의하면 진술축미(辰戌丑未) 이외의 지지 속에는 그 오행이 토(土)인 지장간이 없다. 다시 말해 인신사해(寅申巳亥)와 오(午) 속에는 무(戊)나 기(己)가 없다. 투파는 이건 이렇고 저건 저렇다란 식으로 명쾌한 논리를 펼친다. 그러나 자연의 이치란 참으로 오묘해서 양 속에 음이 있고 음 속에 양이 있는 법이다. 세상만사가 칼로 무 자르듯이 결론이 나지 않는다. 청나라 임철초와 우리나라의 이석영은 투파가 아니다. 청나라 임철초는 사(巳) 속의 무(戊)를 용신으로 삼았고, 우리나라의 이석영은 인(寅) 속의 무(戊)가 사령하고 있다고 하였다.

시	일	월	연
辛	庚	壬	丁
巳	子	子	亥

일간인 경(庚)금이 자(子)월생이고 식상이 태왕하다. 설기가 지나치다. 토(土)를 용신으로 삼아야 한다. 화(火)는 추운 사주를 따뜻하게 해 주는 역할을 할 뿐이므로 이를 용신으로 삼지 말아야 한다. 사주의 간지에 토(土)가 없으니 사(巳)화 속의 무(戊)토를 용신으로 삼는다. 청나라 임철초가 이 사주를 다루었다.

시	일	월	연
戊	丁	壬	壬
申	卯	寅	戌

이 사주에서는 정묘(丁卯)일생이 인(寅)월에 태어났으나 입춘 후 3일밖에 지나지 않았다. 초기생으로 무(戊)토가 사령하고 있다. 나아가 이 무(戊)토가 시간으로 솟아 있다. 그래서 이 사주는 상관격으로서 신약하므로 인성이 용신이고 재성은 용신의 병이다. 우리나라의 이석영이 이 사주를 다루었다.

사주학에서는 천간의 뿌리를 중요시한다. 왜냐하면 천간의 뿌리가 천간을 천간답게 만들어 주기 때문이다. 천간이 지지에서 근 즉 천간과 동일한 오행의 지장간을 만나면 이를 천간이 지지에 뿌리를 내리고 있다고 한다. 천간이 지지에 뿌리를 내리고 있어야 튼튼해서 자신의 역할을 다할 수 있다. 천간이 지지에 뿌리를 내리고 있는 것을 통근(通根)이라고 한다. 투파에서는 하나의 천간이 하나의 근을 얻으면 이를 근이 없는 두 개의 천간으로 계산한다.

2) 장간법

지장간을 줄여서 장간이라고 부른다. 장간법이란 4개의 지지 속에서 그때그때 활동 중인 장간을 가려내는 법이다. 장간법은 또 다른 주권신(4개의 지지 속에서 그때그때 힘을 받는 지장간) 채택법이다. 투파는 장간법을 월지의 장간법과 연지·일지·시지의 장간법으로 구분한다. 그 이유는 월지는 계절을 가리키나 연지·일지·시지는 그렇지 않기 때문이라고 한다.

① 월지의 장간법

● 자(子)월 출생

- 절입 이후 6일까지는 임(壬)이 활동 중인 장간이다.
- 절입 이후 7일부터는 계(癸)가 활동 중인 장간이다.

● 축(丑)월 출생

- 절입 이후 12일까지는 계(癸)가 활동 중인 장간이다.
- 절입 이후 13일부터는 기(己)가 활동 중인 장간이다.

● 인(寅)월 출생

- 절입 이후 월의 끝까지 갑(甲)이 활동 중인 장간이다.

● 묘(卯)월 출생

- 절입 이후 6일까지는 갑(甲)이 활동 중인 장간이다.
- 절입 이후 7일부터는 을(乙)이 활동 중인 장간이다.

● 진(辰)월 출생

- 절입 이후 12일까지는 을(乙)이 활동 중인 장간이다.
- 절입 이후 13일부터는 무(戊)가 활동 중인 장간이다.

● 사(巳)월 출생

- 절입 이후 월의 끝까지 병(丙)이 활동 중인 장간이다.

● 오(午)월 출생

- 절입 이후 6일까지는 병(丙)이 활동 중인 장간이다.
- 절입 이후 7일부터는 정(丁)이 활동 중인 장간이다.

● 미(未)월 출생

- 절입 이후 12일까지는 정(丁)이 활동 중인 장간이다.
- 절입 이후 13일부터는 기(己)가 활동 중인 장간이다.

● 신(申)월 출생

- 절입 이후 월의 끝까지 경(庚)이 활동 중인 장간이다.

● 유(酉)월 출생

- 절입 이후 6일까지는 경(庚)이 활동 중인 장간이다.

- 절입 이후 7일부터는 신(辛)이 활동 중인 장간이다.

● 술(戌)월 출생

- 절입 이후 12일까지는 신(辛)이 활동 중인 장간이다.

- 절입 이후 13일부터는 무(戊)가 활동 중인 장간이다.

● 해(亥)월 출생

- 절입 이후 월의 끝까지 임(壬)이 활동 중인 장간이다.

② 연지 · 일지 · 시지의 장간법

● 자(子) 연 · 일 · 시 출생

- 자(子)의 대표 장간인 계(癸)가 활동 중인 장간이다.

● 축(丑) 연 · 일 · 시 출생

- 축(丑)의 대표 장간인 기(己)가 활동 중인 장간이다.

● 인(寅) 연 · 일 · 시 출생

- 인(寅)의 대표 장간인 갑(甲)이 활동 중인 장간이다.

● 묘(卯) 연 · 일 · 시 출생

- 묘(卯)의 대표 장간인 을(乙)이 활동 중인 장간이다.

● 진(辰) 연 · 일 · 시 출생

- 진(辰)의 대표 장간인 무(戊)가 활동 중인 장간이다.

- 사(巳) 연 · 일 · 시 출생
  - 사(巳)의 대표 장간인 병(丙)이 활동 중인 장간이다.
- 오(午) 연 · 일 · 시 출생
  - 오(午)의 대표 장간인 정(丁)이 활동 중인 장간이다.
- 미(未) 연 · 일 · 시 출생
  - 미(未)의 대표 장간인 기(己)가 활동 중인 장간이다.
- 신(申) 연 · 일 · 시 출생
  - 신(申)의 대표 장간인 경(庚)이 활동 중인 장간이다.
- 유(酉) 연 · 일 · 시 출생
  - 유(酉)의 대표 장간인 신(辛)이 활동 중인 장간이다.
- 술(戌) 연 · 일 · 시 출생
  - 술(戌)의 대표 장간인 무(戊)가 활동 중인 장간이다.
- 해(亥) 연 · 일 · 시 출생
  - 해(亥)의 대표 장간인 임(壬)이 활동 중인 장간이다.

투파의 장간법으로 절입 이후 10일인 다음의 사주는 어느 것이 활동 중인 장간인가를 살펴보자.

시	일	월	연
甲	壬	甲	甲
辰	戌	戌	戌

● 월지

- 술(戌)월 출생이다. 절입 이후 12일까지는 신(辛)이 활동 중인 장간이다. 그러므로 월지에서는 신(辛)이 활동 중인 장간이다.

● 연지

- 술(戌)년 출생이다. 술(戌)의 대표 장간인 무(戊)가 활동 중인 장간이다. 그러므로 연지에서는 무(戊)가 활동 중인 장간이다.

● 일지

- 술(戌)일 출생이다. 술(戌)의 대표 장간인 무(戊)가 활동 중인 장간이다. 그러므로 일지에서는 무(戊)가 활동 중인 장간이다.

● 시지

- 진(辰)시 출생이다. 진(辰)의 대표 장간인 무(戊)가 활동 중인 장간이다. 그러므로 시지에서는 무(戊)가 활동 중인 장간이다.

여러 사주학 학파는 월령(月令)을 중요시한다. 월령이란 월(月)의 영(令) 즉 자연의 이치에 따라 움지이는 월지의 작용을 이르는 말이다. 월령은 이를 당령(當令) 또는 사령(司令)이라고도 한다. 어느 지장간이 당령 또는 사령하고 있다는 것은 어느 지장간이 월지에서 활동 중이란 것이다. 월령을 따르고 있는 지장간 즉 월지의 주권신은 힘이 있다. 그러므로 천간이 월지의 주권신과 같은 오행인 경우 이를 천간이 월령을 얻었다고 한다. 천간이 월령을 얻으면 천간이 월지와 합세하여 힘이 세다.

투파 역시 월령을 중요시한다. 다만, 투파는 천간의 뿌리와 장간법을 다른 각도에서 파악하고 있으므로, 천간이 지지에 뿌리를 내리고 있다는 것과 천간이 월령을 얻었다는 것을 혼동하면 안 된다. 투파를 따르면 다음과 같다.

● 인(寅)월과 묘(卯)월 출생

- 절입 이후 월의 끝까지 천간의 목(木)이 월령을 얻는다.

● 진(辰)월 출생

- 절입 이후 12일까지는 천간의 목(木)이 월령을 얻는다.
- 절입 이후 13일부터는 천간의 토(土)가 월령을 얻는다.

● 사(巳)월과 오(午)월 출생

- 절입 이후 월의 끝까지 천간의 화(火)가 월령을 얻는다.

● 미(未)월 출생

- 절입 이후 12일까지는 천간의 화(火)가 월령을 얻는다.
- 절입 이후 13일부터는 천간의 토(土)가 월령을 얻는다.

● 신(申)월과 유(酉)월 출생

- 절입 이후 월의 끝까지 천간의 금(金)이 월령을 얻는다.

● 술(戌)월 출생

- 절입 이후 12일까지는 천간의 금(金)이 월령을 얻는다.
- 절입 이후 13일부터는 천간의 토(土)가 월령을 얻는다.

● 해(亥)월과 자(子)월 출생

- 절입 이후 월의 끝까지 천간의 수(水)가 월령을 얻는다.

● 축(丑)월 출생

- 절입 이후 12일까지는 천간의 수(水)가 월령을 얻는다.
- 절입 이후 13일부터는 천간의 토(土)가 월령을 얻는다.

투파를 따라 절입 이후 11일인 다음의 사주는 천간의 목(木)과 토(土)가 월령 때문에 각각 그 강약이 어떻게 달라지는가를 살펴보자.

시	일	월	연
戊	甲	甲	甲
辰	子	戌	戌

- 천간의 3갑(甲)목이 시지의 진(辰)토에 뿌리를 내리고 있다. 그 결과 천간의 목(木)을 4개로 본다.
- 천간의 1무(戊)토가 연지와 월지의 술(戌)토와 시지의 진(辰)토에 뿌리를 내리고 있다. 그 결과 천간의 토(土)를 4개로 본다.
- 술(戌)월 출생은 절입 이후 12일까지는 천간의 금(金)이 월령을 얻는다. 하지만 이 사주는 천간에 금(金)이 없고 목(木)과 토(土)만 있으므로 이들은 모두 월령을 얻지 못했다. 그래서 이 사주는 목(木)과 토(土)가 똑같이 강하다.
- 술(戌)월 출생은 절입 이후 13일부터는 천간의 토(土)가 월령을 얻는다. 만약 이 사주가 여기에 해당한다면 시간의 무(戊)토가 월령을 얻어서 힘이 세다. 그래서 이 사주는 토(土)가 목(木)보다 강하다.

투파에 의하면 진술축미(辰戌丑未) 이외의 지지 속에는 그 오행이 토(土)인 지장간이 없다. 다시 말해 인신사해(寅申巳亥)와 오(午) 속에는 무(戊)나 기(己)가 없다. 이에 관하여는 앞에서 언급한 바 있다.

투파의 장간법은 다음과 같은 특징이 있다.

- 천간의 뿌리와 장간법은 서로 다르다.

- 연지 · 일지 · 시지의 장간법
- 정기의 지장간만이 고찰의 대상이다.

- 월지의 장간법
- 중기의 지장간은 고찰의 대상이 아니다.
- 겨울인 해(亥)월 · 자(子)월, 봄인 인(寅)월 · 묘(卯)월, 여름인 사(巳)월 · 오(午)월, 가을인 신(申)월 · 유(酉)월에는 각각 천간의 수(水), 천간의 목(木), 천간의 화(火), 천간의 금(金)이 월령을 얻는다.
- 겨울인 축(丑)월, 봄인 진(辰)월, 여름인 미(未)월, 가을인 술(戌)월에는 각각 절입 이후 12일까지는 천간의 수(水), 천간의 목(木), 천간의 화(火), 천간의 금(金)이 월령을 얻고 각각 절입 이후 13일부터는 천간의 토(土)가 월령을 얻는다.

지장간 이론에 관하여는 정론이(定論)이 없다. 하지만 지장간 이론을 벗어날 수 없다.

투파는 지장간을 천간의 뿌리와 장간법으로 나누어서 다룬다. 이 이론은 나무를 보고 숲을 보지 못하는 어리석음을 벗어날 수 있도록 구성이 되어 있다. 그러므로 이 이론을 따라 사주를 풀이하면 어긋나지 않는 경우가 많으리라고 본다.

사주 입문

01 총설

사주학은 자연의 이치에 근거를 두고, 개인의 생년월일시를 기초로 생극제화(生剋制化)의 관계를 파악하여 절대 중화와 순리의 견지에서 평생의 운로(運路)를 파악하는 학문이다. 사주학은 명리학·자평학·추명학·사주명리학 등으로 불린다. 필자는 이 학문을 친근하게 느끼기 때문에 그냥 '사주학'이라고 즐겨 부른다.

사주학은 한 사람이 어머니로부터 독립하여 이 세상과 첫 호흡의 인연을 맺은 시점을 기준으로 하여 그때의 종합된 기를 파악해서 평생의 운로를 추리하고 탐구한다. 따라서 사주학은 어느 시점에 태어났느냐를 문제 삼는다. 그 시점은 생년·생월·생일·생시의 4가지에 의해 구성된다.

사주학에서는 생년을 연기둥[年柱], 생월을 월기둥[月柱], 생일을 일기둥[日柱], 생시를 시기둥[時柱]이라 하고, 이 네 기둥을 사주(四柱)라고 한다. 예를 들어 1944년 8월 27일(양력) 16시에 태어났으면 1944년은 연기둥, 8월은 월기둥, 27일은 일기둥, 16시는 시기둥이 된다. 이 네 기둥을 세우는 방법은 뒤에 설명한다.

그러면 흔히 말하는 팔자(八字)란 무엇인가. 생년·생월·생일·생시의 네 기둥은 각각 두 글자로 이루어지므로 4×2=8로 여덟 글자, 즉 팔자(八字)가 된다. 따라서 앞에서 예를 든 1944년은 갑신(甲申)년, 8월은 임신(壬申)월, 27일은 계해(癸亥)일, 16시는 경신(庚申)시이므로 이 여덟 글자가 팔자가 된다.

그런데 이 네 기둥과 여덟 글자는 사주학에서 어떤 의미를 갖는가. 사주학에서는 우리가 특정 시점에 이 세상과 인연을 맺고 태어났다는 사실을 부정할 수 없는 인과의 귀결이자 하늘의 명(命)으로 본다. 따라서 생년·생월·생일·생시로 구성되는 사주는 그 사람의 세세생생(世世生生) 함축된 인과를 표현하는 하나의 법륜(法輪), 즉 법의 수레바퀴인 것이다. 이런 법의 수레바퀴를 그림으로 나타낸 것을 법륜도(法輪圖)라고 한다.

02 법륜도

법륜도에는 세상의 이치가 모두 담겨 있다. 법륜도를 보면 사주를 아주 쉽게 판단할 수 있다. 법륜도를 통해 파악할 수 있는 사항들은 다음과 같다.

1) 생

생(生)은 도와주고 일으켜 세워준다는 뜻이다. 오행에서 목(木)은 화(火)를, 화(火)는 토(土)를, 토(土)는 금(金)을, 금(金)은 수(水)를, 수(水)는 목(木)을 생한다. 즉 목생화(木生火), 화생토(火生土), 토생금(土生金金), 금생수(金生水), 수생목(水生木)으로 이어지는 것이다.

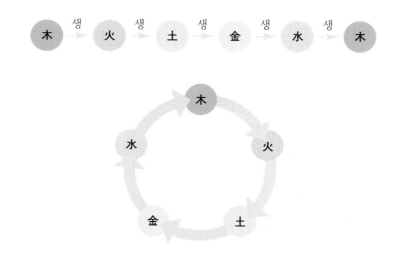

이 생의 이치를 보자. 나무[木]에서 꽃이 피면 꽃은 화(火)요, 꽃이 지면 이것이 땅으로 떨어져 흙[土]이 되고, 흙은 자체적으로 광물질[金]을 형성하며, 광물질은 녹아서 물[水]이 된다. 물[水]은 나무[木]를 생하여 순환상생을 거듭한다.

2) 극

극(剋)이란 제압하고 억제하며, 포용하고 껴안는다는 뜻이다. 오행에서 목(木)은 토(土)를, 토(土)는 수(水)를, 수(水)는 화(火)를, 화(火)는 금(金)을, 금(金)은 목

(木)을 극한다. 즉 목극토(木剋土), 토극수(土剋水), 수극화(水剋火), 화극금(火剋金), 금극목(金剋木)으로 이어지는 것이다.

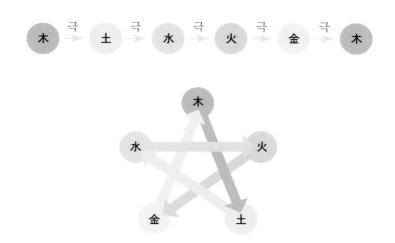

이 극의 이치를 보자. 나무[木]는 흙[土]을 파고들고, 흙[土]은 물[水]의 흐름을 막으며, 물[水]은 불[火]을 꺼버리고, 불[火]은 쇠[金]를 녹이며, 쇠[金]는 나무[木]를 자른다.

3) 일간

　만세력에서 사주의 주인공이 태어난 날의 일진(日辰)을 찾을 수 있다. 일진은 천간과 지지로 되어 있는데 그 중 천간이 일간(日干)이다. 예를 들면 일진이 계해(癸亥)인 경우 계(癸)가 일간이다. 오늘날의 사주학은 일간을 사주의 주인공 즉 본인으로 본다. 왜냐하면 사람에게는 하루[일진]의 정신[천간]이 핵이기 때문이다. 일간별로 그 오행을 나누어 살펴보면 갑(甲)이나 을(乙)은 목(木)이고, 병(丙)이나 정(丁)은 화(火)이며, 무(戊)나 기(己)는 토(土)이고, 경(庚)이나 신(辛)은 금(金)이며, 임(壬)이나 계(癸)는 수(水)이다.

　법륜도에서는 일간은 이를 비견과 함께 배치한다.

4) 비견

- 비견(比肩)은 일간과 음양 및 오행이 같은 것이다. 구체적으로 갑(甲)과 갑(甲), 을(乙)과 을(乙), 병(丙)과 병(丙), 정(丁)과 정(丁), 무(戊)와 무(戊), 기(己)와 기(己), 경(庚)과 경(庚), 신(辛)과 신(辛), 임(壬)과 임(壬), 계(癸)와 계(癸)의 관계에서 앞의 것이 일간이면 뒤의 것은 비견이다.
- 비견은 일간, 즉 나와 어깨를 나란히 하는 성별이 같은 형제·동료를 뜻한다. 다시 말해 내가 남성이면 남자 형제나 남성 동료가 비견이 된다.
- 비견이 너무 적으면 형제나 동료가 부족해서 일간인 내가 외롭고 약하다. 반대로 비견이 너무 많으면 형제나 동료가 일간인 나에게 부담이 된다.
- 비견은 독립심과 자존심을 나타내며, 직업으로는 독립적인 사업이나 큰 조직체의 구성원이 적합하다.

5) 겁재

- 겁재(劫財)는 일간과 오행이 같으나 음양이 다른 것이다. 구체적으로 갑(甲)과 을(乙), 을(乙)과 갑(甲), 병(丙)과 정(丁), 정(丁)과 병(丙), 무(戊)와 기(己), 기(己)와 무(戊), 경(庚)과 신(辛), 신(辛)과 경(庚), 임(壬)과 계(癸), 계(癸)와 임(壬)의 관계에서 앞의 것이 일간이면 뒤의 것은 겁재이다. 비견과 겁재를 합쳐 비겁(比劫)이라고 한다.
- 겁재는 형제나 동료이지만 나와는 성별이 다르다. 예를 들어 여성에게는 남자 형제나 남성 동료가 겁재에 해당한다.
- 겁재가 너무 적으면 일간인 내가 외롭고 약하다. 반대로 겁재가 너무 많으면 형제나 동료가 일간인 나에게 손해를 끼친다. 겁재는 재물을 빼앗는다는 뜻이다. 이성친구가 있으면 당연히 돈 쓸 일이 많지 않겠는가.
- 겁재는 자만심과 자기중심적인 성향을 나타내며, 직업으로는 비견과 마찬가지로 독립적인 사업이나 큰 조직체의 구성원이 적합하다.

6) 식신

- 식신(食神)은 일간이 생하는 오행으로 음양이 같은 것이다. 구체적으로 갑(甲)과 병(丙), 을(乙)과 정(丁), 병(丙)과 무(戊), 정(丁)과 기(己), 무(戊)와 경(庚), 기(己)와 신(辛), 경(庚)과 임(壬), 신(辛)과 계(癸), 임(壬)과 갑(甲), 계(癸)와 을(乙)의 관계에서 앞의 것이 일간이면 뒤의 것은 식신이다.
- 식신은 나의 기를 적당하게 발휘한 결과이다. 남녀 모두 재능 발휘에 해당하고, 여성에게는 자식이 된다.
- 식신이 너무 적으면 재능을 발휘하기 힘들므로 일간인 나에게 재물이 따르지 않는다. 반대로 식신이 너무 많으면 정력을 과다하게 소모하므로 일간인 내가 건강이 나빠진다.

- 식신은 명랑함과 온후함을 나타내며, 직업으로는 학문·예술·기술·의식주에 관한 사업이 적합하다.

7) 상관

- 상관(傷官)은 일간이 생하는 오행으로 음양이 다른 것이다. 구체적으로 갑(甲)과 정(丁), 을(乙)과 병(丙), 병(丙)과 기(己), 정(丁)과 무(戊), 무(戊)와 신(辛), 기(己)와 경(庚), 경(庚)과 계(癸), 신(辛)과 임(壬), 임(壬)과 을(乙), 계(癸)와 갑(甲)의 관계에서 앞의 것이 일간이면 뒤의 것은 상관이다. 식신과 상관을 합쳐 식상(食傷)이라고 한다.
- 상관은 나의 기를 심하게 발휘한 결과이다. 남녀 모두 전문적인 재능 발휘에 해당하고, 식신처럼 여성에게는 자식이 된다.
- 상관이 너무 적으면 전문적인 재능을 발휘하기 어려우므로 일간인 나에게 재물이 잘 따르지 않는다. 반대로 상관이 너무 많으면 일간인 내가 식신의 경우보다 더 약해진다.
- 상관은 총명하고 비밀이 없음을 나타내며, 직업은 전문직이 적합하다.

8) 편재

- 편재(偏財)는 일간이 극하는 오행으로 음양이 같은 것이다. 구체적으로 갑(甲)과 무(戊), 을(乙)과 기(己), 병(丙)과 경(庚), 정(丁)과 신(辛), 무(戊)와 임(壬), 기(己)와 계(癸), 경(庚)과 갑(甲), 신(辛)과 을(乙), 임(壬)과 병(丙), 계(癸)와 정(丁)의 관계에서 앞의 것이 일간이면 뒤의 것은 편재이다.
- 편재는 내가 거느리고 소유하기에는 다소 부담스러운 것이다. 남녀 모두 재산과 아버지에 해당하고, 남성에게는 편처 즉 아내 몰래 정을 통하는 여성이 된다.

- 편재가 너무 적으면 일간인 내가 무리하게 큰 재산을 탐하지 않는다. 반대로 편재가 너무 많으면 일간인 내가 큰 재산을 소유할 수 없으므로 큰 재산이 남의 것이 된다.
- 편재는 활발한 대인관계를 나타내며, 직업은 사업가나 큰 조직에서 일하는 것이 적합하다.

9) 정재

- 정재(正財)는 일간이 극하는 오행으로 음양이 다른 것이다. 구체적으로 갑(甲)과 기(己), 을(乙)과 무(戊), 병(丙)과 신(辛), 정(丁)과 경(庚), 무(戊)와 계(癸), 기(己)와 임(壬), 경(庚)과 을(乙), 신(辛)과 갑(甲), 임(壬)과 정(丁), 계(癸)와 병(丙)의 관계에서 앞의 것이 일간이면 뒤의 것은 정재이다. 정재와 편재를 합쳐 재성(財星)이라고 한다.
- 정재는 내가 자연스럽게 거느리고 소유할 수 있는 것이다. 남녀 모두 재산에 해당하고, 남성에게는 아내가 된다.
- 정재가 너무 적으면 일간인 내가 재산이 부족하다. 반대로 정재가 너무 많으면 일간인 내가 재산을 소유할 수 없으므로 재산이 남의 것이 된다.
- 정재는 정직과 성실을 나타내며, 직업으로는 봉급생활자나 기업을 경영하는 것이 적합하다.

10) 편관

- 편관(偏官)은 일간을 극하는 오행으로 음양이 같은 것이다. 구체적으로 갑(甲)과 경(庚), 을(乙)과 신(辛), 병(丙)과 임(壬), 정(丁)과 계(癸), 무(戊)와 갑(甲), 기(己)와 을(乙), 경(庚)과 병(丙), 신(辛)과 정(丁), 임(壬)과 무(戊), 계(癸)와 기(己)의 관계에서 앞의 것이 일간이면 뒤의 것은 편관이다. 편관을 살(殺)이라고도 하는데 살은 신살(神殺)과는 관련이 없다.

- 편관은 나를 구속하는 정도가 매우 강한 것을 말한다. 남녀 모두 직업에 해당하고, 남성에게는 자식, 여성에게는 편부 즉 남편 몰래 정을 통하는 남성이 된다.
- 편관이 너무 적으면 일간인 내가 큰 모험을 하지 않는다. 반대로 편관이 너무 많으면 일간인 내가 큰 피해를 입는다.
- 편관은 모험심과 특이성을 나타내며, 직업은 남보다 다소 강한 분야를 선택하게 된다.

11) 정관

- 정관(正官)은 일간을 극하는 오행으로 음양이 다른 것이다. 구체적으로 갑(甲)과 신(辛), 을(乙)과 경(庚), 병(丙)과 계(癸), 정(丁)과 임(壬), 무(戊)와 을(乙), 기(己)와 갑(甲), 경(庚)과 정(丁), 신(辛)과 병(丙), 임(壬)과 기(己), 계(癸)와 무(戊)의 관계에서 앞의 것이 일간이면 뒤의 것은 정관이다. 정관과 편관을 합쳐 관성(官星) 또는 관살(官殺)이라고 한다.
- 정관은 나를 적당하게 구속하면서 명예를 부여하는 것을 말한다. 남녀 모두 직장에 해당하고, 남성에게는 자식, 여성에게는 남편이 된다.
- 정관이 너무 적으면 일간인 내가 직장운이나 명예운이 약하다. 반대로 정관이 너무 많으면 일간인 내가 구속과 해로움을 당한다.
- 정관은 정직과 온후함을 나타내며, 직업은 명예직이나 고위직이 적합하다.

12) 편인

- 편인(偏印)은 일간을 생하는 오행으로 음양이 같은 것이다. 구체적으로 갑(甲)과 임(壬), 을(乙)과 계(癸), 병(丙)과 갑(甲), 정(丁)과 을(乙), 무(戊)와 병(丙), 기(己)와 정(丁), 경(庚)과 무(戊), 신(辛)과 기(己), 임(壬)과 경(庚), 계(癸)와 신(辛)의 관계에서 앞의 것이 일간이면 뒤의 것은 편인이다.
- 편인은 나를 도와주기는 하지만 따뜻한 정이 결여되어 부담스러운 것이다. 외국과 연관된 것에 해당한다.
- 편인이 너무 적으면 일간인 내가 요령이 부족하다. 반대로 편인이 너무 많으면 일간인 내가 눈치가 빨라진다.
- 편인은 요령을 나타내며, 직업은 활인업(活人業)이나 기예(技藝) 방면이 적합하다.

13) 인수

- 인수(印綬)는 일간을 생하는 오행으로 음양이 다른 것이다. 구체적으로 갑(甲)과 계(癸), 을(乙)과 임(壬), 병(丙)과 을(乙), 정(丁)과 갑(甲), 무(戊)와 정(丁), 기(己)와 병(丙), 경(庚)과 기(己), 신(辛)과 무(戊), 임(壬)과 신(辛), 계(癸)와 경(庚)의 관계에서 앞의 것이 일간이면 뒤의 것은 인수이다. 인수는 이를 정인(正印)이라고도 한다. 인수와 편인을 합쳐 인성(印星)이라고 한다.
- 인수는 나를 따뜻한 정으로 도와주는 것으로 남녀 모두 어머니에 해당한다. 또한 결재권을 뜻하는 인장을 상징하므로 권위로도 본다.
- 인수가 너무 적으면 일간인 내가 남의 도움을 기대하기 어렵다. 반대로 인수가 너무 많으면 일간인 내가 나약해진다.
- 인수는 성품이 어진 사람이나 덕이 많음을 나타내며, 직업은 학문을 바탕으로 한 지적인 분야에 적합하다.

◎ 법륜도

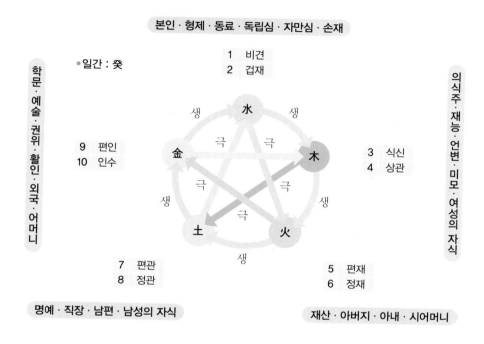

본인 · 형제 · 동료 · 독립심 · 자만심 · 손재

학문 · 예술 · 권위 · 활인 · 외국 · 어머니

의식주 · 재능 · 언변 · 미모 · 여성의 자식

●일간 : 癸

| 1 | 비견 |
| 2 | 겁재 |

| 9 | 편인 |
| 10 | 인수 |

| 3 | 식신 |
| 4 | 상관 |

| 7 | 편관 |
| 8 | 정관 |

| 5 | 편재 |
| 6 | 정재 |

명예 · 직장 · 남편 · 남성의 자식

재산 · 아버지 · 아내 · 시어머니

위의 법륜도는 사주에서 일간이 계(癸)인 사람의 음양오행과 상생 · 상극 관계를 나타낸 것이다. 이 그림에서 오행의 생극관계를 표시한 것을 중심으로 하여 1번 비견 · 2번 겁재는 위에, 3번 식신 · 4번 상관, 그리고 9번 편인 · 10번 인수는 옆에, 5번 편재 · 6번 정재, 그리고 7번 편관 · 8번 정관은 아래에 사주에서 이들 10가지가 상징하는 내용을 적어놓았다.

이상과 같이 법륜도에는 사주 내의 상생 · 상극 관계가 나타나는데, 사람의 삶은 단순히 타고난 대로 전개되지 않고 그때그때의 운을 맞이하여 다양하게 변화한다. 이 운에는 10년 단위로 관찰한 대운(大運)과 그 대운 내에서의 연운(年運)이 있다.

사주를 판단하기 위한 통변성(通變星)은 다음과 같이 결정한다. 일간이 갑(甲)인 사람이 지장간 중에서 갑(甲)을 만나면 이것의 통변성은 비견이 되고, 을(乙)을 만나면 겁재가 된다. 또한 일간이 을(乙)인 사람이 지장간 중에서 을(乙)을 만나면 비견이 되고, 갑(甲)을 만나면 겁재가 된다. 일간이 계(癸)인 사람이 지장간 중에서 계(癸)를 만나면 비견, 경(庚)을 만나면 인수가 된다. 다른 경우도 이와 같이 일간과 지장간이 어떤 관계인지를 보고 통변성을 적용하면 된다.

일간과 나머지 다른 천간을 대조할 때는 바로 해당 천간과의 관계를 따져 위와 같이 결정한다. 예를 들어 일간이 갑(甲)인 사람이 연간 갑(甲)을 만나면 이것의 통변성은 비견이 되고, 월간 경(庚)을 만나면 편관이 되며, 시간 계(癸)를 만나면 인수가 된다.

◎ 통변성

통변성 / 일간	비견	겁재	식신	상관	편재	정재	편관	정관	편인	인수
甲	甲	乙	丙	丁	戊	己	庚	辛	壬	癸
乙	乙	甲	丁	丙	己	戊	辛	庚	癸	壬
丙	丙	丁	戊	己	庚	辛	壬	癸	甲	乙
丁	丁	丙	己	戊	辛	庚	癸	壬	乙	甲
戊	戊	己	庚	辛	壬	癸	甲	乙	丙	丁
己	己	戊	辛	庚	癸	壬	乙	甲	丁	丙
庚	庚	辛	壬	癸	甲	乙	丙	丁	戊	己
辛	辛	庚	癸	壬	乙	甲	丁	丙	己	戊
壬	壬	癸	甲	乙	丙	丁	戊	己	庚	辛
癸	癸	壬	乙	甲	丁	丙	己	戊	辛	庚

03 사주팔자

사주(四柱)는 출생 연월일시에 해당하는 간지, 즉 태어난 해의 간지인 연주(年柱), 태어난 달의 간지인 월주(月柱), 태어난 날의 간지인 일주(日柱), 태어난 시각의 간지인 시주(時柱)의 네 기둥을 말한다. 사주를 해석하기 위해서 연월일시를 간지로 바꾸어 놓은 것이 명식(命式)인데 오른쪽에서 왼쪽의 순서로 연월일시의 간지를 적는다. 남성의 사주는 건명(乾命), 여성의 사주는 곤명(坤命)으로 표시한다.

각각의 기둥[柱]은 천간과 지지로 구성된다. 한편 팔자(八字)는 태어난 연월일시의 간지를 모두 합하면 여덟 글자가 되므로 붙여졌다. 사주 간명을 잘 하려면 사주팔자의 간지를 정확하게 뽑는 것이 우선이다.

예를 들어 1954년 7월 21일(음력) 오후 4시 30분 출생이면 다음과 같이 사주가 구성된다.

① 연주 : 갑오(甲午). 생년(生年)의 간지로 연간은 갑(甲), 연지는 오(午)
② 월주 : 임신(壬申). 생월(生月)의 간지로 월간은 임(壬), 월지는 신(申)
③ 일주 : 정미(丁未). 생일(生日)의 간지로 일간은 정(丁), 일지는 미(未)
④ 시주 : 무신(戊申). 생시(生時)의 간지로 시간은 무(戊), 시지는 신(申)

사주가 좋으니 나쁘니 하는 것은 간지 구성이 잘 되었는지 잘못되었는지를 따지는 것이다. 사주를 볼 때 각 기둥에서 판단하는 것은 다음과 같다.

① 연주 : 근(根). 유년기 · 조상 · 조부모
② 월주 : 묘(苗). 청소년기 · 부모 · 형제

③ 일주 : 화(花). 장년기 · 자신 · 배우자

④ 시주 : 실(實). 노년기 · 자식

위 내용은 절대적인 것은 아니므로 참고하는 정도로 한다. 육친(六親, 부모 · 형제 · 배우자 · 자식)과 행운(行運)에 대해서는 이 밖의 여러 가지 원칙을 종합해서 판단한다.

04 사주 구성법

사주는 사람이 태어난 연월일시를 각각 천간과 지지로 나타낸 연주, 월주, 일주, 시주의 네 기둥으로 이루어진다. 태어난 해를 연주, 태어난 달을 월주, 태어난 날을 일주, 태어난 시각을 시주라고 한다.

사주를 보기 위해서는 우선 사주 구성 즉 사주팔자 세우기를 해야 한다. 그래서 필자는 사주 구성법을 자세하게 다루었다. 하지만 그 내용이 무척 까다롭다. 사람이 태어난 연월일시를 정확하게 알면 만세력을 이용해서 연주 · 월주 · 일주를 세울 수 있다. 그러나 시주는 만세력에 나타나 있지 않으므로 만세력을 이용해도 시주를 세울 수 없다. 또한 입춘 등 절기를 밝혀야 하고 표준시 · 서머타임(summer time) 등을 계산에 넣어야 하며 그 밖에도 다루어야 할 것이 있다.

필자는 도서출판 갑을당이 개발한 컴퓨터 프로그램을 활용하고 있다. 따라서 필자는 사주와 연관한 절차적인 번거로움으로부터 자유롭다. 요즈음은 인터넷 세상이다. 독자는 『사주포럼(www.sajuforum.com)』으로 들어가 거기서 '인생방

정식'을 이용하면 금방 사주와 연관한 기본적인 자료를 뽑아낼 수 있다. 하지만 독자는 이 책에 실린 사주 구성법을 찬찬히 읽어서 사주학이 얼마나 체계적인 바탕 위에 서 있는 학문인가를 확인해 보기 바란다.

1) 연주 세우기

연주를 세울 때는 입춘을 기준으로 한다. 우리가 쓰는 달력을 기준으로 할 때 한 해의 시작은 양력 1월 1일이지만 사주학에서는 봄이 들어온다는 입춘을 새해의 시작으로 삼는다. 그러므로 12월에 태어난 사람이라도 절기로 보아 이미 입춘이 지났으면 새해에 태어난 것으로 보고, 반대로 1월에 태어난 사람이라도 절기로 보아 아직 입춘이 되지 않았다면 지난해에 태어난 것으로 본다. 띠를 구분하는 시점도 1월 1일이 아니라 입춘이다. 입춘을 기준으로 하는 이유는 사주학이 실제적인 기후 변화를 중요시하기 때문이다.

위의 설명을 돕기 위하여 다음의 예를 들어 살펴보자.

> ▶ 1980년은 양력 2월 5일이 입춘인데 음력으로는 12월 19일이다. 달력상으로는 음력 12월 19일부터 음력 12월 29일까지 11일간은 경신(庚申)년이 아니라 기미(己未)년 이지만, 사주를 판단할 때는 입춘이 지났기 때문에 경신(庚申)년으로 본다. 다시 말해 음력 1월 1일이 되지 않았어도 입춘만 지나면 다음 해로 본다.
> ▶ 1982년은 양력 2월 4일이 입춘인데 음력으로는 1월 11일이다. 이 경우에 음력 1월 1일부터 11일까지는 해가 바뀌었어도 입춘이 지나지 않았기 때문에 지난해인 신유(辛酉)년으로 본다.

위에서 본 것처럼 연(年)을 구분할 때는 음력으로 12월이나 1월에 관계 없이 입춘을 기준으로 정한다.

한편 절기(節氣)란 한 해를 24로 나눈 계절의 구분이다. 좁은 의미의 절기는 24절기 가운데 매월 양력 상순에 드는 것 즉 입춘·경칩·청명 따위를 가리킨다.

절기는 음력으로 본다고 알고 있는 사람들이 많지만, 사실 절기는 태양의 움직임을 고려한 것으로서 태양력의 분야에 속한다.

천구상에서 태양이 움직이는 길을 황도라고 하는데, 이 황도 360도를 1년으로 보아 30일 단위로 나누면 12절기가 되고, 15일 단위로 나누면 24절기가 된다.

2) 월주 세우기

월주는 사주의 주인공이 태어난 달을 말한다. 월주를 세울 때는 양력 1일이나 음력 1일이 아니라 좁은 의미의 절기, 즉 24절기 가운데 매월 양력 상순에 드는 것을 기준으로 한다. 따라서 입춘·경칩·청명·입하·망종·소서·입추·백로·한로·입동·대설·소한의 절입일이 기준이다. 예를 들어 새해가 시작되는 입춘부터 한 달 후인 경칩 사이는 인(寅)월이 되고, 경칩부터 청명 사이는 묘(卯)월이 된다. 좁의 의미의 절기를 12절기라고도 한다.

◎ 12절기

절기	지지	월(月)	특징
입춘	인(寅)	1월	봄의 시작
경칩	묘(卯)	2월	개구리가 겨울잠에서 깸
청명	진(辰)	3월	맑고 밝은 봄날이 시작됨. 봄농사 준비
입하	사(巳)	4월	여름의 시작
망종	오(午)	5월	씨뿌리기(벼)
소서	미(未)	6월	여름 더위의 시작
입추	신(申)	7월	가을의 시작
백로	유(酉)	8월	이슬이 내리기 시작
한로	술(戌)	9월	찬 이슬이 내리기 시작
입동	해(亥)	10월	겨울의 시작
대설	자(子)	11월	겨울 큰 눈이 옴
소한	축(丑)	12월	조금 추움. 겨울 추위의 시작

월주는 연주를 세우고 난 다음에 세운다. 만세력을 보면 연주와 월주를 쉽게 세울 수 있다. 예들 들어 2006년 2월 4일(양력) 8시 27분에 태어났다면 이 시각부터 입춘이므로 연주는 병술(丙戌)이고 월주는 경인(庚寅)이다(동학사의 『보기 쉬운 사주만세력』 참고). 그런데 위의 예에서 만일 8시 26분에 태어났다면 아직 입춘 전이니 연주는 병술(丙戌) 전의 을유(乙酉)이고 월주는 경인(庚寅) 전의 기축(己丑)이다.

3) 일주 세우기

일주는 만세력에서 태어난 당일의 일진을 찾아 그대로 기록하면 된다. 예를 들어 2006년 2월 4일(양력)은 일진이 갑자(甲子)이니 일주는 그대로 갑자(甲子)이다.

그런데 일진이 바뀌는 시각은 언제일까? 여기에 대해서는 견해가 통일되어 있지 않다. 어제가 갑자(甲子)일이었다면 오늘은 을축(乙丑)일, 내일은 병인(丙寅)일이지만 어제, 오늘, 내일을 가르는 기준시각이 문제이다.

일진이 바뀌는 시각 즉 갑자(甲子)에서 을축(乙丑)으로 바뀌고, 다시 을축(乙丑)에서 병인(丙寅)으로 바뀌는 시점에 대해서는 두 가지 견해가 있다. 하나는 자(子)시 초에 다음 날 일진으로 넘어간다는 이론이고, 또 하나는 자(子)시의 중간 시점인 자정(子正)에 다음 날 일진으로 넘어간다는 이론이다.

그러나 사주학은 실제적인 기후 변화를 중요시하여 연주를 세울 때는 입춘을 기준으로 하고 월주를 세울 때는 절기를 기준으로 하므로, 일주를 세울 때도 동일한 바탕 위에서 이론을 정립해야 한다. 따라서 형식논리적으로 자(子)시 초를 고집할 것이 아니라 태양이 지구로부터 가장 먼 거리에 있는 때인 자정이 기후 변화를 가장 잘 반영한다고 보아 자정설을 따라야 할 것이다. 그렇다면 자정부터 다음 날이 된다. 문제는 자(子)시가 언제부터 언제까지냐이다. 여기에 관해서는 시주 세우기에서 다룬다.

한편 사주는 꼭 음력 생일로 봐야 한다고 알고 있는 경우가 많다. 그러나 사주학에서는 절기력을 사용하기 때문에 양력이든 음력이든 상관없이 정확한 날짜만 알면 된다. 음력 생일이 윤달에 속한 사람은 생일을 양력으로 바꾸어서 찾을 수 있다.

4) 시주 세우기

지구가 한 바퀴 자전하는 데 24시간이 걸린다. 원이 360도이고 하루가 24시간이므로, 지구가 1시간에 15도씩, 즉 4분에 1도씩 돈다는 계산이 나온다. 현재 세계 모든 나라는 영국 그리니치 천문대를 지나는 경도 0도의 본초자오선을 기준으로 하여 편의상 동서로 각각 15도씩 나누어서 표준시를 정하고 있다.

우리나라의 표준시 기준은 국토 중앙에 해당하는 동경 127.5도이다. 그런데 표준시를 정하는 국제협약 때문에 우리나라의 표준시 대신 일본의 중간 지점인 아카시 천문대를 기점으로 하는 동경 135도를 표준시로 사용하고 있다. 7.5도는 시간으로 계산하면 30분에 해당하므로, 우리나라의 표준시와 일본의 표준시 사이에는 30분의 오차가 생긴다. 예를 들어 우리나라에서 시계가 낮 12시를 가리킬 때 자연시는 그보다 30분 느린 11시 30분이다.

하지만 이 30분의 오차가 절대적인 것은 아니다. 왜냐하면 우리나라 안에서도 경도상의 차이 때문에 각 지역마다 차이가 생기기 때문이다. 예를 들어 대전은 30분19초, 서울은 32분 05초, 독도는 12분 21초, 백령도는 40분 26초로 위치마다 차이가 있다.

◎ 각 지역의 자연시와 동경 135도 표준시의 시간 차이

지역	경도	시간 차이	지역	경도	시간 차이
백령도	124도 53분	+40분 26초	청주	127도 29분	+30분 03초
홍도	125도 12분	+39분 10초	춘천	127도 44분	+29분 04초
흑산도	125도 26분	+38분 14초	여수	127도 45분	+29분 00초
연평도	125도 42분	+35분 34초	충주	127도 55분	+28분 20초
덕적도	126도 06분	+35분 34초	원주	127도 57분	+28분 12초
신안군	126도 11분	+34분 14초	사천	128도 05분	+27분 20초
목포	126도 23분	+34분 26초	김천	128도 07분	+27분 12초
서산	126도 27분	+34분 10초	상주	128도 10분	+26분 56초
제주	126도 32분	+33분 52초	통영	128도 26분	+25분 52초
보령	126도 33분	+33분 48초	마산	128도 34분	+25분 44초
서귀포	126도 34분	+33분 44초	속초	128도 36분	+25분 36초
인천	126도 42분	+33분 32초	대구	128도 37분	+25분 32초
완도	126도 42분	+33분 32초	안동	128도 44분	+25분 04초
군산	126도 43분	+33분 28초	강릉	128도 54분	+24분 23초
정읍	126도 52분	+32분 52초	태백	128도 59분	+24분 07초
광주	126도 55분	+32분 17초	부산	129도 02분	+23분 48초
서울	126도 59분	+32분 05초	동해	129도 07분	+23분 28초
수원	127도 02분	+31분 53초	경주	129도 13분	+23분 07초
평택	127도 07분	+31분 33초	울산	129도 19분	+22분 43초
전주	127도 09분	+31분 24초	포항	129도 22분	+22분 33초
천안	127도 09분	+31분 24초	울진	129도 24분	+22분 25초
남원	127도 23분	+30분 28초	울릉도	130도 54분	+16분 25초
대전	127도 25분	+30분 19초	독도	131도 55분	+12분 21초

기준 경선	기간
동경 127.5도(한국시)	1908년 4월 29일 18시 30분을 18시로 조정~1912년 1월 1일까지 사용
동경 135도(일본시)	1912년 1월 1일 11시 30분을 12시로 조정~1954년 3월 21일까지 사용
동경 127.5도(한국시)	1954년 3월 21일 0시 30분을 0시로 조정~1961년 8월 9일 24시까지 사용
동경 135도(일본시)	1961년 8월 10일 0시를 0시 30분으로 조정~현재까지 사용

하루 24시간은 2시간 단위로 지지 즉 자(子)·축(丑)·인(寅)·묘(卯)·진(辰)·사(巳)·오(午)·미(未)·신(申)·유(酉)·술(戌)·해(亥)의 순서대로 구분된다. 하루의 첫 시간인 자(子)시는 우리나라의 자연시로 23시부터 1시까지다. 하지만 현재 사용중인 동경 135도(일본시)를 기준으로 하면 우리나라의 자연시에 30분을 더해서 다루어야 한다. 따라서 자(子)시의 중간 시점인 자정(子正)도 0시가 아니라 0시 30분이다.

사주학에서는 이 자정인 0시 30분을 기준으로 자(子)시를 야자시(夜子時 : 23시 30분~0시 30분)와 조자시(朝子時 : 0시 30분~1시 30분)로 나누는 견해가 있고, 그렇게 하지 않는 견해가 있다. 자시를 야자시와 조자시로 나누면 두 가지가 달라진다.

첫째, 전날 야자시와 당일 조자시는 시(時)는 같지만 일(日)이 달라진다.

즉 시주는 같지만 일주가 달라진다.

둘째, 당일의 조자시와 당일의 야자시는 일(日)은 같고 시간(時干)이 달라진다. 즉 일주는 같지만 시주가 달라진다.

일진이 바뀌는 기준을 자정으로 보면 조자시와 야자시로 구분하는 것이 타당하다. 조자시와 야자시를 구분할 때 사주학에서는 다음과 같이 일간(日干)에 따른 시주 세우기를 한다.

◎ 시주(時柱)

생시	일간	갑기(甲己)	을경(乙庚)	병신(丙辛)	정임(丁壬)	무계(戊癸)
조자시 (朝子時)	0시 30분 1시 30분	갑자 (甲子)	병자 (丙子)	무자 (戊子)	경자 (庚子)	임자 (壬子)
축 (丑)	1시 30분 3시 30분	을축 (乙丑)	정축 (丁丑)	기축 (己丑)	신축 (辛丑)	계축 (癸丑)
인 (寅)	3시 30분 5시 30분	병인 (丙寅)	무인 (戊寅)	경인 (庚寅)	임인 (壬寅)	갑인 (甲寅)
묘 (卯)	5시 30분 7시 30분	정묘 (丁卯)	기묘 (己卯)	신묘 (辛卯)	계묘 (癸卯)	을묘 (乙卯)
진 (辰)	7시 30분 9시 30분	무진 (戊辰)	경진 (庚辰)	임진 (壬辰)	갑진 (甲辰)	병진 (丙辰)
사 (巳)	9시 30분 11시 30분	기사 (己巳)	신사 (辛巳)	계사 (癸巳)	을사 (乙巳)	정사 (丁巳)
오 (午)	11시 30분 13시 30분	경오 (庚午)	임오 (壬午)	갑오 (甲午)	병오 (丙午)	무오 (戊午)
미 (未)	13시 30분 15시 30분	신미 (辛未)	계미 (癸未)	을미 (乙未)	정미 (丁未)	기미 (己未)
신 (申)	15시 30분 17시 30분	임신 (壬申)	갑신 (甲申)	병신 (丙申)	무신 (戊申)	경신 (庚申)
유 (酉)	17시 30분 19시 30분	계유 (癸酉)	을유 (乙酉)	정유 (丁酉)	기유 (己酉)	신유 (辛酉)
술 (戌)	19시 30분 21시 30분	갑술 (甲戌)	병술 (丙戌)	무술 (戊戌)	경술 (庚戌)	임술 (壬戌)
해 (亥)	21시 30분 23시 30분	을해 (乙亥)	정해 (丁亥)	기해 (己亥)	신해 (辛亥)	계해 (癸亥)
야자시 (夜子時)	23시 30분 0시 30분	병자 (丙子)	무자 (戊子)	경자 (庚子)	임자 (壬子)	갑자 (甲子)

사주 구성을 할 때 연주·월주·일주는 만세력에 나타나 있지만 시주는 만세력에 나타나 있지 않으므로 위의 표를 따라 시주를 세운다. 몇 개의 예를 들어본다.

▶ 일간이 갑(甲)이나 기(己)에 해당하고 생시가 0시 30분~1시 30분인 조자시이면 시주는 갑자(甲子)가 된다.
▶ 일간이 병(丙)이나 신(辛)에 해당하고 생시가 11시 30분~13시 30분이면 시주는 갑오(甲午)가 된다.
▶ 일간이 무(戊)나 계(癸)에 해당하고 생시가 23시 30분~0시 30분인 야자시이면 시주는 갑자(甲子)가 된다.

시주 세우기에서 '서머타임(summer time)'이 문제가 될 수 있다. 서머타임은 영국에서 처음 실시한 제도로, 하절기의 긴 낮시간을 효과적으로 활용하기 위하여 시간을 1시간 앞당긴 것을 말한다. 따라서 서머타임이 적용된 기간에 태어난 사람의 출생시가 12시 10분이라면 1시간 늦춘 11시 10분으로 정해야 한다. 또한 표준시 기준이 동경 127.5도(한국시)이고 서머타임을 실시한 경우 출생시가 11시 40분이면 표준시 기준이 동경 135도(일본시)인 현재의 시각으로는 11시 10분이다. 왜냐하면 표준시 기준 때문에 30분을 더해야 하고, 서머타임 때문에 1시간을 빼야 하기 때문이다.

5) 대운

대운(大運)은 사람의 운명을 10년씩 지배한다. 사주는 부귀빈천과 어느 때 좋고 나쁜가를 주로 따지기 때문에 반드시 대운을 감안하여 동적(動的)으로 파악해야 한다.

월주의 간지가 대운의 간지를 정하는 기준이 되고, 이것이 적용되는 기간을 입운(入運)이라고 한다. 입운 다음으로 1운, 2운, 3운, 4운, 5운, 6운, 7운 등으로 진행된다. 사주에서 대운을 찾는 방법은 다음과 같다.

① 먼저 생년(生年)으로 음양을 구분한다. 생년이 갑(甲), 병(丙), 무(戊), 경(庚), 임(壬)에 해당하면 양년생(陽年生)이라고 하고, 을(乙), 정(丁), 기(己), 신(辛), 계(癸)에 해당하면 음년생(陰年生)이라고 한다.

② 갑(甲)·병(丙)·무(戊)·경(庚)·임(壬)년에 태어난 남성은 양남(陽男), 여성은 양녀(陽女)라고 한다.

③ 을(乙)·정(丁)·기(己)·신(辛)·계(癸)년에 태어난 남성은 음남(陰男), 여성은 음녀(陰女)라고 한다.

④ 양남음녀(陽男陰女)는 생월의 간지에서부터 순행(順行) 즉 미래로 갑자를 짚어나가고, 음남양녀(陰男陽女)는 역행(逆行) 즉 생월의 간지에서부터 과거로 갑자를 짚어나간다.

📚 예　　　　　　　1944년 8월 27일(양력) 16시 출생 / 남성

시	일	월	연	(乾命)
庚	癸	壬	甲	
申	亥	申	申	

앞의 사주는 월주인 임신(壬申)이 입운이다. 생년이 갑(甲)이라서 양남(陽男)이기 때문에 임신(壬申)을 기준으로 순행하여 1운은 계유(癸酉), 2운은 갑술(甲戌), 3운은 을해(乙亥)이다. 만일 여성이라면 양녀(陽女)이기 때문에 임신(壬申)을 기준으로 역행하여 1운은 신미(辛未), 2운은 경오(庚午), 3운은 기사(己巳)가 된다.

한편 사주에서 사람의 운의 주기가 바뀌는 기준 연령(만 나이)을 대운수(大運數)라고 한다. 만세력을 보면 대운수를 표시해놓았기 때문에 쉽고 간편하게 확인할 수 있다. 앞에서 예로 든 사주에서 대운수는 4이다. 따라서 우리 나이로 입운은 1~4세, 1운은 5~14세, 2운은 15~24세, 3운은 25~34세가 된다. 대운수를 계산하는 방법은 다음과 같다.

① 양남음녀는 순행이므로 출생일로부터 다음 달 절기까지의 날짜 수와 시간을 모두 센다. 음남양녀는 역행이므로 출생일로부터 거꾸로 지난달 절기까지의 날짜 수와 시간을 모두 센다.

② 그 날짜 수와 시간을 3으로 나눈다. 나머지가 1일 12시간 이상이 되면 1을 더하고, 나머지가 1일 12시간 미만이면 나머지를 버린다. 예를 들어 7일 13시간을 3으로 나누면 2에 나머지가 1일 13시간이므로 그에 1을 더하여 대운수가 3이 된다. 반대로 13일 10시간을 3으로 나누면 4에 나머지가 1일 10시간이므로 1일 10시간을 버리고 몫 4가 그대로 대운수가 된다.

이 방법대로 대운수를 계산해보자. 예를 들어 1981년 3월 25일(양력) 12시 10분에 출생한 남성의 경우에 신유(辛酉)년 출생이므로 대운은 역운(逆運)이다. 출생일인 3월 25일 12시 10분에서 역행하여 지나간 절입일인 3월 6일 01시 05분을 빼면 19일 11시간 05분이 된다. 이것을 3으로 나누면 몫이 6이고 나머지가 1일 11시간 05분이므로 대운수는 6이 된다. 이 남성은 약 6세 6개월이 운의 주기가 바뀌는 시기다.

또한 1981년 3월 25일(양력) 12시 10분에 출생한 여성의 경우에 똑같은 신유(辛酉)년 출생이지만 대운은 순운(順運)으로 달라진다. 다가오는 절입일인 4월 5일 06시 05분에서 출생일인 3월 25일 12시 10분을 빼면 10일 17시간 55분이 된다(이 경우 착오를 일으켜 11일 17시간 55분으로 계산하기 쉬우므로 주의해야 한다). 이것을 3으로 나누면 몫이 3이고 나머지가 1일 17시간 55분이므로 대운수는 4가 된다.

위의 두 경우에서 절기까지의 날짜 수와 시간이 1일이라면 1을 3으로 나누기 때문에 대운수는 1이 된다.

대운수를 계산하는 방법에서 기본이 되는 것은 지구와 우주의 관계이다. 지구는 매달 기후가 바뀌고, 태양은 약 10년 주기로 흑점의 극대·극소화 현상이 일어난다. 또한 10년은 하도(河圖)에서 완성수 10을 이룬다. 그래서 10년이면 강산도 변한다고 한다. 지구의 1달(30일)과 태양의 10년을 연관 지으면 지구의 3일은 태양의 1년이 된다. 그래서 사주에서 절기와 3일의 시간 차이가 있다면 그 사람의 대운수는 1이라고 보는 것이다.

사람의 대운을 10년씩으로 정한 것을 북극성과의 관계에서 설명하는 주장도 있다. 즉, 달·지구·태양이 한 덩어리가 되어 북극성을 한 바퀴 공전하는 데 120년이 걸리고 지구가 태양을 공전하는 데 12개월이 걸리므로 지구의 1개월은 우주의 10년에 해당한다는 것이다.

6) 사주 구성·대운 간지·대운수 작성 예

예❶ 　　1955년 12월 27일(음력) 오후 4시 10분 출생 / 남성

시	일	월	연	(乾命)		
甲	乙	庚	丙			
申	巳	寅	申			
(6운)	(5운)	(4운)	(3운)	(2운)	(1운)	(입운)
60~69	50~59	40~49	30~39	20~29	10~19	1~9
丙	乙	甲	癸	壬	辛	庚
申	未	午	巳	辰	卯	寅

　앞의 사주에서 연주는 입춘이 지났기 때문에 을미(乙未)가 아니고 병신(丙申)이다. 1955년은 현재와 다른 표준시를 사용했으므로 출생시는 30분을 더하여 오후 4시 40분이 된다.

예❷　　　　1963년 1월 8일(음력) 오전 0시 15분 출생 / 여성

시	일	월	연	(坤命)
丙	甲	癸	壬	
子	戌	丑	寅	

(6운)	(5운)	(4운)	(3운)	(2운)	(1운)	(입운)
59~68	49~58	39~48	29~38	19~28	9~18	1~8
丁	戊	己	庚	辛	壬	癸
未	申	酉	戌	亥	子	丑

이 사주에서 연주는 입춘이 경과하기 전이므로 임인(壬寅)이다. 일주는 0시 30분을 경과하지 않았기 때문에 전(前)일이 되고, 시주는 전일 야자시인 병자(丙 子)이다.

예❸　　　　1965년 1월 17일(음력) 오전 9시 10분 출생 / 남성

시	일	월	연	(乾命)
丙	癸	戊	乙	
辰	卯	寅	巳	

(6운)	(5운)	(4운)	(3운)	(2운)	(1운)	(입운)
56~65	46~55	36~45	26~35	16~25	6~15	1~5
壬	癸	甲	乙	丙	丁	戊
申	酉	戌	亥	子	丑	寅

1957년 8월 15일(음력 윤달) 오후 10시 45분 출생/여성

시	일	월	연	(坤命)		
癸	癸	庚	丁			
亥	丑	戌	酉			
(6운)	(5운)	(4운)	(3운)	(2운)	(1운)	(입운)
61~70	51~60	41~50	31~40	21~30	11~20	1~10
丙	乙	甲	癸	壬	辛	庚
辰	卯	寅	丑	子	亥	戌

이 사주에서 월주는 절입 일시인 22시 31분이 지났기 때문에 기유(己酉)가 아니고 경술(庚戌)이다. 그리고 출생시는 현재와 다른 표준시이므로 30분을 더한 오후 11시 15분이 된다.

📖 예❺   1990년 5월 15일(음력 윤달) 오후 7시 5분 출생/여성

시	일	월	연	(坤命)		
辛	癸	癸	庚			
酉	酉	未	午			
(6운)	(5운)	(4운)	(3운)	(2운)	(1운)	(입운)
51~60	41~50	31~40	21~30	11~20	1~10	—
丁	戊	己	庚	辛	壬	癸
丑	寅	卯	辰	巳	午	未

이 사주에서 월주는 절입 일시인 18시 00분이 지났기 때문에 임오(壬午)가 아니고 계미(癸未)다.

오행의 이모저모

01 오행의 속성

목(木)은 수초목(樹草木)으로 자신을 희생하여 의식주를 제공하기 때문에 자비로움을 뜻하는 인(仁)이다.

화(火)는 어둠을 밝혀 세상을 빛나게 하므로 예(禮)이다.

토(土)는 만물이 자리 잡는 중심이 되므로 믿음을 뜻하는 신(信)이다.

금(金)은 강한 금속으로 정의를 뜻하니 의(義)이다.

수(水)는 명경지수(明鏡止水)가 되어 사물을 똑바로 비추기 때문에 지혜를 뜻하는 지(智)이다.

색으로는 목(木)은 푸른색, 화(火)는 붉은색, 토(土)는 누런색, 금(金)은 하얀색, 수(水)는 검은색을 나타낸다.

방향으로는 목(木)은 동쪽, 화(火)는 남쪽, 토(土)는 중앙, 금(金)은 서쪽, 수(水)는 북쪽을 나타낸다.

계절로는 목(木)은 봄, 화(火)는 여름, 토(土)는 계절의 변화를 조정하는 환절기, 금(金)은 가을, 수(水)는 겨울을 나타낸다.

02 오행의 작용

오행의 생극(生剋)에 관하여는 앞에서 살펴본 바 있다.

오행의 비화(比和)란 오행이 서로 같다는 뜻이다. 오행에서 목(木)과 목(木), 화(火)와 화(火), 토(土)와 토(土), 금(金)과 금(金), 수(水)와 수(水)는 비화이다. 그래서 예를 들면 갑(甲)과 갑(甲), 을(乙)과 을(乙), 갑(甲)과 을(乙), 을(乙)과 갑(甲)은 비화이다.

오행인 목(木)·화(火)·토(土)·금(金)·수(水)가 지나치게 강할 때는 일반적인 한계를 벗어나 다음과 같은 여러 가지의 결과가 발생한다.

1) 목(木)

① 목다화식(木多火熄) : 나무가 많으면 불이 꺼진다.
② 목다토경(木多土傾) : 나무가 많으면 흙이 갈라진다.
③ 목다금결(木多金缺) : 나무가 많으면 쇠가 부러진다.
④ 목다수축(木多水縮) : 나무가 많으면 물이 줄어든다.

2) 화(火)

① 화다목분(火多木焚) : 불이 많으면 나무가 불에 타 없어진다.

② 화다토초(火多土焦) : 불이 많으면 흙이 불타서 까맣게 변한다.

③ 화다금용(火多金熔) : 불이 많으면 쇠가 녹아버린다.

④ 화다수비(火多水沸)·화다수증(火多水烝) : 불이 많으면 물이 끓는다. 불이
많으면 물이 증발한다.

3) 토(土)

① 토다목절(土多木折) : 흙이 많으면 나무가 부러진다.

② 토다화회(土多火晦) : 흙이 많으면 불이 어두워진다.

③ 토다금매(土多金埋) : 흙이 많으면 금이 묻혀버린다.

④ 토다수어(土多水淤) : 흙이 많으면 물이 말라버린다.

4) 금(金)

① 금다목단(金多木斷) : 쇠가 많으면 나무가 잘린다.

② 금다화식(金多火熄) : 쇠가 많으면 불이 꺼진다.

③ 금다토변(金多土變) : 쇠가 많으면 흙이 변해버린다.

④ 금다수체(金多水滯)·금다수탁(金多水濁) : 쇠가 많으면 물이 막혀서 통하
지 않는다. 쇠가 많으면 물이 탁해진다.

5) 수(水)

    ① 수다목부(水多木浮) : 물이 많으면 나무가 뜬다.

    ② 수다화멸(水多火滅) : 물이 많으면 불이 꺼진다.

    ③ 수다토류(水多土流)·수다토산(水多土散) : 물이 많으면 흙이 떠내려간다.
       물이 많으면 흙이 흩어진다.

    ④ 수다금침(水多金沈) : 물이 많으면 금이 잠긴다.

03 생중유극 극중유생

생(生)은 정(正)으로 볼 수 있고, 극(剋)은 반(反)으로 볼 수 있기 때문에 흔히들 생은 좋고 극은 나쁘다고 한다. 그러나 정과 반의 참모습은 어떠한가. 소우주인 인간에게 정은 혈액의 순환과 같고, 반은 심장의 박동과 같아서 생중유극(生中有剋)이요 극중유생(剋中有生)이다. 극은 생으로 이어진다.

예를 들어 나무는 흙을 파고들어 목극토(木剋土)를 하는데 그 결과 민둥산을 홍수로부터 보호하니 목생토(木生土)를 이룬다. 이러한 이치는 다른 오행의 경우에도 마찬가지다. 그러므로 생과 극을 분리시켜 '생(生)'을 사랑하고 '극(剋)'을 미워하는 오류를 범하면 안 된다.

04 오행의 작용과 육친 관계

본인별, 즉 일간이 갑(甲)인 남성의 경우를 예로 들어 오행의 생극작용과 육친 관계를 판단해보자.

갑(甲)을 생하고 돌보아주는 것은 인수 계(癸)와 편인 임(壬)이므로 둘 중에 하나가 어머니가 된다. 그러나 편인 임(壬)은 갑(甲)을 도와주기는 하지만 따뜻한 정이 결여되어 있다(양과 양의 관계). 반면에 인수 계(癸)는 갑(甲)을 따뜻한 정으로 도와준다(양과 음의 관계). 따라서 이 경우에는 인수 계(癸)를 어머니로 본다. 갑(甲)이 여성일 때도 마찬가지다.

갑(甲)의 아버지는 어머니인 계(癸)와 음양이 다르면서 계(癸)를 극하는 토(土), 즉 양토(陽土)인 무(戊)가 된다. 극이란 제압하고 억제하며, 포용하고 껴안는 관계이다. 그러나 음양이 다른 경우는 포용하고 껴안는 남녀 관계가 되어 유정(有情)하기 때문에 무(戊)와 계(癸)는 비록 극하는 관계이지만 천간합(天干合)을 이룬다. 갑(甲)에게 무(戊)는 편재가 된다. 이처럼 사주에서 편재는 아버지가 된다. 갑(甲)이 여성일 때도 마찬가지다.

갑(甲)의 배우자는 갑(甲)이 극하면서 서로 음양이 다른 기(己)토가 된다. 갑(甲)과 기(己)는 비록 극하는 관계이지만 서로 유정한 천간합을 이룬다. 갑(甲)에게 기(己)는 정재이다. 정재는 남성에게 배우자인 아내가 된다. 그러나 갑(甲)이 여성인 경우에는 이 갑(甲)을 극하는 성별, 즉 음양이 다른 신(辛)금이 남편이 된다. 갑(甲)에게 신(辛)은 정관이다. 이처럼 여성에게는 정관이 남편이 된다.

갑(甲)의 아들과 딸은 갑(甲)의 아내인 정재 기(己)토가 생하는 정관과 편관이다. 그래서 남성에게 정관과 편관은 그의 자식이 된다. 반대로 갑(甲)이 여성인 경우에는 갑(甲)이 직접 생하는 식신과 상관이 자식이 된다.

　갑(甲)의 형제는 갑(甲)과 오행이 같은 비견과 겁재이다. 갑(甲)이 여성인 경우도 마찬가지다.

◎ 통변성과 육친

구분	아버지	어머니	형제	배우자	자식	기타		
남	편재	인수	비견 겁재	정재	정관 편관	· 편인 : 유모, 계모 · 식신 : 장모 · 편재 : 종업원	· 편재 : 첩 · 관살 : 사장 · 비겁 : 동업자	
여	편재	인수	비견 겁재	정관	식신 상관	· 편인 : 유모, 계모 · 편재 : 시어머니	· 편관 : 편부 · 편관 : 시누이	

　이상의 육친 관계 판단은 그 시대의 사회상 및 관념에 따라 달라질 수 있다. 예를 들어 부계사회와 모계사회에서는 남녀의 역할이 각각 달라지기 때문에 그에 따라서 육친 관계의 해석도 달라질 수 있다.

　그리고 관점에 따라서는 일간을 생하는 인수와 편인을 일간과의 성별을 따져 각각 아버지와 어머니로 볼 수도 있다.

05 투파와 오행

1) 오행보다 10간을 중요시한다.

　투파는 사주학을 다음의 네 가지로 나눈다.

　① 신살사주학

　② 통변성사주학

　③ 오행사주학

④ 십간사주학

십간사주학은 천간으로 투출한 글자로 사주를 논하는 투파의 사주학이다. 투파는 위의 ①②③ 중 가장 나은 오행사주학을 10간의 특성을 이용한 십간사주학으로 보완해야 한다고 한다. 투파는 오행보다 10간을 중요시한다. 왜냐하면 오행은 10간을 추상해서 만든 것으로 10간보다 나중에 나왔고 10간은 자연의 이치와 부합시킨 것으로 오행보다 먼저 나왔기 때문이다. 투파는 오행의 생극과 비화가 절대적인 것은 아니라고 한다. 예를 들어 오행에서는 목생화가 되지만 10간에서는 통나무인 갑(甲)목이나 화초인 을(乙)목이 태양인 병(丙)화를 생하지 못한다고 한다. 나아가 병(丙)화가 희신인 사주에서 인(寅)운은 병(丙)의 뿌리이므로 희신운이지만 묘(卯)운은 병(丙)의 뿌리가 아니므로 희신운이 아니라고 한다. 그러므로 예를 들어 목생화만 믿고 간명했다가는 위와 같은 잘못을 저지른다는 이야기이다.

2) 10간 상호간의 관계

투파는 10간 상호간의 관계를 원칙적으로 다음의 다섯 가지로 나눈다.
① 생(生) : 낳아 준다.
② 극(剋) : 타격한다.
③ 조(助) : 도와준다.
④ 설(洩) : 힘을 뺀다.
⑤ 분(分) : 분열시킨다.

나아가 투파는 10간 상호간의 관계에서 위의 다섯 가지 이외에 예외적으로 몇 가지를 추가한다.

편의상 위의 다섯 가지 중 ①~④는 이를 →(완전 화살표)로 표시하고 ⑤는 이를 →(반쪽 화살표)로 표시한다.

● 갑(甲) ↔ 갑(甲)

갑(甲)과 갑(甲)은 서로 돕는다.

● 갑(甲) → 을(乙)

갑(甲)은 을(乙)을 도와준다. 을(乙)은 갑(甲)에게 무작용이다.

● 갑(甲) ← 병(丙)

갑(甲)은 병(丙)에게 무작용이다. 병(丙)은 습한 갑(甲)을 강하게 하나 마른 갑(甲)을 약하게 한다.

● 갑(甲) ↔ 정(丁)

갑(甲)은 정(丁)을 생하여 강하게 한다. 정(丁)은 갑(甲)을 설하여 약하게 한다.

● 갑(甲) → 무(戊)

갑(甲)은 무(戊)를 극하여 약하게 한다. 무(戊)는 갑(甲)을 분하여 약하게 한다.

● 갑(甲) ↔ 기(己)

갑(甲)은 기(己)를 극하여 약하게 한다. 기(己)는 습한 갑(甲)을 생하여 강하게 하나 마른 갑(甲)을 분하여 약하게 한다.

● 갑(甲) ← 경(庚)

갑(甲)은 경(庚)에게 무작용이다. 경(庚)은 갑(甲)을 극하여 약하게 한다.

● 갑(甲) → 신(辛)

갑(甲)은 신(辛)을 극하여 약하게 한다. 신(辛)은 갑(甲)에게 무작용이다.

● 갑(甲) ← 임(壬)

갑(甲)은 임(壬)에게 무작용이다. 임(壬)은 갑(甲)을 극하여 약하게 한다.

● 갑(甲) ← 계(癸)

갑(甲)은 계(癸)에게 무작용이다. 계(癸)는 갑(甲)을 생하여 강하게 한다.

● 을(乙)　을(乙)

을(乙)과 을(乙)은 서로 돕지 않고 오히려 상대방을 불편하게 한다.

● 을(乙) ← 병(丙)

을(乙)은 병(丙)에게 무작용이다. 병(丙)은 습한 을(乙)을 강하게 하나 마른 을(乙)을 약하게 한다.

● 을(乙) ↔ 정(丁)

을(乙)은 정(丁)을 생하여 강하게 한다. 정(丁)은 을(乙)을 설하여 약하게 하는데 이는 해로운 관계가 된다.

● 을(乙) ← 무(戊)

을(乙)은 무(戊)에게 무작용이다. 무(戊)는 을(乙)에 대하여 조절작용을 하는데 이는 이로운 관계가 된다.

● 을(乙) ↔ 기(己)

을(乙)은 기(己)를 극하여 약하게 한다. 기(己)는 습한 을(乙)을 강하게 하나 마른 을(乙)을 약하게 한다.

● 을(乙) ← 경(庚)

을(乙)은 경(庚)에게 무작용이다. 경(庚)은 을(乙)을 극하여 약하게 한다.

● 을(乙) ← 신(辛)

을(乙)은 신(辛)에게 무작용이다. 신(辛)은 을(乙)을 극하여 약하게 하는데 이는 해로운 관계가 된다.

● 을(乙) ← 임(壬)

을(乙)은 임(壬)에게 무작용이다. 임(壬)은 을(乙)을 생하여 강하게 한다.

● 을(乙) ↔ 계(癸)

을(乙)은 계(癸)를 약설(弱洩)하여 약하게 한다. 약설은 이를 분(分)처럼 ─(반쪽 화살표)로 표시한다. 계(癸)는 을(乙)을 생하여 강하게 한다.

● 병(丙)   병(丙)

병(丙)과 병(丙)은 서로 돕지 않고 오히려 상대방을 불편하게 한다.

● 병(丙)   정(丁)

서로 무작용이다.

● 병(丙) → 무(戊)

병(丙)은 무(戊)를 생하여 강하게 한다. 무(戊)는 병(丙)에게 무작용이다.

● 병(丙) ─ 기(己)

병(丙)은 기(己)를 생하여 강하게 한다. 기(己)는 병(丙)을 약설(弱洩)하여 약하게 한다. 약설은 이를 분(分)처럼 ─(반쪽 화살표)로 표시한다.

● 병(丙) → 경(庚)

병(丙) 은 경(庚)을 극하여 약하게 한다. 경(庚)은 병(丙)에게 무작용이다.

● 병(丙) → 신(辛)

병(丙)은 신(辛)을 극하여 약하게 한다. 신(辛)은 병(丙)에게 무작용이다.

● 병(丙) ↔ 임(壬)

병(丙)은 겨울의 임(壬)을 생하여 강하게 하고 겨울 이외의 임(壬)을 극하여 약하게 한다. 임(壬)은 병(丙)을 극하여 약하게 한다.

● 병(丙) ↔ 계(癸)

병(丙)은 계(癸)를 극하여 약하게 한다. 계(癸)는 병(丙)을 극하여 약하게 한다.

● 정(丁)　　정(丁)

서로 무작용이다.

● 정(丁) ← 무(戊)

정(丁)은 무(戊)에게 무작용이다. 무(戊)는 정(丁)에 대하여 조절작용을 하는데 이는 이로운 관계가 된다.

● 정(丁) ⟵ 기(己)

정(丁)은 기(己)에게 무(戊)작용이다. 기(己)는 정(丁)에 대하여 조절작용을 하는데 이는 이로운 관계가 된다. 기(己)와 정(丁)의 관계는 무(戊)와 정(丁)의 관계보다 그 상태가 조금 작으므로 기(己)의 정(丁)에 대한 조절작용은 이를 분(分)처럼 ⟶(반쪽 화살표)로 표시한다.

● 정(丁) → 경(庚)

정(丁)은 경(庚)을 극하여 약하게 한다. 경(庚)은 정(丁)에게 무작용이다.

● 정(丁) → 신(辛)

정(丁)은 신(辛)을 극하여 약하게 하는데 이는 해로운 관계가 된다.
신(辛)은 정(丁)에게 무작용이다.

● 정(丁) ← 임(壬)

정(丁)은 임(壬)에게 무작용이다. 임(壬)은 정(丁)을 극하여 약하게 한다.

● 정(丁) ← 계(癸)

정(丁)은 계(癸)에게 무작용이다. 계(癸)는 정(丁)을 극하여 약하게 한다.

● 무(戊)　　무(戊)

서로 무작용이다.

● 무(戊) → 기(己)

무(戊)는 기(己)를 도와준다. 기(己)는 무(戊)에게 무작용이다.

● 무(戊) ↔ 경(庚)

무(戊)는 경(庚)을 생하여 강하게 한다. 경(庚)은 무(戊)를 설하여 약하게
한다.

● 무(戊) ↔ 신(辛)

무(戊)는 신(辛)을 생하여 강하게 한다. 신(辛)은 무(戊)를 설하여 약하게
한다.

● 무(戊) ↔ 임(壬)

무(戊)는 임(壬)을 극하여 약하게 한다. 임(壬)은 무(戊)를 분하여 약하게
한다.

● 무(戊) ↔ 계(癸)

무(戊)는 계(癸)를 극하여 약하게 한다. 계(癸)는 무(戊)를 분하여 약하게
한다.

● 기(己)　　기(己)

서로 무작용이다.

● 기(己) ↔ 경(庚)

기(己)는 경(庚)을 생하여 강하게 한다. 경(庚)은 기(己)를 설하여 약하게
한다.

- 기(己) → 신(辛)

기(己)는 신(辛)을 생하지 못하고 오히려 신(辛)을 실망하게 한다. 신(辛)은 기(己)를 설하지 못하고 기(己)에게 무작용이다.

- 기(己) ↔ 임(壬)

기(己)는 임(壬)을 극하여 약하게 하는데 이는 해로운 관계가 된다. 임(壬)은 기(己)를 극하여 약하게 한다.

- 기(己) ↦ 계(癸)

기(己)는 계(癸)를 극하여 약하게 한다. 계(癸)는 습한 기(己)를 분하여 약하게 하나 마른 기(己)를 생하여 강하게 한다.

- 경(庚)   경(庚)

서로 극하여 약하게 된다.

- 경(庚) → 신(辛)

경(庚)은 신(辛)을 극하여 약하게 한다. 신(辛)은 경(庚)에게 무작용이다.

- 경(庚) ↔ 임(壬)

경(庚)은 임(壬)을 생하여 강하게 한다. 임(壬)은 경(庚)을 설하여 약하게 한다.

- 경(庚) ← 계(癸)

경(庚)은 계(癸)에게 무작용이다. 계(癸)는 경(庚)을 설하여 약하게 하는데 이는 해로운 관계가 된다.

- 신(辛)   신(辛)

서로 무작용이다.

● 신(辛) ← 임(壬)

신(辛)은 임(壬)에게 무작용이다. 임(壬)은 신(辛)에 대하여 조절작용을 하는데 이는 이로운 관계가 된다.

● 신(辛) ← 계(癸)

신(辛)은 계(癸)에게 무작용이다. 계(癸)는 신(辛)을 약설(弱洩)하여 약하게 한다. 약설은 이를 분(分)처럼 ⇀(반쪽 화살표)로 표시한다.

● 임(壬) 임(壬)

서로 무작용이다.

● 임(壬) ← 계(癸)

임(壬)은 계(癸)에게 무작용이다. 계(癸)는 임(壬)을 생하여 강하게 한다.

● 계(癸) 계(癸)

서로 무작용이다.

3) 체신이 페르소나(persona)이다.

체신(體神)이란 10간 상호간의 관계인 생·극·조·설·분 등의 화살표가 마주치거나 그렇지 않고 최후로 다다른 곳을 가리키는 투파의 용어이다. 그러니까 월간이나 일간은 마주치는 곳으로서 체신이 될 수 있고 연간이나 시간은 최후로 다다른 곳으로서 체신이 될 수 있다. 체신의 예를 들면 다음과 같다.

📚 예❶

시		일		월		연
戊	↔	甲	←	癸	↔	丙
○		○		○		○

- 병(丙)은 계(癸)를 극(→)한다. 계(癸)는 병(丙)을 극(→)한다.
- 계(癸)는 갑(甲)을 생(→)한다. 갑(甲)은 계(癸)에게 무작용이다.
- 갑(甲)은 무(戊)를 극(→)한다. 무(戊)는 갑(甲)을 분(→)한다.

※ 화살표가 마주친다. 마주치는 곳이 일간인 갑(甲)이다. 일간인 갑(甲)이 체신이다.

📖 예❷

시	일	월	연
庚	← 癸	→ 壬	→ 甲
○	○	○	○

- 갑(甲)은 임(壬)에게 무작용이다. 임(壬)은 갑(甲)을 극(→)한다.
- 임(壬)은 계(癸)에게 무작용이다. 계(癸)는 임(壬)을 생(→)한다.
- 계(癸)는 경(庚)을 설(→)한다. 경(庚)은 계(癸)에게 무작용이다.

※ 화살표가 마주치지 않는다. 최후로 다다른 곳이 연간의 갑(甲)과 시간의 경(庚)이다. 연간의 갑(甲)과 시간의 경(庚)이 체신이다.

체신이 페르소나(persona)이다. 이는 체신을 지혜와 자유의사를 갖는 독립된 인격적 실체로 본다는 말이다. 투파는 체신을 의식이 모이는 곳으로 이해하여 체신이 인생의 목표라고 한다.

지그문트 프로이트[Sigmund Freud, 1856~1939]는 심적 현상을 의식과 무의식으로 나누고, 무의식을 다시 전의식과 본래의 무의식으로 나누었다. 위의 전의식을 잠재의식이라고 본다. 그렇다면 사주학에서는 의식 세계를 어떻게 다루는가. 이에 관하여 투파는 의식은 천간이고, 잠재의식은 지장간이며, 무의식은 지지라고 다루는 것 같다.

투파는 체신의 경우에도 오행사주학을 십간사주학으로 보완해야 한다고 한다. 그 이유로 투파는 오행사주학은 일간을 체신으로 삼지만 십간사주학은 일간뿐만 아니라 연간·월간·시간도 이를 체신으로 삼을 수 있음을 내세운다. 그러니까 일간을 체신으로 삼아 사주 풀이를 하다가 막히는 경우에는 연간·월간·시간 중 어느 것을 체신으로 삼아 사주 풀이를 제대로 할 수 있다는 이야기이다. 투파는 체신에 관하여 다음과 같이 이야기한다.

오행사주학이 일간을 체신으로 삼는 것은 행복과 불행이 자신에게 닥치게 하려는 희망을 가졌기 때문이다. 그러나 자신을 위해 사는 사람도 있고(일간이 체신인 경우), 국가를 위해 목숨을 바치는 사람도 있으며(정관이나 편관이 체신인 경우), 작품이나 인기를 위해 사는 사람도 있고(식신이나 상관이 체신인 경우), 재산을 위해 사는 사람도 있으며(정재나 편재가 체신인 경우), 학문이나 예술을 위해 사는 사람도 있다(인수나 편인이 체신인 경우).

체신이란 십간 상호 관계인 생극제화에서 화살표(집중력)가 모이는 곳(일간·월간)이거나 최후로 다다른 곳(시간·연간)이다. 그러므로 단순히 일간이나 격국이나 사주명식을 체신으로 삼으면 여기서 인생의 목적, 욕망, 욕구는 구해지지 않는다.

투파는 체신의 장소와 거기에 따른 내용을 다음과 같이 설명한다.

① 일간이 체신인 경우
  • 자신의 행복이 인생의 목표이다.
  • 자신의 행복을 위해 최선을 다한다.
  • 행, 불행이 오로지 자신의 것이다.

② 월간이 체신인 경우
  • 월간의 통변성이 인생의 목표이다.
  • 월간의 통변성을 위해 최선을 다한다.
  • 자신의 행, 불행은 뒷전이다.

③ 시간 또는 연간이 체신인 경우
  • 시간 또는 연간의 통변성이 인생의 목표이다.
  • 일간이나 월간이 체신인 경우보다 인생의 목표가 불명확하여 힘이 많이 소모된다.
  • 자신의 행, 불행은 뒷전이다.

④ 시간과 연간이 모두 체신인 경우
  • 시간의 통변성과 연간의 통변성으로 인생의 목표가 갈라진다.
  • 두 개의 인생의 목표에 집중하기 힘들고 따라서 힘이 분산된다.
  • 무한 욕망이다.

투파는 체신의 통변성에 따른 내용을 다음과 같이 설명한다.

① 비견이 체신인 경우

자기 자신만을 위해서 산다.

② 겁재가 체신인 경우

자기의 형제자매와 동료를 위해서 산다.

③ 식상이 체신인 경우

자기의 작품 · 재능 · 인기를 위해서 산다.

④ 재성이 체신인 경우

자기의 소유물 · 재산 · 사업을 위해서 산다.

⑤ 관살이 체신인 경우

법 · 권력 · 국가를 위해서 산다.

⑥ 인성이 체신인 경우

학문 · 예술 · 명예를 위해서 산다.

투파는 오행사주학은 일간 중심으로 수신제가(修身齊家)만을 논하지만 십간 사주학은 체신 중심으로 치국평천하(治國平天下)까지 논한다고 한다.

4) 일간과 체신의 조화

십간사주학의 이론적인 체계는 기문둔갑의 대가이면서 『적천수』를 저술한 유백온에 의해 수립되었고 이를 명나라 말기에 복건성에서 창건된 문파인 명징파(明澄派)가 계승하여 발전시켰다고 한다. 명징파는 학설이 투명한 학파라 하여 투파(透派)로 불린다. 투파의 13대 장문(掌門)인 장요문(張耀文)은 학통을 일본의 좌등육룡(佐藤六龍)에게 넘겨주었다. 장요문에서 일본의 좌등육룡으로 이어진 학통은 유백온 이론의 비법을 가장 명료하게 전수받은 것으로 여겨진다. 우리나라의 남각(南覺) 김남용(金南容)은 일본의 좌등육룡으로부터 투파의 이론을 전수받았다.

남각 김남용은 일본의 좌등육룡이 저술한 『십간사주추명비법』을 번역하고 스스로 『투파십간체용사주학』을 저술하였다.

필자는 1944년 8월 27일(양력) 16시에 출생하였으므로 갑신(甲申)년 임신(壬申)월 계해(癸亥)일 경신(庚申)시가 된다. 입추 후 19일 14시간 11분이 경과하여 출생하였으니 월지가 정기(正氣)에 해당된다.

시	일	월	연
庚	← 癸	→ 壬	→ 甲
申	亥	申	申
		(庚)	

- 갑(甲)은 임(壬)에게 무작용이다. 임(壬)은 갑(甲)을 극(→)한다.
- 임(壬)은 계(癸)에게 무작용이다. 계(癸)는 임(壬)을 생(→)한다.
- 계(癸)는 경(庚)을 설(→)한다. 경(庚)은 계(癸)에게 무작용이다.

※ 화살표가 마주치지 않는다. 최후로 다다른 곳이 연간의 갑(甲)과 시간의 경(庚)이다. 연간의 갑(甲)과 시간의 경(庚)이 체신이다.

필자의 사주는 시간과 연간이 모두 체신인 경우에 해당한다. 투파의 체신론에 따르면 ㉮ 시간의 통변성인 인수와 연간의 통변성인 상관으로 인생의 목표가 갈라지고 ㉯ 두 개의 인생의 목표에 집중하기 힘들고 따라서 힘이 분산되며 ㉰ 무한 욕망이다.

필자의 사주는 인성이 체신인 경우와 식상이 체신인 경우에 해당한다. 투파의 체신론에 따르면 ㉮ 인성이 체신인 경우에는 학문·예술·명예를 위해서 살고 ㉯ 식상이 체신인 경우에는 자기의 작품·재능·인기를 위해서 산다.

필자의 경우에는 투파의 체신론이 맞는다.

투파는, 오행사주학은 일간 중심으로 수신제가만을 논하지만, 십간사주학은 체신 중심으로 치국평천하까지 논한다고 한다.

'수신제가 치국평천하'란 우선 자신의 심신을 닦고 집안을 정제한 다음 나라를 다스리고 천하를 평정한다는 말이다. 『대학』의 수기치인(修己治人)의 여덟 조목 가운데 수신, 제가, 치국, 평천하가 나온다. 한자는 물론 한글도 모르는 우리의 전 세대에까지 이 사상이 몸에 베어 있고 핏속에 흐르고 있었다.

투파는 체신을 구하고 용신을 정해서 희기를 판단한다. 이 과정이 상당히 복잡하다. 이보다 근본적인 문제는 10간 상호간의 관계 중 "임(壬)은 갑(甲)을 극하여 약하게 한다"에서 볼 수 있듯이 무조건 이건 이렇다는 식으로 아직도 비밀리에 전해 내려온 이론적인 근거를 명확하게 밝히지 않고 있다는 점이다.

그래서 필자가 남각 김남용에게 10간 상호간의 관계가 왜 그렇게 되느냐고 물었더니 자기도 그 까닭을 전수받지 못했다고 한다. 필자와 남각 김남용은 대학교 동기생이다.

투파는 일간이 체신인 경우에는 일간의 행복과 체신의 행복이 별개가 아니어서 일의 성패와 행복의 여부가 같은 방향이 되지만 일간이 체신이 아닌 경우에는 일간의 행복과 체신의 행복이 별개이어서 일의 성패와 행복의 여부가 다른 방향이 되는 때가 많다고 한다. 그러니까 일간이 체신이 아닌 경우에는 성공 자체가 일간의 행복이 아닌 체신의 행복이므로 일간은 오히려 불행인 때가 많다는 이야기이다.

남각 김남용은 필자의 사주가 시간과 연간이 모두 체신인 경우에 해당하므로 그 희기를 다음과 같이 판단한다.

● 시간이 체신이다.

『적천수』는 "종아불관신강약(從兒不管身强弱) 지요오아우우아(只要吾兒又遇兒)"라고 한다. 이는 "아이를 따르면 신강신약을 논하지 않고 다만 내 아이가 또 아이를 만나기만 바랄 뿐이다"라는 말이다.

체신인 경(庚)금이 강하나 식상인 수(水)가 드세고 편재인 갑(甲)목이 있으므로 종아격(從兒格)으로 다루어 그 희기를 판단해야 한다. 그러나 갑(甲)목이 임(壬)수로 말미암아 수(水)의 아(兒) 역할을 다하지 못한다. 그래서 슬기는 비상하나 재물이 따르지 않는다.

● 연간이 체신이다.

수다목부(水多木浮)란 물이 많으면 나무가 뜬다는 말이고 모자멸자(母慈滅子)란 어머니가 너무 인자하면 오히려 자식을 그르친다는 말이다.
편관인 경(庚)금이 인성인 수(水)를 생하고 인성인 수(水)가 체신인 갑(甲)목을 생하므로 살인상생격(殺印相生格)으로 볼 수 있다. 그러나 수다목부이고 모자멸자이다. 그래서 학문은 깊으나 입신양명과는 무관하다.

오늘날의 사주학은 일간을 사주의 주인공 즉 본인으로 본다. 왜냐하면 사람에게는 하루[일진]의 정신[천간]이 핵이기 때문이다. 그렇다면 일간과 체신이 다같이 사주의 초점이고 따라서 다 같이 페르소나(persona)이다.

페르소나란 고대 희랍 무대에서 배우들이 썼던 가면이다. 그러나 오늘날의 페르소나는 외적 인격 또는 가면을 쓴 인격을 이르는 말이다. 인간은 실제와는 다른 모습으로 세상을 살아간다. 인간은 인생이라는 연극의 배우로서 주어진 배역을 충실히 수행해 나가기 위해 자신이 쓰고 있는 페르소나에 맞춰 행동을 한다. 인간은 일생 동안 한 개의 페르소나를 사용하기도 하고, 몇 개의 페르소나를 바꾸어 사용하기도 하며, 여러 개의 페르소나를 함께 사용하기도 한다. 윌리엄 셰익스피어[William Shakespeare, 1564~1616]는 "인생은 연극이고 우리 인간은 모두 무대 위에 선 배우다"라고 말했다.

His public persona is quite different from the family man described in the book. : 그의 사회적 모습은 그 책 속에 묘사된 가정적인 남자와는 매우 다르다. 이 문장에서 볼 수 있듯이 페르소나(persona)란 세상에 대처하기 위해 개인이 쓰는 사회적 가면 또는 사회적 얼굴이다.

우리나라의 이석영은 『사주첩경』의 서문에서 다음과 같이 말했다.

사람은 누구나 삶을 살아간다. 그 목적은 하늘이 부여한 명(命)을 이행하기 위해서이다. 그러면 하늘이 부여한 명이란 무엇인가. 그 명이란 명령 즉 하늘이 부여한 사명이다. 그 구체적인 예를 들면 ㉮ 누구 누구는 농민이 되어 만인에게 식량을 제공하라 ㉯ 누구 누구는 건축가가 되어 만인에게 주택을 공급하라 ㉰ 누구 누구는 교육자가 되어 만인에게 글을 가르쳐라 ㉱ 누구 누구는 의약인이 되어 만인에게 인술을 베풀어라 ㉲ 누구 누구는 명리학자가 되어 만인의 정신에 든 고민병을 풀어주고 생기의욕을 돋우어 주며 흉함을 피하고 길함을 맞이하도록 해 주라 등이다.

누구나 이 세상에 태어나 하늘이 부여한 명을 완수하려고 무한히 운동을 하고 있으니 이를 가리켜 운명이라고 한다. 그러면 각자의 운명이 무엇인가. 이는 극히 신비에 붙여져 있으므로 본인도 이를 모른다. 그런데 신비에 붙여진 운명을 적나라하게 파헤치는 신비학이 있으니 이것이 바로 명리학인 것이다.

사주학은 인간의 페르소나를 논하면서 참나를 추구하는 학문이다.

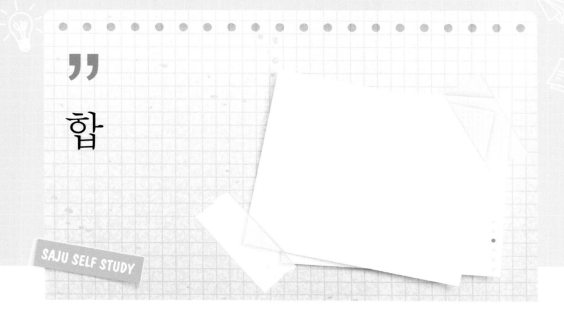

합

01 천간합

1) 천간합과 합화

천간합(天干合)은 천간에서 이루어지는 합(合)으로서 남녀 간의 사랑을 뜻한다. 한쪽이 다른 한쪽을 극하지만 서로의 음양이 다르기 때문에 유정(有情)하여 포옹하고 껴안는 관계이다. 그래서 천간합은 남녀가 서로 만나 사랑하는 것으로 파악한다. 천간합은 이를 간합(干合)이라고도 한다. 간합의 종류는 다음과 같다.

① 갑기합화토(甲己合化土) : 갑(甲)목(양)과 기(己)토(음)가 합해서 화(化)하면 토(土)가 된다.

② 을경합화금(乙庚合化金) : 을(木)목(음)과 경(庚)금(양)이 합해서 화(化)하면 금(金)이 된다.

③ 병신합화수(丙辛合化水) : 병(丙)화(양)와 신(辛)금(음)이 합해서 화(化)하면 수(水)가 된다.

④ 정임합화목(丁壬合化木) : 정(丁)화(음)와 임(壬)수(양)가 합해서 화(化)하면 목(木)이 된다.

⑤ 무계합화화(戊癸合化火) : 무(戊)토(양)와 계(癸)수(음)가 합해서 화(化)하면 화(火)가 된다.

천간이 합(合)이 된다고 해서 바로 화(化)하는 것은 아니고 여건이 갖추어져야 비로소 화(化)에 이른다.

일단 천간이 합이 되면 해당 천간은 사랑에 빠져 자신의 본래 역할을 망각한다. 길성(吉星)은 길성대로, 흉성(凶星)은 흉성대로 자신이 하던 작용을 멈춘다. 이는 천간합이 이미 사주 내에서 이루어져 있을 경우는 물론이고 사주와 대운의 천간이 어우러져 합을 이루는 경우도 마찬가지다. 또 대운과 세운의 천간이 어우러져 합을 이루는 경우도 마찬가지다. 그리고 사주 · 대운 · 세운의 천간이 모두 어우러져 복잡한 형태의 합을 이루는 경우에는 사업이 부도를 맞거나 본인이 구속되는 등 여러 가지 흉한 일을 겪는 경우를 많이 볼 수 있다.

합은 일간이 포함된 합과 그렇지 않은 경우로 나눌 수 있다. 우선 일간과의 합은 원칙적으로 효력이 없다. 왜냐하면 일간은 함부로 쉽게 변하지 않는다고 보기 때문이다. 따라서 화하지 않는 일간과의 합은 큰 의미가 없다. 다만, 이 합이 사주 전체의 화(化)로 이어지므로 특수격인 화격(化格)으로 간명해야 하는 경우가 있다. 화격 사주를 가진 사람은 화기(化氣)를 극하거나 화기로부터 극을 받는 운이 아닌 이상 대부대귀(大富大貴)를 누린다. 일간이 포함된 합은 사주 전체의 천간과 지지가 화기(化氣)를 생조(生助)할 수 있는 매우 드문 경우에만 특수격인 화격으로 이어진다.

그러나 일간을 제외한 합은 두 천간이 서로 거리가 가깝고 그 지지가 화기(化氣)를 생조하기만 하면 쉽게 화(化)로 이어질 수 있다. 이 점이 일간이 포함된 합의 경우와 다르다.

합해서 좋은 경우도 있고 나쁜 경우도 있으며, 화해서 좋은 경우도 있고 나쁜 경우도 있다. 합화(合化)로 물이 형성되면 물이 필요한 사주에는 좋고 불이 필요한 사주에는 나쁘다. 구체적인 길흉은 사주 전체의 상황에 따라 결정된다.

한편 합이 이루어지지 않는 경우는 다음과 같다.

① 두 천간 사이에 합을 방해하는 극이 있는 경우

　　(甲 乙 己)　(甲 庚 己)

② 합을 하고 있는데 합한 천간을 뒤에서 극하는 경우

　　(甲 己 乙)　(庚 甲 己)

③ 두 천간 사이에 서로 생해주도록 하는 천간이 있는 경우

　　(甲 丁 己)　(己 丁 甲)

화가 이루어지지 않는 경우는 다음과 같다.

① 천간에서는 합이 되었지만 지지에서 이를 생조하지 않는 경우
② 천간에서는 합이 되었지만 지지에 각자의 뿌리가 있는 경우

천간합의 이론은 매우 심오하다. 예를 들어 갑(甲)과 기(己)는 합하여 토(土)를 형성한다는 것이다. 이때 한쪽이 다른 한쪽을 극하지만 서로의 음양이 다르기 때문에 유정하여 포용하고 껴안는 남녀 사이로서 합이 된다는 것은 쉽게 이해할 수 있다. 그러나 왜 토(土)가 형성될까.

하도와 낙서에는 토(土)가 우주의 중심이라고 되어 있다. 그런데 하도의 천문(天門)과 지호(地戶)는 하늘과 땅으로 통하는 문으로서 조화를 일으킨다. 하도의 동남쪽에서는 밖의 8(음)이 안의 2(음)와 합하여 완성수 10을 이루고, 밖의 7(양)은 안의 3(양)과 합하여 완성수 10을 이룬다. 음양이 서로 교차하여 구심점을 이루니 이것이 진사(辰巳)인 지호이다. 또한 하도의 서북에서는 밖의 9(양)가 안의 1(양)과 합하여 완성수 10을 이루고, 밖의 6(음)이 안의 4(음)와 합하여 완성수 10을 이룬다. 음양이 서로 교차하여 구심점을 이루니 이것이 술해(戌亥)인 천문이다. 갑(甲)과 기(己)는 일심동체가 되어 60갑자를 달려가는데, 술해(戌亥)보다 앞서 오는 진사(辰巳)인 지호를 통해 우주의 중심인 토(土)의 정기부터 받아서 그 후에 다른 오행을 차례대로 만들어 나간다. 따라서 60갑자의 진사(辰巳) 천간은 토(土)부터 시작되는 것이다.

그러니까 무(戊)년이나 계(癸)년에는 하늘의 기운이 진사(辰巳)월, 즉 진사(辰巳)를 지날 때 붉은 기운을 띠게 되어 병진(丙辰)과 정사(丁巳)가 된다는 이야기와 통한다.

◎ 육십갑자의 진사(辰巳) 천간

음력 / 절기 / 연간		甲 己	乙 庚	丙 辛	丁 壬	戊 癸
1 월	입 춘	丙 寅	戊 寅	庚 寅	壬 寅	甲 寅
2 월	경 칩	丁 卯	己 卯	辛 卯	癸 卯	乙 卯
3 월	청 명	戊 辰	庚 辰	壬 辰	甲 辰	丙 辰
4 월	입 하	己 巳	辛 巳	癸 巳	乙 巳	丁 巳

위의 표에 나타나 있는 바와 같이 갑(甲)년은 갑자(甲子)월부터 시작하는 것이 아니라 병인(丙寅)월부터 시작한다. 따라서 육십갑자로 나타낸 인류 최초의 연월일시는 갑자(甲子)년 병인(丙寅)월 갑자(甲子)일 갑자(甲子)시이지, 갑자(甲子)년 갑자(甲子)월 갑자(甲子)일 갑자(甲子)시가 아니다.

2) 쟁합과 투합

쟁합(爭合)은 한 여성을 두고 두 남성이 서로 쟁탈전을 벌이는 형상이다. 예를 들어 월간과 시간이 모두 갑(甲)이고 일간이 기(己)인 경우에 2개의 목(木)(양)이 하나의 토(土)(음)를 차지하려고 싸움이 벌어진다. 이처럼 2개의 양간(陽干)이 1개의 음간(陰干)과 합하는 것을 쟁합이라고 한다.

📖 예

시	일	월	연
甲	己	甲	○
○	○	○	○

쟁합이 되면 다투고 싸우는 현상이 벌어진다. 이때는 순수하지 않고 복잡한 관계가 형성되어 합화를 기대할 수 없다. 이런 경우는 사주·대운·세운의 관계를 세심하게 따져야 한다.

한편 투합(妬合)은 한 남성을 두고 두 여성이 서로 사랑싸움을 벌이는 형상이다. 예를 들어 월간과 시간이 모두 을(乙)이고 일간이 경(庚)인 경우에 2개의 목(木)(음)이 하나의 금(金)(양)을 차지하려고 싸움이 벌어진다. 이처럼 2개의 음간이 1개의 양간과 합하는 것을 투합이라고 한다.

📖 예

시	일	월	연
乙	庚	乙	○
○	○	○	○

투합이 되면 역시 다투고 싸우는 현상이 벌어진다. 순수하지 않고 복잡한 관계가 형성되어 합화는 기대할 수 없다. 이런 경우는 사주·대운·세운의 관계를 세심하게 따져야 한다.

3) 투파와 천간합

투파는 천간합을 다음과 같이 설명한다.

① 천간합이란 서로가 서로를 껴안는다는 의미이다.

② 천간합은 절대로 인접하고 있어야 한다는 것을 조건으로 한다. 인접하고 있지 않은 합은 보통의 10간의 관계일 뿐 합의 작용은 전혀 없다. 즉 연간과 월간, 월간과 일간, 일간과 시간만이 합이 되고 연간과 일간, 월간과 시간은 아무리 천간합의 관계일지라도 합의 작용을 하지 않는다.

③ 일간과 합하는 천간, 즉 월간이나 시간은 그 작용이 배가(倍加)된다.

④ 연간과 월간이 합한 경우는 양쪽 모두 그 작용을 하지 않는다.

⑤ 천간합은 극을 만나도 그 합이 풀리지 않는다. 즉 사주명식 중의 천간합은 일생 동안 영원히 풀리지 않는다.

⑥ 천간합은 사주명식의 10간과 행운(대운·연운)의 10간 사이에서도 이루어진다.

⑦ 행운의 10간과 사주명식의 10간과의 천간합은 그 행운의 10간이 지나가면 풀린다.

⑧ 사주명식의 천간합이 어느 특정 시기에 이루어지면 그 합하는 천간의 오행이 변화한다. 즉,

- 갑(甲)과 기(己)의 천간합이 토(土)월에 이루어지면 갑(甲)은 무(戊)로 변화하고 기(己)는 원래대로 변화가 없다. 토(土)월은 진(辰)월·술(戌)월·축(丑)월·미(未)월로서 절입 이후 13일부터를 가리킨다.

- 을(乙)과 경(庚)의 천간합이 금(金)월에 이루어지면 을(乙)은 신(辛)으로 변화하고 경(庚)은 원래대로 변화가 없다. 금(金)월은 신(申)월·유(酉)월과 술(戌)월의 절입 이후 12일까지를 가리킨다.

- 병(丙)과 신(辛)의 천간합이 수(水)월에 이루어지면 병(丙)은 임(壬)으로 변화하고 신(辛)은 계(癸)로 변화한다. 수(水)월은 해(亥)월·자(子)월과 축(丑)월의 절입 이후 12일까지를 가리킨다.
- 정(丁)과 임(壬)의 천간합이 목(木)월에 이루어지면 정(丁)은 을(乙)로 변화하고 임(壬)은 갑(甲)으로 변화한다. 목(木)월은 인(寅)월·묘(卯)월과 진(辰)월의 절입 이후 12일까지를 가리킨다.
- 무(戊)와 계(癸)의 천간합이 화(火)월에 이루어지면 무(戊)는 병(丙)으로 변화하고 계(癸)는 정(丁)으로 변화한다. 화(火)월은 사(巳)월·오(午)월과 미(未)월의 절입 이후 12일까지를 가리킨다.

02 지지삼합

지지삼합은 삼합(三合), 삼합회국(三合會局)이라고도 한다. 지지삼합이란 3개의 지지가 하나로 뭉쳐 커다란 힘을 형성하는 것을 말한다. 그 종류는 다음과 같다.

① 해묘미(亥卯未) 합(合) 목국(木局) : 해묘미(亥卯未)는 합해 목국(木局)이 되어 을(乙)로 변화한다.
② 인오술(寅午戌) 합(合) 화국(火局) : 인오술(寅午戌)은 합해 화국(火局)이 되어 병(丙)으로 변화한다.
③ 사유축(巳酉丑) 합(合) 금국(金局) : 사유축(巳酉丑)은 합해 금국(金局)이 되어 신(辛)으로 변화한다.

④ 신자진(申子辰) 합(合) 수국(水局) : 신자진(申子辰)은 합해 수국(水局)이
   되어 임(壬)으로 변화한다.

　모래에 시멘트를 섞고 물을 부어 반죽하면 응집력이 커져서 콘크리트에 가까
운 물질로 변화한다. 그래서 지지삼합을 이루는 3개의 지지는 각각 모래·시멘
트·물로 비유할 수 있다. 이때 인신사해(寅申巳亥)나 진술축미(辰戌丑未)가 모래
나 시멘트이면 자오묘유(子午卯酉)는 물이다. 모래·시멘트·물 중에서 물의 역
할이 가장 크므로 자오묘유(子午卯酉)를 사정(四正) 또는 제왕성(帝旺星)이라고
한다. 그리고 지지삼합을 이루는 3개의 지지는 '12운(十二運)'에서 양간(陽干)인
갑병무경임(甲丙戊庚壬)의 장생(長生)·제왕(帝旺)·묘(墓)에 해당한다(후술 12운
참고).

　지지 삼합이 이루어지면 각각 해당 제왕성과 같은 음양오행의 천간으로 변화
한다. 예를 들어 해묘미(亥卯未) 목국(木局)에서는 묘(卯)가 목(木)(음)이므로 천
간의 목(木)(음)인 을(乙)로 변화한다. 지지 삼합이 이루어지면 강력한 힘을 발휘
하여 충(沖)·형(刑)·해(害)·파(破)·공망(空亡)을 해소시킨다. 이 충·형·해·
파·공망은 별도로 다룬다.

지지끼리의 합에는 지지삼합 이외에 반합(半合)이 있다. 삼합은 3개의 지지가 모여서 된 것이고, 반합은 삼합을 이루는 지지 중에서 2개만 모여서 된 것이다. 예를 들어 해묘(亥卯)·묘미(卯未)·해미(亥未)는 반합이다. 반합은 결합하는 힘이 삼합보다 약하다. 그렇지만 반합에서도 제왕성이 포함되어 있는 경우, 예를 들어 해묘(亥卯)·묘미(卯未)는 제왕성이 포함되어 있지 않은 해미(亥未)보다 힘이 강하다.

지지삼합이 천간과 잘 어우러지면 화(化)한다. 예를 들어 지지에 해묘미(亥卯未)가 있으면 목국(木局)이 되는데, 천간에서 정임(丁壬)합이 이루어지거나 갑을(甲乙)목이 나타나 있으면 지지의 합을 도와주는 작용을 한다. 반대로 천간에서 정임(丁壬)합이 이루어지는 경우에 지지에 인묘(寅卯)목이나 해묘미(亥卯未)가 있으면 역시 천간합을 도와주는 작용을 한다. 이렇게 천간과 지지는 서로 통한다.

사주에서는 합에 필요한 지지가 다 갖추어지지 않아서 합을 이루지 못하더라도 운에서 빠진 지지가 들어오면 완전한 합을 이룬다. 예를 들어 사주명식에 인(寅)과 술(戌)이 있는데 오(午)대운을 만나면 인오술(寅午戌) 지지삼합이 이루어진다. 이를 넓게 해석하면 사주명식에 지지 하나만 있는데 부족한 지지가 대운에서 하나, 세운에서 하나가 들어오면 셋이 모여서 지지삼합을 이룬다고 볼 수도 있다.

행운에 의한 또 다른 변화도 예상할 수 있다. 예를 들어 사주명식에 인오술(寅午戌) 지지삼합이 있는데 자(子)대운을 만나면 자오(子午)충이 발생하여 동요가 일어난다. 나아가 자(子)대운 신(申)년인 경우는 자(子)와 신(申)의 반합을 거론하지 않더라도 자오(子午)충과 인신(寅申)충이 겹쳐서 인오술(寅午戌) 화국(火局)을 깨뜨릴 수 있다.

03 지지방합

　지지방합은 방합(方合)이라고도 한다. 지지방합이란 지지에서 같은 방향의 세 글자가 모인 방위의 합을 말한다. 방합은 삼합보다는 역량이 미흡한데, 그 이유는 삼합은 화학적인 변화를 일으키는 반면 방합은 화학적인 변화를 일으키지 않기 때문이다. 방합을 붕합(朋合)이라고도 하는데 이는 친구들이 모여 단결이 잘되어 있다는 의미다. 방합의 종류는 다음과 같다.

① 인묘진(寅卯辰) 합(合) 목국(木局) : 봄
② 사오미(巳午未) 합(合) 화국(火局) : 여름
③ 신유술(申酉戌) 합(合) 금국(金局) : 가을
④ 해자축(亥子丑) 합(合) 수국(水局) : 겨울

　지지방합은 단지 같은 세력이 모여 있는 것에 불과하고 화학적인 변화를 일으키지 않기 때문에 구태여 합이라고 할 필요가 없다는 견해도 있다. 이와 반대로 방합은 동일한 사명감을 갖고 있는 친구들의 멋진 단결이므로 삼합보다 역량이 강하다는 견해도 있다. 방합이 이루어지면 충·형·해·파·공망을 해소시킬 수 있다고 본다.

04 육합

육합(六合)이란 지지에 있는 6가지의 합을 말한다. 이 육합 이론은 지구가 스스로 자전하면서 태양 둘레를 공전하는 과정에서 이루어지는 변화상태를 6가지로 나누어 파악한 것이다.

① 자축합화토(子丑合化土) : 자(子)와 축(丑)이 합하면 토(土)가 된다.
② 인해합화목(寅亥合化木) : 인(寅)과 해(亥)가 합하면 목(木)이 된다.
③ 묘술합화화(卯戌合化火) : 묘(卯)와 술(戌)이 합하면 화(火)가 된다.
④ 진유합화금(辰酉合化金) : 진(辰)과 유(酉)가 합하면 금(金)이 된다.
⑤ 사신합화수(巳申合化水) : 사(巳)와 신(申)이 합하면 수(水)가 된다.
⑥ 오미합무화(午未合無化) : 오(午)와 미(未)가 합하면 아무것도 이루지 않는다.

사주팔자(四柱八字)란 사주(四柱) 즉 4개의 기둥과 팔자(八字) 즉 8개의 글자이다. 사주는 연주(年柱), 월주(月柱), 일주(日柱), 시주(時柱)의 네 기둥을 말한다. 팔자는 태어난 연월일시의 간지를 모두 합하면 여덟 글자가 되므로 붙여졌다.

사주팔자의 기준은 음력이 아니라 양력이다. 사주팔자는 사주의 주인공이 태어난 시점을 기준으로 지구상의 특정 지점과 태양과의 상호 관계인 공전 상태와 자전 상태를 기호로 표시한 것이다. 사주팔자의 연과 월은 공전 상태를 나타내고 일과 시는 자전 상태를 나타낸다.

위와 같이 육합이 이루어지면 기세 단결이 강해져 충·형·해·파·공망을 해소시킨다고 본다. 그러나 종래의 육합 이론은 애매모호한 부분이 많아서 오늘날 재검토의 필요성이 있다. 이를 좀더 구체적으로 살펴보자.

① 자축합화토(子丑合化土)

　　자축(子丑)이 합하면 토(土)가 된다는 설명이다. 그러나 자축(子丑)은 해자축(亥子丑) 북방합(北方合)의 주요 구성요소로서 수(水)의 성질이 강하다. 이는 자(子)와 축(丑)의 지장간을 보아도 알 수 있다. 그러므로 자(子)와 축(丑)의 합은 토(土)가 되는 것이 아니라 수(水)가 강해지는 것으로 보는 것이 옳다.

② 인해합화목(寅亥合化木)

　　이 경우는 수생목(水生木)의 관계이다. 인(寅)과 해(亥)의 지장간을 보아도 목(木)이 강해진다. 합화라기보다는 생하는 관계로 보는 것이 옳다.

③ 묘술합화화(卯戌合化火)

　　이 경우는 일단 목극토(木剋土)의 관계이다. 그러나 술(戌)은 토(土)이면서 화고(火庫)이다. 따라서 변화가 있을 수 있다.

④ 진유합화금(辰酉合化金)

이 경우는 토생금(土生金)의 관계이다. 진(辰)과 유(酉)의 지장간을 보아도 습토가 금(金)을 생해준다. 합화라기보다는 생해주는 관계로 보는 것이 옳다.

⑤ 사신합화수(巳申合化水)

이 경우는 일단 화극금(火剋金)의 관계이다. 그런데 사(巳)와 신(申)의 지장 간을 보면 사(巳) 중 병(丙)화가 무(戊)토를 생하고 무(戊)토는 경(庚)금을 생하며, 신(申) 중 무(戊)토 또한 경(庚)금을 생하여 이것들이 임(壬)수를 생 하기 때문에 사신(巳申)이 합하면 수(水)가 된다고 볼 수 있다. 그렇다면 앞 에서 다룬 자축(子丑)합의 경우에는 축(丑) 중 기(己)토가 신(辛)금을 생하 고 신(辛)금은 계(癸)수를 생하는데, 이것이 자(子) 중 임(壬)수 및 계(癸)수 와 어울리기 때문에 자축(子丑)이 합하면 수(水)가 된다고 볼 수 있다.

⑥ 오미합무화(午未合無化)

오미(午未)는 합은 하지만 화하지는 않는다는 설명이다. 그런데 이 설명은 자축(子丑)의 관계와 비교할 때 설득력이 부족하다. 오미(午未)는 사오미(巳 午未) 남방합(南方合)의 주요 구성요소로서 화(火)의 성질이 강하다. 오(午) 와 미(未)의 지장간을 보아도 그렇다.

투파는 육합을 다음과 같이 설명한다.

① 육합이란 서로가 서로를 얽어서 속박한다는 의미이다.

② 육합은 절대로 인접하고 있어야 한다는 것을 조건으로 한다. 인접하고 있지 않은 합은 보통의 12지의 관계일 뿐 합의 작용은 전혀 없다. 즉 연지와 월지, 월지와 일지, 일지와 시지만이 합이 되고 연지와 일지, 월지와 시지는 아무리 육합의 관계일지라도 합의 작용을 하지 않는다.

③ 육합을 이루는 두 개의 지지는 둘 다 그 지지의 작용을 하지 않는다.

④ 육합을 이루는 두 개의 지지 중 어느 하나가 지충(支沖)을 만나면 육합이 풀린다.

⑤ 사주명식에서 육합이 서로 얽힌 경우에는 월일의 합을 먼저 보고 다음에 연월의 합 또는 일시의 합의 순으로 본다.

⑥ 육합은 사주명식의 12지와 행운(대운·연운)의 12지 사이에서도 이루어진다.

⑦ 행운의 12지와 사주명식의 12지와의 육합은 연지에서부터 월지, 일지, 시지의 순으로 작용한다.

⑧ 육합을 이루는 행운의 12지와 사주명식의 12지 중 어느 하나의 지지가 지충(支沖)을 만나면 육합이 풀린다.

05

암합

암합(暗合)은 밖으로 드러나지 않는 은밀한 합을 말한다. 천간과 지지, 그리고 지지와 지지의 합으로 나누어 살펴볼 수 있다. 암합은 표현 그대로 명합(明合)과 달리 은밀한 작용을 한다. 암합에서는 합(合)만 고려하고 화(化)는 생각하지 않는 게 보통이다.

1) 천간과 지지의 암합

천간과 지지의 지장간이 만나 합을 이루는 경우로 다음 4가지가 있다.

① 정해(丁亥)

천간의 정(丁)과 해(亥)의 지장간인 임(壬)이 만나 정임(丁壬)합을 이룬다.

② 무자(戊子)

천간의 무(戊)와 자(子)의 지장간인 계(癸)가 만나 무계(戊癸)합을 이룬다.

③ 신사(辛巳)

천간의 신(辛)과 사(巳)의 지장간인 병(丙)이 만나 병신(丙辛)합을 이룬다.

④ 임오(壬午)

천간의 임(壬)과 오(午)의 지장간인 정(丁)이 만나 정임(丁壬)합을 이룬다.

위의 4가지 경우는 서로 은밀한 만남을 이루어 일단 정(情)이 통하는 것으로 본다. 다시 말해 유정(有情)한 것으로 본다. 이들의 합이 길흉에 미치는 영향은 사주 전체의 상황을 보고 판단해야 한다.

2) 지지와 지지의 암합

지지와 지지의 암합 즉 지지끼리의 암합에는 자술(子戌)·축인(丑寅)·묘신(卯申)·오해(午亥)·인미(寅未)의 5가지가 있다. 이 중에서 자술(子戌)의 경우를 예로 들어보자. 자(子)의 지장간에는 임(壬)·계(癸)가 있고 술(戌)의 지장간에는 신(辛)·정(丁)·무(戊)가 있어서 무계(戊癸)합과 정임(丁壬)합을 이룬다.

삼합이나 반합은 명합(明合)에 속한다. 그런데 자진(子辰)과 사유(巳酉)처럼 반합과 암합을 겹쳐서 이루는 경우가 있다. 이런 경우에는 암합보다 명합이 강하다고 보아 명합에 속하는 반합을 위주로 하여 판단한다. 예를 들어 자진(子辰)을 보자. 자진(子辰)은 반합을 이룬다. 그러면서 자(子)의 지장간에는 임(壬)·계(癸)가 있고 진(辰)의 지장간에는 을(乙)·계(癸)·무(戊)가 있어서 무계(戊癸)합을 이룬다. 따라서 자진(子辰)은 반합과 암합을 겹쳐서 이루는데, 무계(戊癸)의 암합보다는 그냥 자진(子辰)의 반합, 즉 명합 위주로 보는 것이다.

3) 암합의 작용

암합은 명합과 달리 은밀한 정을 통하여 유정한 관계를 이룬다. 그야말로 드러나지 않고 은밀한 작용을 한다. 그러므로 특히 육친의 암합이 이루어지는 경우에는 사주 전체의 상황을 잘 따져볼 필요가 있다.

예❶

시	일	월	연	(여성)
丙	辛	壬	丁	
申	巳	子	丑	

일간인 신(辛)과 시간의 병(丙)이 만나 병신(丙辛)합을 이룬다. 일간인 신(辛)과 사(巳)의 지장간인 병(丙)이 만나 병신(丙辛)합을 이룬다. 이 사주에서는 병(丙)이 정관으로서 여성의 남편이다. 이 여성은 남편이 죽고 난 후 음욕을 억제하지 못하다가 몸도 망치고 명예도 더럽혀져 한 몸을 의지할 곳이 없자 스스로 목을 매어 죽었다. 이 여성은 한 남성에게 정을 두지 않았다. 청나라 임철초가 이 사주를 다루었다.

📖 예❷

시	일	월	연	(여성)
○	丁	○	○	
○	亥	午	○	

해(亥)의 지장간인 임(壬)과 일간인 정(丁)이 만나 정임(丁壬)합을 이룬다. 해(亥)의 지장간인 임(壬)과 오(午)의 지장간인 정(丁)이 만나 정임(丁壬)합을 이룬다. 이 사주에서는 임(壬)이 정관으로서 여성의 남편이다. 이 여성의 남편은 아내에 대해 두 가지 마음을 갖는다.

📖 예❸

시	일	월	연	(남성)
○	乙	○	○	
寅	未	寅	○	

미(未)의 지장간인 기(己)와 미(未)의 좌우에 있는 인(寅)의 지장간인 갑(甲)이 만나 갑기(甲己)합을 이룬다. 사주에서 일지는 배우자궁이다. 그런데 배우자궁인 일지의 지장간인 기(己)가 월지와 시지의 지장간인 갑(甲)과 암합을 이루어 혼란스러운 상태이다. 이렇게 배우자궁에 자리 잡고 있는 지장간이 혼란스럽다는 것이 반갑지 않다. 이 남성은 평소 아내의 행실을 의심하고 있었는데 결국은 이혼에까지 이르렀다.

📖 예❹

시	일	월	연	(여성)
○	○	○	○	
○	丑	寅	○	

축(丑)의 지장간인 계(癸)·신(辛)·기(己)와 인(寅)의 지장간인 무(戊)·병(丙)·갑(甲)이 만나 다음과 같이 합을 이룬다.

계(癸) ----- 무(戊) → 무계(戊癸)합
신(辛) ----- 병(丙) → 병신(丙辛)합
기(己) ----- 갑(甲) → 갑기(甲己)합

사주에서 일지는 배우자궁이다. 그런데 배우자궁인 일지의 지장간이 월지의 지장간과 모조리 암합을 이루어 그 본래의 역할을 망각하고 있다. 이 사주의 배우자궁은 바람이 든 무와 같아서 부부가 각기 딴 길을 걷는다.

例❺

시	일	월	연	(남성)
○	癸	○	○	
寅	未	○	○	

미(未)의 지장간인 기(己)와 인(寅)의 지장간인 갑(甲)이 만나 갑기(甲己)합을 이룬다. 사주에서 일지는 배우자궁이다. 이는 일주(日柱) 전체가 내 몸이요, 나의 가정이란 뜻에서 비롯한 것이다. 부부는 결국 일심동체이니 내 몸이요, 나의 가정이 아닌가. 사주에서 좁게는 일간이 본인이지만 넓게는 일주(日柱)가 본인이다. 그래서 일주론(日柱論)이 등장했다. 이 사주에서는 기(己)가 편관으로서 남성의 자식이다. 그러므로 자식이 일주를 벗어나 다른 곳으로 정을 주고 있다. 실제로 이 남성은 전처와의 사이에 자식을 두었는데 그 자식이 어머니를 따라 이 남성을 떠나버렸다.

06 육친과 합의 관계

암합을 포함해 사주 전체의 합 이론에서 육친과 합의 관계에 대해 몇 가지 경우로 나누어 간단히 살펴보자.

① 사주에 삼합이 있으면 남다른 특징을 갖게 된다. 그래서 이런 사주를 갖고 있는 사람은 용모가 수려하고, 총명하며, 정직하고, 원만한 인격자이다. 가

정과 가문을 화목하게 이끌어 나가고 대인관계도 좋다. 여성의 경우에 삼합을 이루어 관성이 빛나면 대외적으로 신망이 두텁고, 창의력과 박력을 아울러 갖춘 유능한 배우자를 만날 가능성이 크다. 방합을 이루는 경우에도 이와 같이 판단할 수 있다. 물론 사주 구성에 따라 판단은 달라질 수 있다.

② 남성의 사주가 다음과 같이 합을 이룬다. 그래서 장모를 모시고 산다.
- 일지가 재성인데 이것과 식신이나 상관이 합을 이룬다. 이는 본인의 가정에 부인과 장모님이 함께 있는 형상이기 때문에 장모를 모시고 산다.
- 일지가 식신이나 상관인데 이것과 재성이 합을 이룬다. 이는 본인의 가정에 부인과 장모님이 함께 있는 형상이기 때문에 장모를 모시고 산다.

③ 남성의 사주가 다음과 같이 합을 이룬다. 그래서 총각이 자식을 낳는다.
- 일지가 재성인데 이것과 관성이 합을 이룬다. 이는 본인이 여성·자식과 가까운 형상이기 때문에 총각이 자식을 낳는다.
- 일지가 관성인데 이것과 재성이 합을 이룬다. 이는 본인이 여성·자식과 가까운 형상이기 때문에 총각이 자식을 낳는다.

④ 여성의 사주가 다음과 같이 합을 이룬다. 그래서 처녀가 자식을 낳는다.
- 일지가 관성인데 이것과 식신이나 상관이 합을 이룬다. 이는 본인이 남성·자식과 가까운 형상이기 때문에 처녀가 자식을 낳는다.
- 일지가 식신이나 상관인데 이것과 관성이 합을 이룬다. 이는 본인이 남성·자식과 가까운 형상이기 때문에 처녀가 자식을 낳는다.

⑤ 여성의 사주에서 일지가 식신이나 상관인데 이것이 월지·시지의 관성과 모두 합을 이루면 본인의 자식이 어느 남성의 혈육인지 알 수 없어서 문제가 될 수 있다.

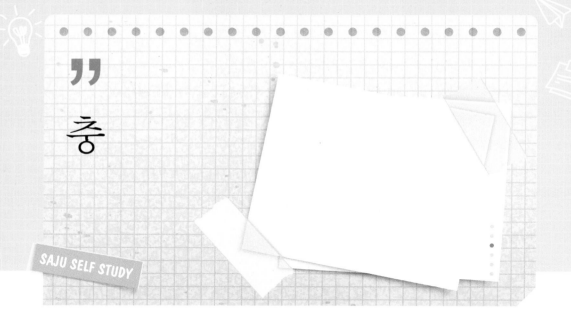

충

01 총설

충(沖)이란 서로 충돌하여 둘 다 상처를 입는 것이다. 천간끼리의 충인 간충(干沖)과 지지끼리의 충인 지충(支沖)으로 나누어 살펴볼 수 있다. 충은 다툼·이동·파란 등의 현상을 초래하며, 공망을 해소시킨다. 공망이란 어느 지지가 힘이 약한 경우를 뜻하는데 자세한 내용은 별도로 다룬다.

충이 무조건 다 나쁜 것은 아니다. 경우에 따라서는 대부대귀(大富大貴)해지는 전환의 계기가 될 수도 있다. 실제로 인성과 비겁이 많은 사주는 충이 좋은 역할을 할 때가 많다. 지나치게 자기 본위의 사고에 젖어 있다가 외부로부터 신선한 충격을 받고 혁신을 도모할 수 있는 형상이 되기 때문이다.

왕자충발(旺者沖發)이요, 쇠자충발(衰者沖拔)이다. 발(發)과 발(拔)은 서로 그 의미가 다르다. 왕(旺)한 세력이 충을 받으면 새로운 기세를 발한다[發]. 쇠약한 세력이 충을 받으면 그 뿌리가 뽑힌다[拔].

합은 충으로 풀고 충은 합으로 푼다. 같은 충이라고 해도 연월·월일·일시의 충은 인접해 있기 때문에 그 작용이 강하나 연일·연시·월시의 충은 떨어져 있기 때문에 그 작용이 약하다. 두 글자 사이에 충을 해소시키는 생이 있는 경우에는 충이 이루어지지 않는다.

충은 해당 통변성과 해당궁에 상처를 입힌다. 예를 들어 인수가 충을 이루면 인수의 역할을 하기 어려워진다. 희신(喜神)이 충이 되면 기쁨이 사라지고, 흉신(凶神)이 충이 되면 슬픔이 사라진다. 연지와 월지가 충을 이루면 일찍 집을 떠나서 타향살이와 인연이 있다. 또한 월지와 일지가 충을 이루면 부모와 같이 살지 못하고 배우자와 부모 사이에 불화가 있다. 일지와 시지가 충을 이루면 배우자덕·자식덕이 박하다.

02 간충

간충(干沖)이란 천간에서 이루어지는 충이다. 일반적으로 간충 중에서 다음의 4가지를 천간의 4충(四沖)이라고 하여 중시하는데, 모두 충의 관계가 아니라 극의 관계로 보아야 한다.

① 갑경(甲庚)충
② 을신(乙辛)충

③ 병임(丙壬)충

④ 정계(丁癸)충

이 밖에 갑무(甲戊)·을기(乙己)·병경(丙庚)·정신(丁辛)·무임(戊壬)·기계(己癸)의 관계 역시 간충으로 보는데, 모두가 극하는 관계이면서 서로 음양이 같기 때문이다.

그러나 엄밀한 의미에서 볼 때 천간의 4충을 포함하여 이들 모두는 충이 아니다. 충은 서로 충돌하여 둘 다 상처를 입는데 이들의 경우에는 어느 한쪽만 상처를 입는다. 다른 쪽 역시 부담은 있지만 극의 관계이다. 그러므로 간충은 충이 아니고 극의 관계이다.

03 지충

지충(支沖)이란 지지에서 이루어지는 충이다. 극하는 관계이면서 서로 음양이 동일하다. 그 종류는 다음과 같다.

① 자오(子午)충

② 축미(丑未)충

③ 인신(寅申)충

④ 묘유(卯酉)충

⑤ 진술(辰戌)충

⑥ 사해(巳亥)충

축미(丑未)충이나 진술(辰戌)충은 같은 토(土)끼리의 충이므로 붕충(朋沖)이라고 한다.

『자평진전』은 붕충의 경우 토(土) 그 자체는 상처를 입지 않고 신령스러워진다고 한다. 따라서 『자평진전』은 구체적으로 "정관이 충을 가장 꺼리지만, 계(癸)가 진(辰)월에 생하고 무(戊)가 투출하여 정관이 되는 경우 지지에서 술(戌)과 충해도 파격으로 보지 않는다"고 한다. 나아가 『자평진전』은 "자오묘유(子午卯酉)의 부류는 둘이 서로 원수처럼 여기니 그것은 곧 충극(沖剋)하는 충이며 진술축미(辰戌丑未)는 토(土)끼리 스스로 충이 되므로 곧 충동(沖動)하는 충이지 충극하는 충이 아니다"라고 한다.

지충이 이루어지는 경우를 나누어 살펴보자.

① 자오(子午)충

일단은 자(子)수가 오(午)화를 이기는 것으로 볼 수 있다. 그러나 자(子)수 역시 오(午)화의 지장간인 기(己)토 때문에 상처를 입는다.

② 축미(丑未)충

축(丑)의 지장간에는 계(癸)·신(辛)·기(己)가 있고 미(未)의 지장간에는 정(丁)·을(乙)·기(己)가 있다. 지장간을 대조해보면 각각 서로를 극하는 형태를 이루어 서로가 상처를 입는다.

③ 인신(寅申)충

　　인(寅)의 지장간에는 무(戊)·병(丙)·갑(甲)이 있고 신(申)의 지장간에는 임(壬)·경(庚)이 있다. 지장간을 대조해보면 병(丙)·갑(甲)과 임(壬)·경(庚)이 서로가 상처를 입는다. 신(申)의 지장간으로 무(戊)를 인정할 수 있느냐는 문제가 된다.

④ 묘유(卯酉)충

　　묘(卯)의 지장간에는 갑(甲)·을(乙)이 있고 유(酉)의 자장간에는 경(庚)·신(辛)이 있다. 지장간을 대조해보면 유(酉)금이 일방적으로 이긴다. 그러므로 이 경우는 금극목(金剋木)의 관계가 된다.

⑤ 진술(辰戌)충

　　진(辰)의 지장간에는 을(乙)·계(癸)·무(戊)가 있고 술(戌)의 지장간에는 신(辛)·정(丁)·무(戊)가 있다. 지장간을 대조해보면 을(乙)·계(癸)와 정(丁)이 서로가 상처를 입는다. 을(乙)목으로 무(戊)토를 다스리기 어렵다. 그러므로 무(戊)토는 을(乙)목 때문에 상처를 입지 않는다.

⑥ 사해(巳亥)충

　　사(巳)의 지장간에는 무(戊)·경(庚)·병(丙)이 있고 해(亥)의 지장간에는 갑(甲)·임(壬)이 있다. 지장간을 대조해보면 무(戊)·병(丙)과 갑(甲)·임(壬)이 서로가 상처를 입는다. 해(亥)의 지장간으로 무(戊)를 인정할 수 있느냐는 문제가 된다.

　　진술축미(辰戌丑未)는 고지(庫支)로서 충을 해야 열 수 있고, 그렇게 해야 그 안의 내용물을 꺼내어 쓸 수 있다는 견해가 있다. 예를 들어 미(未)토는 목고(木庫)인데 이것을 열려면 축(丑)토가 와서 축미(丑未)충이 되어야 목(木)을 꺼내어 쓸 수 있다는 것이다.

그러나 위의 견해는 옳지 못하다. 왜냐하면 축미(丑未)충이 되면 토(土)끼리의 충이므로 토(土)는 상처가 없겠지만, 미(未)토의 지장간 중에서 을(乙)목은 축(丑)토의 지장간 중에 있는 신(辛)금에 의해서 상처를 입기 때문이다. 목고(木庫)인 미(未)토에서 목(木)을 꺼내려면 차라리 묘(卯)가 와서 미(未)와 합을 하면 되고, 경우에 따라서는 을(乙)목이 그 위에 있어도 된다.

다른 경우도 살펴보자. 만약 갑(甲)목이 진(辰)토에 뿌리를 내리고 있는데 술(戌)이 와서 진(辰)을 충하면 어떻게 될까. 이 경우 토(土)는 상처가 없겠지만, 갑(甲)목이 도움을 받고 있던 진(辰)토의 지장간인 을(乙)목・계(癸)수는 상처를 입어 갑(甲)목 또한 형편이 어려워질 것이다. 참고로 천간이 자신과 오행이 동일한 지장간을 간직한 지지를 만나면 이를 천간이 지지에 뿌리를 내리고 있다, 또는 통근(通根)이라고 표현한다. 묘유(卯酉)충, 진술(辰戌)충, 사해(巳亥)충의 경우 천간의 금(金)이 그대로 지지에 뿌리를 내릴 수 있을지에 대해서는 견해가 나누어질 수 있을 것이다.

◉ 투파와 지충

투파는 지충을 다음과 같이 설명한다.

① 지충이란 서로가 충돌한다는 의미이다.
② 지충은 절대로 인접하고 있어야 한다는 것을 조건으로 한다. 인접하고 있지 않은 충은 보통의 12지의 관계일 뿐 충의 작용은 전혀 없다. 즉 연지와 월지, 월지와 일지, 일지와 시지만이 충이 되고 연지와 일지, 월지와 시지는 아무리 지충의 관계일지라도 충의 작용을 하지 않는다.
③ 지충을 이루는 두 개의 지지는 둘 다 그 지지의 작용을 하지 않는다.
④ 지충을 이루는 두 개의 지지 중 어느 하나가 육합을 만나면 지충이 풀린다.

⑤ 사주명식에서 지충이 서로 얽힌 경우에는 월일의 충을 먼저 보고 다음에 연월의 충 또는 일시의 충의 순으로 본다.

⑥ 지충은 사주명식의 12지와 행운(대운·연운)의 12지 사이에서도 이루어진다.

⑦ 행운의 12지와 사주명식의 12지와의 지충은 연지에서부터 월지, 일지, 시지의 순으로 작용한다.

⑧ 지충을 이루는 행운의 12지와 사주명식의 12지 중 어느 하나의 지지가 육합을 만나면 지충이 풀린다.

04 합과 충의 적용

충은 합을 푼다. 그러므로 사주에서 어느 간지가 합을 기뻐할 때 합해 오는 간지를 충하면 나쁘다. 반대로 합을 싫어할 때 합해 오는 간지를 충하면 기쁘다.

합은 충을 푼다. 그러므로 사주에서 어느 간지가 충을 기뻐할 때 충해 오는 간지를 합하면 나쁘다. 반대로 충을 싫어할 때 충해 오는 간지를 합하면 기쁘다.

예❶

시	일	월	연
○	○	○	○
亥	辰	戌	卯

묘술(卯戌)합은 진술(辰戌)충의 방해로 성립되지 않고, 진술(辰戌)충은 묘술(卯戌)합의 방해로 성립되지 않는다. 따라서 해당 지지의 지장간은 본래의 역할을 수행할 수 있다.

📖 예❷

시	일	월	연
○	○	○	○
辰	戌	午	寅

인오술(寅午戌)삼합은 진술(辰戌)충의 방해로 성립되지 않고, 진술(辰戌)충은
인오술(寅午戌)삼합의 방해로 성립되지 않는다. 따라서 해당 지지의 지장간은 본
래의 역할을 수행할 수 있다. 참고로 인오(寅午)는 반합이다.

📖 예❸

시	일	월	연
○	○	○	○
寅	申	酉	戌

신유술(申酉戌)방합은 인신(寅申)충의 방해로 성립되지 않고, 인신(寅申)충은
신유술(申酉戌)방합의 방해로 성립되지 않는다. 따라서 해당 지지의 지장간은 본
래의 역할을 수행할 수 있다.

📖 예❹

시	일	월	연
○	○	○	○
未	子	丑	未

축미(丑未)충은 자축(子丑)합의 방해로 성립되지 않고, 자축(子丑)합은 축미

(丑未)충의 방해로 성립되지 않는다. 따라서 해당 지지의 지장간은 본래의 역할을 수행할 수 있다.

📖 예❺

시	일	월	연
○	○	○	○
亥	卯	未	丑

축미(丑未)충은 해묘미(亥卯未)삼합의 방해로 성립되지 않고, 해묘미(亥卯未)삼합은 축미(丑未)충의 방해로 성립되지 않는다. 따라서 해당 지지의 지장간은 본래의 역할을 수행할 수 있다. 참고로 해묘(亥卯)는 반합이다.

📖 예❻

시	일	월	연
○	○	○	○
申	酉	戌	辰

진술(辰戌)충은 신유술(申酉戌)방합의 방해로 성립되지 않고, 신유술(申酉戌)방합은 진술(辰戌)충의 방해로 성립되지 않는다. 따라서 해당 지지의 지장간은 본래의 역할을 수행할 수 있다.

충은 합을 푼다. 합은 충을 푼다. 그러면 합과 합의 관계는 어떠한가? 이 관계는 2개의 합을 동시에 이루어 합은 합을 푼다. 왜냐하면 이 관계는 지지합인 육합 등이 천간합과 그 원리가 근본적으로 다를 수 없기 때문이다.

📖 예❶

시	일	월	연
○	○	○	○
巳	寅	亥	寅

연월의 인해(寅亥)합은 월일의 인해(寅亥)합의 방해로 성립되지 않고, 월일의 인해(寅亥)합은 연월의 인해(寅亥)합의 방해로 성립되지 않는다. 따라서 해당 지지의 지장간은 본래의 역할을 수행할 수 있다.

📖 예❷

시	일	월	연
○	○	○	○
巳	酉	丑	子

자축(子丑)합은 사유축(巳酉丑)삼합의 방해로 성립되지 않고, 사유축(巳酉丑) 삼합은 자축(子丑)합의 방해로 성립되지 않는다. 따라서 해당 지지의 지장간은 본래의 역할을 수행할 수 있다. 참고로 사유(巳酉)는 반합이다.

📖 예❸

시	일	월	연
○	○	○	○
申	酉	戌	卯

묘술(卯戌)합은 신유술(申酉戌)방합의 방해로 성립되지 않고, 신유술(申酉戌)방합은 묘술(卯戌)합의 방해로 성립되지 않는다. 따라서 해당 지지의 지장간은 본래의 역할을 수행할 수 있다.

충은 합을 푼다. 합은 충을 푼다. 그러면 충과 충의 관계는 어떠한가? 이 관계는 2개의 지지가 1개의 지지와 동시에 충을 이루어 1개의 지지가 2개의 지지보다 큰 상처를 입는다. 왜냐하면 이 관계는 2:1의 충의 가중으로서 충은 충을 풀지 않고 충을 더하기 때문이다. 참고로 자유신해(子酉申亥)는 각각 능히 오묘인사(午卯寅巳)를 충하나 오묘인사(午卯寅巳)는 각각 감히 자유신해(子酉申亥)를 충하지 못한다는 학설이 있다.

📖 예❶

시	일	월	연
○	○	○	○
丑	申	寅	申

연월이 인신(寅申)충이고, 월일이 인신(寅申)충이다. 1인(寅)이 2신(申)의 협공을 감당하기 어렵다.

시	일	월	연
辛	壬	壬	壬
丑	申	寅	申

초봄이라 인(寅)목이 어리니 두 개의 신(申)금이 협충(夾沖)해 오는 것을 감당하기 어렵다. 계묘(癸卯)대운과 갑진(甲辰)대운에는 목(木)의 부족한 부분을 도와 부모의 도움이 넉넉했다. 청나라 임철초가 이 사주를 다루었다.

시	일	월	연
甲	壬	壬	壬
辰	午	寅	申

신(申)운에 두 개의 신(申)금이 인(寅)목과 충을 이루어 불록(不祿, 더 이상 녹을 받지 못함)이 되었다. 청나라 임철초가 이 사주를 다루었다.

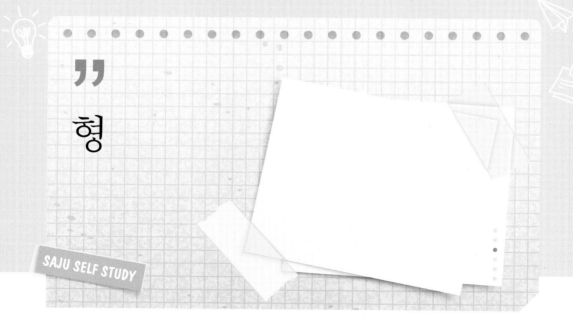

〃 형

형(刑)이란 동기(同氣) 내지 상생(相生)의 조합으로 오행의 왕세(旺勢)가 극(極)에 이른 것이다. 극 대 극의 현상이 가능하므로 다스림(통치)·파괴·형액(刑厄)·수술·사고·구설(口舌) 등이 발생할 수 있다. 그러므로 형이 길(吉) 작용을 하면 생사여탈권(生死與奪權)을 가진 직업에 종사하고, 반대로 흉(兇) 작용을 하면 오히려 감옥살이를 할 수 있다.

형의 종류에는 인사신(寅巳申) 상호간의 삼형(三刑)과 축술미(丑戌未) 상호간의 삼형, 그리고 자묘(子卯)형과 진진(辰辰)·오오(午午)·유유(酉酉)·해해(亥亥)의 자형(自刑)이 있다.

다음의 표를 보면 각각의 형이 삼합과 방합의 각 간지를 처음·중간·마지막으로 구분하여 위와 아래로 배합시킨 것임을 알 수 있다. 삼합과 방합 모두 강하기 때문에 이것이 순서대로 만나 극과 극의 현상을 일으킨다. 각각의 경우대로 나누어서 살펴보자.

	목국			화국			금국			수국		
삼합	亥	卯	未	寅	午	戌	巳	酉	丑	申	子	辰
방합	亥	子	丑	巳	午	未	申	酉	戌	寅	卯	辰
	북쪽			남쪽			서쪽			동쪽		

① 인사(寅巳)형

인사(寅巳)는 목생화(木生火)의 관계이다. 따라서 생의 작용이 강하다. 다만 목(木)이 화(火)를 생해주는데 사(巳) 중의 경(庚)금이 은혜를 모르고 인(寅)목을 극하니 그런 의미에서는 형이 된다.

② 사신(巳申)형

사신(巳申)은 형이면서 육합도 되기 때문에 형합(刑合)이라고도 한다. 그러나 사신(巳申)합의 경우도 근본적으로는 화극금(火剋金)의 관계이다.

③ 인신(寅申)형

인신(寅申)은 형이면서 충이 된다. 보통은 형의 작용보다 충의 작용이 더 크다고 본다.

④ 축술(丑戌)형

같은 토(土)끼리의 형이므로 그 작용이 크지 않다.

⑤ 술미(戌未)형

이 역시 같은 토(土)끼리의 형이므로 그 작용이 크지 않다. 술(戌)은 조열토(燥熱土)이고 미(未)는 건조토(乾燥土)이므로 메마른 형상이다.

⑥ 축미(丑未)형

축미(丑未)는 형이면서 충이 된다. 보통은 형의 작용보다 충의 작용이 더 크다고 본다.

⑦ 자묘(子卯)형

자묘(子卯)형은 무례지형(無禮之刑)이라고도 한다. 묘(卯)가 자기를 생해주는 어머니인 자(子)를 형하기 때문이다. 그러나 근본적으로는 수생목(水生木)의 관계이다.

⑧ 자형(自刑)

진진(辰辰)·오오(午午)·유유(酉酉)·해해(亥亥)의 경우이다. 같은 것이 함께 나란히 있어 서로 밀어내기 때문에 그 결과 스스로 자기를 형하게 된다.

해(害)는 육합을 방해하는 것이다. 예를 들어 자(子)와 축(丑)이 합을 이루는 데 미(未)가 와서 축(丑)을 충하면 자축(子丑)합이 방해를 받으므로 자(子)에게는 미(未)가 해가 된다. 이것이 자미(子未)해이다. 이 밖에 축오(丑午)해・인사(寅巳)해・묘진(卯辰)해・신해(辛亥)해・유술(酉戌)해가 있다.

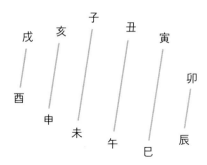

　위의 설명에서 알 수 있듯이 해는 육합을 방해한다. 그러나 육합 이론 자체가 반듯하다고 볼 수 없으므로 해에 큰 비중을 두지는 않는다. 어떻든 간에 화합하려는 합의 기운이 방해를 받게 되므로 특히 육친 관계, 즉 부모·형제·배우자·자식에 대한 따뜻한 정이 부족하여 문제가 일어날 수 있다고 본다. 이러한 추리는 육합 이론이 어느 면에서는 태양과의 관계에서 따뜻함을 취한 이론이기 때문이다.

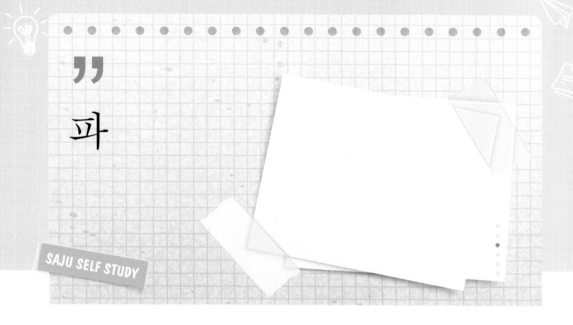

파(破)는 육파(六破)라고도 하는데, 각각의 생지(生支)·왕지(旺支)·고지(庫支)에서 충이 일어나므로 그 결과 기둥이 흔들려서 파괴되는 작용이라고 한다. 당사주 계통의 이론으로서 논리적으로 이해하기 어려운 한계가 있다.

양지(陽支)는 자신으로부터 시계 반대 방향으로 네 번째 지지와, 음지(陰支)는 시계 방향으로 네 번째 지지와 만난다. 예를 들어 양지 자(子)는 유(酉)와 만나고, 음지(陰支) 축(丑)은 진(辰)과 만난다. 이를 그림으로 나타내면 다음과 같다.

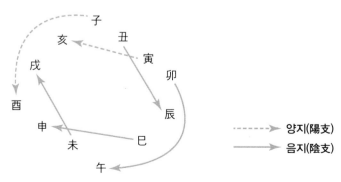

----- ▶ 양지(陽支)

———▶ 음지(陰支)

파는 충돌·파손·불화·육친박덕 등의 작용을 한다고 알려져 있지만 뚜렷한 근거는 없다. 파를 종류별로 살펴보면 다음과 같다.

① 자유(子酉)파

　금생수(金生水)의 관계이다.

② 축진(丑辰)파

　같은 토(土)끼리의 관계이다.

③ 인해(寅亥)파

　수생목(水生木)의 관계이고 인해(寅亥)합에도 해당한다.

④ 묘오(卯午)파

　목생화(木生火)의 관계이다.

⑤ 사신(巳申)파

　사신(巳申)합도 되고 사신(巳申)형도 된다.

⑥ 미술(未戌)파

　같은 토(土)끼리의 관계이다. 술미(戌未)형에도 해당한다.

사주학자에 따라서는 파와 해를 논하면서 파를 해보다 앞서 다루고 있다. 그러나 필자는 파가 해보다 미덥지 못하다고 보아 해 다음으로 파를 다루었다.

공망

01 의의

10개의 천간과 12개의 지지가 서로 짝을 이루며 10개의 천간 단위로 1순(旬)을 구성해 나가며 육십갑자를 이룬다. 이때 각 순마다 2개의 지지가 밀려나가면서 짝을 이루지 못하니 이 2개의 지지를 그 순 중 공망(空亡)이라고 한다. 말하자면 공망은 천(天)이 없는 지(地)로서 짝이 없는 외톨이 신세이다. 한편 당사주 계통에서는 공망을 천중살(天中殺)이라고 한다.

1	甲子	乙丑	丙寅	丁卯	戊辰	己巳	庚午	辛未	壬申	癸酉	戌亥
2	甲戌	乙亥	丙子	丁丑	戊寅	己卯	庚辰	辛巳	壬午	癸未	申酉
3	甲申	乙酉	丙戌	丁亥	戊子	己丑	庚寅	辛卯	壬辰	癸巳	午未
4	甲午	乙未	丙申	丁酉	戊戌	己亥	庚子	辛丑	壬寅	癸卯	辰巳
5	甲辰	乙巳	丙午	丁未	戊申	己酉	庚戌	辛亥	壬子	癸丑	寅卯
6	甲寅	乙卯	丙辰	丁巳	戊午	己未	庚申	辛酉	壬戌	癸亥	子丑

위의 표 1번에서 갑자(甲子)부터 계유(癸酉)까지는 갑자(甲子)순인데 그 순에서 끝부분의 술해(戌亥)가 공망이다. 2번 갑술(甲戌)부터 계미(癸未)까지는 갑술(甲戌)순이고 그 순 중 공망은 끝부분의 신유(申酉)가 된다. 다른 순 역시 이와 같이 판단하면 된다.

공망은 주로 일주(日柱)를 기준으로 해서 판단한다. 일주가 같은 순에 속하면 공망도 동일하다. 예를 들어 갑자(甲子)순에 속하는 갑자(甲子)·을축(乙丑)·병인(丙寅) 일주 등은 모두 술(戌) 또는 해(亥)를 공망으로 한다.

02 종류

공망은 이를 진공(眞空)과 반공(半空)으로 나눌 수 있다.

① 진공

　양일(甲丙戊庚壬)생은 양지(子寅辰午申戌)가 공망이 되고, 음일(乙丁己辛癸)생은 음지(丑卯巳未酉亥)가 공망이 되면 진공이다.

② 반공

　양일생은 음지가 공망이 되고, 음일생은 양지가 공망이 되면 반공이다.

03 작용

사주에서 공망의 작용이 어떠한가. 길한 지지가 공망이 되면 그 지지의 길한 작용이 감소되고, 흉한 지지가 공망이 되면 그 지지의 흉한 작용이 감소된다. 이렇게 본 것은 같은 순 중의 지지는 같은 마을의 아낙들인지라 서로 유정하고, 공망인 지지는 다른 마을 아낙들인지라 서로 무정하다고 보았기 때문이다.

진공은 공망의 작용이 크다. 반공은 진공보다는 공망의 작용이 다소 약하다.

공망은 합·충·형 등에 의해서 해공(解空), 즉 공망이 해소된다. 또한 부정의 부정은 긍정이 되는 것처럼 운에서 동일한 공망이 오면 역시 공망이 해소된다.

육십갑자는 쉬지 않고 돌아가는 물레방아 같은 구조이기 때문에 공망은 형식적으로만 존재할 뿐 실질적으로는 별 의미가 없다고 보는 견해도 있다. 필자의 견해로는 공망을 너무 비중 있게 다룰 필요는 없다고 본다. 그러나 육십갑자에서 천간의 흐름이 10년을 주기로 하고, 이는 한 대운의 기간이 10년이라는 사실과 통하므로 동일한 순끼리의 유정함을 전혀 무시할 수 없다고 본다. 그래서 다음과 같이 생각해볼 수 있다.

공망인 지지는 같은 마을이 아닌 다른 마을의 존재이니 사주 당사자와는 거리가 있는 인연이다. 그래서 그 지지는 객지 또는 외국과 인연이 될 수 있다. 예를 들어 남성의 사주에서 관성이 공망인 경우에 그 사람의 자식은 자신과 함께 고국에서 살지 않고 외국으로 이민을 갈 수 있다는 것이다. 또한 그 지지가 속해 있는 궁(宮)은 사주 당사자와 거리가 있는 약한 인연일 것이다. 예를 들어 월지가 공망이면 사주 당사자는 부모궁과는 별 인연이 없는 것이니 일찍 부모 곁을 떠나 객지생활을 한다고 본다.

01 조후란 무엇인가

모든 생명체는 사계절의 기후변화에 따라 성장 발육에 큰 영향을 받는다. 인간 역시 마찬가지여서 기후에 따라 정신적·육체적인 차이가 생기고 운명 또한 달라지게 된다. 그러므로 자신에게 필요한 좋은 기후를 만나야 하는데, 사주학에서는 자신의 성장 발육에 바람직한 기후와의 조화를 조후(調候)라고 하여 매우 중시한다.

우선 사주가 조화를 이루기 위해서는 추우면 따듯함이 필요하고, 더우면 서늘함이 필요하다. 건조하면 윤택함이 필요하고 습하면 밝음이 필요하다. 사람의 체온은 36.5도이니 수(水)와 화(火)의 균형이 중요하다. 이것을 좁은 의미의 조후라고 할 수 있다.

여기서 나아가 오행이 고루 분포하고 서로 잘 어우러져 조화를 이룰 필요가 있다. 그러기 위해서는 사주의 각 별들이 서로 귀성(貴星)으로 이루어지면 좋다. 예를 들어 음력 3월(辰月)의 갑(甲)목은 목(木)의 기가 극에 달했으니 일단 경(庚)금이란 금도끼로 다듬어줄 필요가 있어 경(庚)금이 귀성이 된다. 그러나 같은 달의 을(乙)목은 유목(柔木)이기 때문에 경(庚)금으로 다스리면 안 되고 오히려 봄비인 계(癸)수가 내려야 생기가 돌아나므로 계(癸)수가 귀성이 된다. 이것이 넓은 의미의 조후이다. 이렇게 넓은 의미의 조후 이론은 그 속에 억부(抑扶) 이론을 담고 있다.

사주를 연구하다 보면 조후가 곧 억부이고 억부가 곧 조후라는 것을 깨닫게 된다. 그리고 나중에 설명하겠지만 병약용신·통관용신·종용신이 모두 이와 다르지 않다는 것을 깨닫게 된다. 어쨌든 사주는 하늘에 병정사오(丙丁巳午)의 태양이 떠 있고, 땅에 임계해자(壬癸亥子)의 물이 있으며, 오행이 주류(周流)하고 각 별들이 서로 귀성으로 이루어져야 멋진 한 폭의 산수화가 된다. 이것이 조후의 정신이다.

사주명식에 조후용신이 있으면 봄철에 나무를 심은 것 같아 성장이 빠르고, 용신보좌만 있으면 여름이나 가을에 나무를 심은 것처럼 성장이 보통이고, 둘 다 없으면 겨울에 나무를 심은 것과 같아 성장이 부진하다. 사주명식에 조후용신이나 용신보좌가 없으면 그만큼 많은 어려움을 겪게 된다. 하지만 대운이나 연운에서 이것들이 갖추어지면 꽃이 피고 새가 노래하는 형상이 된다.

조후는 사주명식에서 일간과 출생월의 관계로 파악한다. 그러므로 귀성에 대한 판단은 일간과 출생월의 관계에 따라 달라진다.

02 일간과 출생월의 관계

1) 일간과 귀성의 관계

① 갑(甲)목 일간에게는 경(庚)금과 정(丁)화가 귀성이다. 갑(甲)목은 큰 수목이므로 경(庚)금이란 금도끼로 다듬어야 한다. 그러나 경(庚)금이 너무 거칠면 안 되니 정(丁)화란 불로써 적당히 제련될 필요가 있다.

② 을(乙)목 일간에게는 계(癸)수와 병(丙)화가 귀성이다. 을(乙)목은 작은 수목이어서 성장이 필요하니 촉촉한 계(癸)수의 비와 따스한 병(丙)화의 태양이 필요하다.

③ 병(丙)화 일간에게는 임(壬)수가 귀성이다. 병(丙)화 태양은 임(壬)수 호수와 어우러질 때 그 빛이 반사되어 더욱 아름답고 찬란하다.

④ 정(丁)화 일간에게는 갑(甲)목과 경(庚)금이 귀성이다. 정(丁)화는 유화(柔火)이므로 갑(甲)목으로 그 불길을 살려주어야 하는데, 갑(甲)목은 큰 수목이므로 경(庚)금의 금도끼로 쪼개야 한다.

⑤ 무(戊)토 일간에게는 계(癸)수와 병(丙)화와 갑(甲)목이 귀성이다. 무(戊)토는 큰 산이므로 촉촉한 계(癸)수의 비와 따스한 병(丙)화의 태양, 그리고 갑(甲)목의 큰 수목이 필요하다.

⑥ 기(己)토 일간에게도 계(癸)수・병(丙)화・갑(甲)목이 귀성이다. 기(己)토는 평원옥토이므로 역시 촉촉한 계(癸)수의 비와 따스한 병(丙)화의 태양, 그리고 갑(甲)목의 큰 수목이 필요하다.

⑦ 경(庚)금 일간에게는 정(丁)화와 갑(甲)목이 귀성이다. 경(庚)금은 원광석이므로 정(丁)화를 만나야 진짜 보석이 될 수 있는데, 정(丁)화는 갑(甲)목의 도움을 받아야 그 불길이 생기를 얻는다.

⑧ 신(辛)금 일간에게는 임(壬)수가 귀성이지만 때로는 병(丙)화도 귀성이 된다. 신(辛)금은 보석이므로 임(壬)수로 씻어주면 빛이 난다. 다만 추위가 극심할 때는 따스한 병(丙)화로 빛내주어야 한다.

⑨ 임(壬)수 일간에게는 무(戊)토와 병(丙)화가 귀성이다. 임(壬)수는 큰물이므로 무(戊)토의 큰 산과 병(丙)화의 태양이 어우러지면 좋은 산수화가 된다.

⑩ 계(癸)수 일간에게는 경(庚)금이 귀성이지만 때로는 신(辛)금도 귀성이 된다. 계(癸)수는 작은 개울물이므로 경(庚)금 또는 신(辛)금의 수원(水源)이 필요하다.

2) 출생월과 귀성의 관계

① 인(寅)월과 묘(卯)월은 초목이 생기를 얻는 때이므로 이를 뒷받침할 병(丙)화의 태양과 계(癸)수의 비가 필요하다.

② 진(辰)월은 습토가 되어 나무가 뿌리를 잘 내리는 때이므로 갑(甲)목이 있어야 어울린다.

③ 사오미(巳午未)월은 더운 여름철이므로 임계(壬癸)수가 필요하고, 축(丑)의 동습토(凍濕土)와 진(辰)의 습토를 만나도 좋다.

④ 신(申)월과 유(酉)월은 금(金)의 기운이 강하여 한기(寒氣)가 있으므로 정(丁)화와 병(丙)화가 필요하다.

⑤ 술(戌)월은 조열토(燥熱土)로서 토(土)의 기운이 강하므로 갑(甲)목으로 다스려 적당히 부드럽게 해줄 필요가 있다.

⑥ 해자축(亥子丑)월은 추운 겨울철이고 수(水)의 기운이 강한 때이므로 따스한 병(丙)화의 태양과 무(戊)토의 제방이 필요하다. 그리고 미(未)의 건조토와 술(戌)의 조열토가 어울려도 좋다. 다만 축(丑)월은 비록 동습토이지만 갑(甲)목이 있어야 토(土)의 구실을 제대로 다 할 수 있다.

일반적으로 출생월과 귀성은 이상과 같이 인연을 맺는 경우가 많다. 그러나 진술축미(辰戌丑未)월에 대해서는 주의할 점이 있다. 진술축미(辰戌丑未)월은 토(土)이므로 모두 갑(甲)목이 필요하다. 그러나 미(未)월의 경우는 달리 보아야 한다. 왜냐하면 미(未)월은 화기(火氣)가 왕성해서 갑(甲)목이 오면 목생화(木生火)를 하여 좋지 않으므로 갑(甲)목이 필요 없기 때문이다. 이것이 미(未)월이 다른 토(土)월과 다른 점이다.

일간·출생월(월지)에 따른 귀성을 표로 정리하면 다음과 같다.

일간	귀성
甲	庚·丁
乙	癸·丙
丙	壬
丁	甲·庚
戊	癸·丙·甲
己	癸·丙·甲
庚	丁·甲
辛	壬·(丙)
壬	戊·丙
癸	庚·(辛)

출생월	귀성	
寅	丙·癸	
卯	丙·癸	
辰	甲	
巳	壬·癸	丑·辰
午	壬·癸	丑·辰
未	壬·癸	丑·辰
申	丁·丙	
酉	丁·丙	
戌	甲	
亥	丙·戊	未·戌
子	丙·戊	未·戌
丑	丙·戊·甲	未·戌

지금까지 전해 내려오는 조후 이론은 『궁통보감』 등에서 살펴볼 수 있듯이 일간과 출생월의 관계에서 획일적으로 조후용신과 용신보좌를 파악한다. 예를 들어 갑(甲)목 일간이 인(寅)월에 태어나면 병(丙)이 조후용신이고 계(癸)가 용신보좌라는 것이다.

그러나 이에 너무 얽매일 필요는 없다. 왜냐하면 이는 사주가 균형을 이룬 경우를 상정한 하나의 이상적인 이론에 불과할 뿐, 그 구체적인 적용은 현실적인 억부에 달려 있다고 봐야 하기 때문이다. 예를 들어 사주에 이미 조후용신을 충분히 갖추고 있다면 또다시 조후용신을 고집할 게 아니라 전체 상황을 종합적으로 고려하여 판단해야 한다. 또한 북극곰이 추울 거라고 생각하여 무조건 불을 찾는다면 이 역시 위험한 발상이므로 이때는 그냥 추위에 따르도록 해야 한다. 조후는 이상이요 억부는 현실이다. 이상과 현실이 조화를 이루도록 해야 한다.

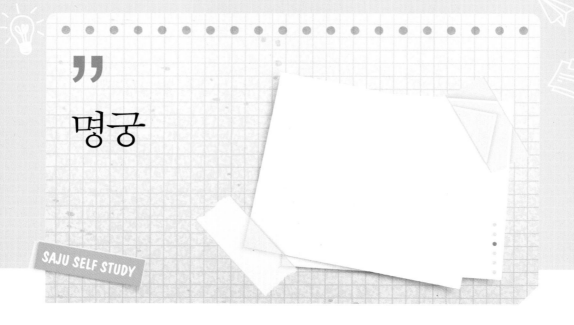

01 의의

명궁(命宮)이란 태어난 때에 태양이 머물고 있는 위치, 즉 지평궁(地平宮)이다. 이 지평궁은 태양궁으로서 월지와 육합을 이루는데, 육임학(六壬學)에서는 월장(月將)이라고 하여 매우 중시한다. 그 구조는 다음과 같다.

월	寅	卯	辰	巳	午	未	申	酉	戌	亥	子	丑
궁	亥	戌	酉	申	未	午	巳	辰	卯	寅	丑	子

명궁이 출생 시점에 태양이 어느 궁에 위치하느냐를 문제 삼는 것에서 사주

학이 천문학과 밀접한 관련이 있음을 알 수 있다. 특히 태양과의 관계는 매우 중요한 문제이다. 명궁 이론을 제대로 이해하기 위해서는 여기에 담긴 여러 가지 신비로움을 밝히려는 노력을 함께 기울여야 한다.

02 기준

명궁에서 월(月)의 판단은 24절기(節氣) 중 절(節)이 아닌 기(氣)를 기준으로 한다. 따라서 예를 들어 정월의 경우에는 입춘이 아닌 우수 이후를 인(寅)월로 보아 태양궁이 해(亥)에 위치하는 것으로 본다(寅亥합). 우수가 되기 전에는 12월인 축(丑)월로 보아 태양궁이 자(子)에 위치하는 것으로 본다(子丑합).

절기 \ 월	寅 (1)	卯 (2)	辰 (3)	巳 (4)	午 (5)	未 (6)	申 (7)	酉 (8)	戌 (9)	亥 (10)	子 (11)	丑 (12)
절	입춘	경칩	청명	입하	망종	소서	입추	백로	한로	입동	대설	소한
기	우수	춘분	곡우	소만	하지	대서	처서	추분	상강	소설	동지	대한

위와 같이 해당 월의 태양궁 위치를 파악하더라도 이를 다시 하루의 시간대별로 나누어서 살펴야 한다. 그러므로 명궁은 시(時)와 해당 월의 중간 기(氣)의 관계에 따라 다음의 표와 같이 나타낼 수 있다. 표에서 자(子)시생이 정월의 우수 이후 춘분 전에 태어났으면 그 명궁은 인(寅)이 된다. 여기서 인(寅)은 명궁의 지지가 된다.

◎ 명궁표

월 시	우 수	춘 분	곡 우	소 만	하 지	대 서	처 서	추 분	상 강	소 설	동 지	대 한
子	寅	丑	子	亥	戌	酉	申	未	午	巳	辰	卯
丑	丑	子	亥	戌	酉	申	未	午	巳	辰	卯	寅
寅	子	亥	戌	酉	申	未	午	巳	辰	卯	寅	丑
卯	亥	戌	酉	申	未	午	巳	辰	卯	寅	丑	子
辰	戌	酉	申	未	午	巳	辰	卯	寅	丑	子	亥
巳	酉	申	未	午	巳	辰	卯	寅	丑	子	亥	戌
午	申	未	午	巳	辰	卯	寅	丑	子	亥	戌	酉
未	未	午	巳	辰	卯	寅	丑	子	亥	戌	酉	申
申	午	巳	辰	卯	寅	丑	子	亥	戌	酉	申	未
酉	巳	辰	卯	寅	丑	子	亥	戌	酉	申	未	午
戌	辰	卯	寅	丑	子	亥	戌	酉	申	未	午	巳
亥	卯	寅	丑	子	亥	戌	酉	申	未	午	巳	辰

다음은 명궁의 천간을 찾는 방법이다. 명궁의 천간은 생년(生年)을 기준으로 한다. 예를 들어 갑기(甲己)년생이면 아래 표에서 갑기(甲己)년을 찾아 그 해에 해당하는 12개의 육십갑자 중 명궁의 지지가 속해 있는 육십갑자의 천간을 명궁의 천간으로 한다. 그래서 명궁의 지지가 인(寅)이면 병(丙)을 명궁의 천간으로 한다. 그 결과 명궁은 병인(丙寅)이다.

생년	육십갑자
甲己년	丙寅 · 丁卯 · 戊辰 · 己巳 · 庚午 · 辛未 · 壬申 · 癸酉 · 甲戌 乙亥 · 丙子 · 丁丑
乙庚년	戊寅 · 己卯 · 庚辰 · 辛巳 · 壬午 · 癸未 · 甲申 · 乙酉 · 丙戌 丁亥 · 戊子 · 己丑
丙辛년	庚寅 · 辛卯 · 壬辰 · 癸巳 · 甲午 · 乙未 · 丙申 · 丁酉 · 戊戌 己亥 · 庚子 · 辛丑
丁壬년	壬寅 · 癸卯 · 甲辰 · 乙巳 · 丙午 · 丁未 · 戊申 · 己酉 · 庚戌 辛亥 · 壬子 · 癸丑
戊癸년	甲寅 · 乙卯 · 丙辰 · 丁巳 · 戊午 · 己未 · 庚申 · 辛酉 · 壬戌 癸亥 · 甲子 · 乙丑

03 작용

지금까지 알려진 명궁의 작용에 대해 정리하면 다음과 같다.

① 남성의 명궁이 자(子)나 오(午)이면 권세를 얻을 수 있고, 여성의 명궁이 사(巳)나 해(亥)이면 음탕하다.
② 명궁이 정재 · 정관 · 인수이면 복이 많다.
③ 사주에서 일간이 신약하더라도 명궁이 편인 · 인수 · 비견 · 겁재에 해당하여 도움을 받으면 큰 힘이 된다.
④ 남녀 궁합(동업 · 교우 관계 등 포함)에서 서로의 명궁이 같거나 합이 되면 다른 것에 결함이 있어도 이혼(헤어짐 · 마찰)하는 사례가 거의 없다.

이 중에서 ④가 특히 관심을 끈다. 왜냐하면 예를 들어 남녀의 명궁이 서로 같은 경우에 이는 부부가 머리를 같은 쪽으로 나란히 두고 동침했다가 함께 해돋이를 맞는 형상이어서 잉꼬부부의 궁합으로 생각되기 때문이다.

"
12운

01 의의

12운(運) 이론이란 불교의 윤회사상을 반영한 것으로 천간의 각 글자가 지지의 각 글자를 차례대로 만나면서 순환을 거듭하는 변화의 전 과정을 12단계로 나누어 고찰한 이론이다.

12운에서 각 단계의 의미는 다음과 같다.

- 장생(長生)은 모체로부터 태어나 세상과 인연을 맺는 것이다.
- 목욕(沐浴)은 다듬고 성장해 가는 것이다.

- 관대(冠帶)는 성인이 되어 사모관대를 착용하는 것이다.
- 건록(建祿)은 사회에 진출하여 자기의 직업에 충실하게 임하는 것이다.
- 제왕(帝旺)은 사회활동이 무르익어 황금기를 맞는 것이다.
- 쇠(衰)는 왕성하던 기운이 차츰 쇠락하는 것이다.
- 병(病)은 원기가 다 빠져 병이 드는 것이다.
- 사(死)는 병이 깊어 죽음을 맞이하는 것이다.
- 묘(墓)는 시신이 무덤에 들어가는 것이다.
- 절(絶)은 시신이 부패하고 영혼이 어디론가 떠나가는 것이다.
- 태(胎)는 윤회의 결과로 새롭게 모태와 인연을 맺는 것이다.
- 양(養)은 새로 인연을 맺은 모태에서 계속 자라나는 것이다. 이것이 다시 장생(長生)으로 이어진다.

◎ 12운표

천간 12운	甲	乙	丙	丁	戊	己	庚	辛	壬	癸
장생	亥	午	寅	酉	寅	酉	巳	子	申	卯
목욕	子	巳	卯	申	卯	申	午	亥	酉	寅
관대	丑	辰	辰	未	辰	未	未	戌	戌	丑
건록	寅	卯	巳	午	巳	午	申	酉	亥	子
제왕	卯	寅	午	巳	午	巳	酉	申	子	亥
쇠	辰	丑	未	辰	未	辰	戌	未	丑	戌
병	巳	子	申	卯	申	卯	亥	午	寅	酉
사	午	亥	酉	寅	酉	寅	子	巳	卯	申
묘	未	戌	戌	丑	戌	丑	丑	辰	辰	未
절	申	酉	亥	子	亥	子	寅	卯	巳	午
태	酉	申	子	亥	子	亥	卯	寅	午	巳
양	戌	未	丑	戌	丑	戌	辰	丑	未	辰

개체는 생기(生氣)와 형질(形質)을 지니고 있다. 『자평진전』에 따르면 갑(甲)은 을(乙)의 생기이고 을(乙)은 갑(甲)의 형질이라고 한다. 생기는 이를 그냥 기(氣)라 부르고 형질은 이를 그냥 질(質)이라 부른다. 기는 남성적인 것이고 질은 여성적인 것이다. 12운 이론은 천간을 지지와 대조하여 양간의 기와 음간의 질을 파악하는 이론이다. 이에 따르면 다음과 같이 정리할 수 있다.

① 장생 · 관대 · 건록 · 제왕은 사왕(四旺)이라고 하여 왕(旺)한 것으로 본다.
② 목욕 · 묘 · 태 · 양은 사평(四平)이라고 하여 평(平)한 것으로 본다.
③ 쇠 · 병 · 사 · 절은 사쇠(四衰)라고 하여 쇠(衰)한 것으로 본다.

02 논쟁

12운 이론에서 갑(甲)목이 해(亥)수에서, 병(丙)화가 인(寅)목에서, 임(壬)수가 신(申)금에서 장생을 이룬다는 설명은 큰 문제가 없어 보인다. 그러나 무(戊)토가 인(寅)목에서, 경(庚)금이 사(巳)화에서 장생을 이룬다는 설명은 오행의 원리에 비추어 볼 때 쉽게 이해되지 않는다. 더구나 음장생설(陰長生說)의 경우에는 더욱 그러한데 그 내용을 자세히 따져보면 다음과 같은 문제점이 있다.

천간	장생지지
乙목	午화
丁화	酉금
己토	酉금
辛금	子수
癸수	卯목

① 을(乙)목이 오(午)화에서 장생을 이룬다고 할 때, 장생은 그야말로 생해준다는 의미이므로 오(午)화가 을(乙)목을 생해주는 것이 된다. 그렇게 되면 목생화(木生火)가 아니라 화생목(火生木)이 되어 오행의 원리에 어긋난다.

② 정(丁)화와 기(己)토가 모두 유(酉)금에서 장생을 이룬다는 설명은 화(火)와 토(土)를 구별하지도 않고, 더구나 이 둘 모두 금(金)에서 생을 받는다는 것이 이상하다.

③ 신(辛)금이 자(子)수에서 장생을 이룬다고 하는데, 이 역시 금생수(金生水)가 아닌 수생금(水生金)이 되어 오행의 원리에 어긋난다.

④ 계(癸)수가 묘(卯)목에서 장생을 이룬다고 하는데, 이것도 수생목(水生木)이 아닌 목생수(木生水)가 되어 오행의 원리에 어긋난다.

이상과 같이 음장생설은 오행의 원리에 어긋난 문제점을 갖고 있기 때문에 음장생설을 채용한 12운 이론까지 문제가 있다고 볼 수 있다. 그렇다면 이 12운 이론을 배척해야 하는가. 그러나 그렇게 단정할 수는 없다. 왜냐하면 이 12운 이론은 12지지를 팔괘(八卦)에 배정하여 자연의 이치와 부합시킨 것이라고 하는데, 다음에서 보는 것처럼 나름대로 논리가 상당히 설득력이 있어 보이기 때문이다.

① 장생이란 어느 오행이 어느 오행으로부터 생을 받는다는 말이 아니다. 그래서 생이 아닌 장생이다. 그러면 장생이란 무엇인가? 장생이란 고유의 개성이 드러난다는 말이다.

② 을(乙)이란 방초(芳草)는 오(午)월에 무성함이 드러난다.
   갑(甲)이란 소나무는 해(亥)월에 생기가 드러난다.

③ 정(丁)이란 달[月]은 유(酉)월에 한가위의 보름달로 드러난다.
   병(丙)이란 태양[日]은 인(寅)월에 새해의 태양으로 드러난다.

④ 신(辛)이란 서리는 자(子)월에 눈송이로 드러난다.

경(庚)이란 열매는 사(巳)월에 단단한 형성물로 드러난다.

⑤ 무(戊)와 기(己)는 토(土)로서 조정 작용을 하므로 이들의 12운을 순행과 역행으로 나타내기가 어렵다. 12운표상의 것은 천간의 순서를 따라 무(戊)는 병(丙)과 같고 기(己)는 정(丁)과 같다고 본 한계적인 것이다.

12운이론은 목화토금수(木火土金水) 즉 오행의 12운을 다룬 것이지 10천간(양간·음간)의 12운을 다룬 것은 아니라는 학설이 있다. 예를 들어 갑(甲)과 을(乙)은 하나의 목(木)일 뿐 결코 둘이 아니니 그 12운도 따로 구분할 수 없다는 것이다. 그 이유로 인신사해(寅申巳亥)는 오행이 장생하는 지지이고, 자오묘유(子午卯酉)는 제왕, 진술축미(辰戌丑未)는 묘의 지지인데 이것은 모두 지지 속의 지장간 때문이니 음간이 지장간 이론에 구속받지 않고, 양간과 별도로 12운이 있는 것은 이해할 수 없다는 것이다. 나아가 이 학설은 고서(古書)도 오양(五陽)의 장생을 말했을 뿐 오음(五陰)의 장생은 말하지 않았다고 덧붙인다. 그렇다면 갑(甲)이 목(木) 전체를 대표하는 것이고 을(乙)은 이에 따라야 한다는 주장이다. 지장간 이론에 비추어볼 때는 합당한 학설이다. 그러면 이 학설에는 무리가 없는 것일까? 이 학설은 오행이 비록 음과 양으로 나누어져 있지만 사실은 하나라는 입장인데, 이는 결국 10천간을 5천간으로 축소하여 오행만 내세우고 음양은 소홀히 다루고 있다. 음양은 그 성질이 서로 달라 운의 흐름 또한 별도로 진행되는데, 양을 내세워 음을 대표하는 것은 마치 인간세상에서 남성을 위주로 하고 여성을 소홀히 여기는 것과 같다. 사주학은 음양오행학이니 음양과 오행을 하나로 아우르는 이론을 내놓아야 한다. 이러한 입장에서 음장생설을 채용한 12운 이론을 단순히 배척하지만 말고 음양 차원에서 그 깊은 의미를 탐구해야 할 것이다.

03 적천수

『적천수』원문에 다음과 같은 말이 나온다.

오양종기부종세(五陽從氣不從勢)
오음종세무정의(五陰從勢無情義)

이 말의 뜻은 다음과 같다.

양간인 갑병무경임(甲丙戊庚壬)은 기를 따르고 세를 따르지 않는다.
음간인 을정기신계(乙丁己辛癸)는 양간과 달리 기를 따르지 않고 세를 따르므로
정의가 없다.

이상과 같이『적천수』원문은 양간과 음간의 차이를 밝히고 있다.

나아가『적천수』원문은 다음과 같이 말한다.

음양순역지설(陰陽順逆之說)
낙서류행지용(洛書流行之用)
기리신유지야(其理信有之也)
기법불가집일(其法不可執一)

이 말의 뜻은 다음과 같다.

양은 순행하고 음은 역행한다는 순역 이론은
낙서로부터 유행한 것으로 이를 널리 활용하고 있는데
그 이치는 믿을 만하지만
그 법칙을 한 가지로 집행할 일이 아니다.

이상과 같이 『적천수』 원문은 양은 순행하고 음은 역행한다고 인정하면서 다만 순역을 내세워 현실적인 타당성을 잃으면 안 된다고 밝히고 있다.

04 자평진전

『자평진전』은 다음과 같은 내용의 글을 싣고 있다.

양(陽)은 모여서 앞으로 나아가는 속성이 있으므로 주로 순행(順行)하고, 음(陰)은 흩어져 뒤로 물러나는 속성이 있으므로 주로 역행(逆行)하게 된다. 이것을 설명한 것이 바로 12운 이론이다. 양이 출생하는 곳에서 음이 사망하고 음양이 서로 교환되는 것은 자연의 이치다. 예를 들어 갑(甲)과 을(乙)을 보자. 갑(甲)은 목(木) 가운데의 양(陽)이므로 하늘의 생기(生氣)가 되는데 만목(萬木)에서 그 기가 흐른다. 그러므로 해(亥)에서 생(生)하고 오(午)에서 사(死)한다. 을(乙)은 목(木) 가운데의 음(陰)이므로 목(木)의 지엽(枝葉)이 되는데 하늘의 생기를 받아들인다. 그러므로 오(午)에서 생(生)하고 해(亥)에서 사(死)한다. 무릇 나무는 해(亥)월이 되면 잎이 지지만, 생기는 그 속에 저장되어 있다가 봄이 오면 다시 피어날 준비를 한다. 그 생기는 해(亥)에서 생(生)하는 이치라고 할 수 있다. 한편 나무는 오(午)월이 되면 잎이 무성해지는데 왜 갑(甲)이 사(死)한다고 보는가? 비록 겉으로는 잎이 무성하지만 그 속의 생기는 이미 밖으로 다 새어나가 기진맥진하기 때문이다. 그러므로 오(午)에서 사(死)하는 것이다. 을(乙)목은 이와 반대로 오(午)월이 되면 잎이 무성하니, 곧 생(生)하는 것이다. 또한 해(亥)월에는 잎이 지니, 곧 사(死)하는 것이다. 이것은 질(質)과 기(氣)의 다른 점을 따진 것이다. 갑을(甲乙)을 예로 들었지만 나머지 천간도 이렇게 유추해볼 수 있다.

『자평진전』은 12운 이론의 음장생설을 예를 들어 설명하고 있다.

05 정리

12운 이론은 천간을 지지와 대조하여 양간의 기와 음간의 질을 파악하는 이론이다. 그러므로 이 이론은 양간과 음간을 파악하는 기준이 서로 다르다. 양간은 이를 기 즉 강직성을 기준으로 판단하고 음간은 이를 질 즉 유연성을 기준으로 판단한다. 이러한 음양의 차이를 무시하고 오행의 원리를 내세워 양간과 음간을 똑같이 기 즉 강직성을 기준으로 판단하면 안 된다. 12운 이론은 자연의 이치를 따르고 있다.

개체는 생기(生氣)와 형질(形質)을 지니고 있다. 『자평진전』에 따르면 갑(甲)은 을(乙)의 생기이고 을(乙)은 갑(甲)의 형질이라고 한다. 생기는 이를 그냥 기(氣)라 부르고 형질은 이를 그냥 질(質)이라 부른다. 기는 남성적인 것이고 질은 여성적인 것이다. 개체가 기와 질 즉 기질을 지니고 있음은 자연의 이치이다. 12운 이론은 칼로 무 자르듯이 기와 질을 나누어 놓은 것처럼 보인다. 그러나 그렇지 않다. 12운 이론은 개체의 기질을 전제로 하면서 개체의 기와 질이 그 변화가 서로 다름을 밝히는 이론이다. 예를 들어 이를 설명하면 목(木)이 해(亥)를 만나면 목(木)의 기(氣)인 갑(甲)은 장생(長生)이고 목(木)의 질(質)인 을(乙)은 사(死)라는 말이다. 12운 이론은 음양과 오행을 하나로 아우르는 이론이므로 오행만 내세우는 학설보다 차원이 높다. 12운 이론은 나무와 잎을 아울러 보지만 오행만 내세우는 학설은 나무만 보고 잎을 보지 않는다. 기(氣)가 억부이고 질(質)이 조후이면 12운 이론은 억부와 조화를 아울러 다루지만 오행만 내세우는 학설은 억부만 다루고 조후를 다루지 않는다.

12운 이론이 무(戊)를 병(丙)과 같이 다루고 기(己)를 정(丁)과 같이 다루나 이는 잘못이다. 왜냐하면 토(土)의 조정 작용은 이를 순행과 역행의 어느 하나로 다룰 수 없기 때문이다. 무(戊)와 기(己)의 12운을 잘 설명할 새로운 이론 구성이 필요하다. 현재로선 무(戊)와 기(己)에 대하여는 12운을 생각하지 말고 그냥 억부와 조후로 다루는 수밖에 없다.

06 적용 범위

사주는 천간을 지지와 대조하여 그 강약을 살피기도 하고 지지를 천간과 대조하여 그 강약을 살피기도 한다. 나아가 사주는 배합과 흐름을 따라 일간의 강약을 살핀 후 어느 글자를 용신으로 삼는다. 이 과정에서 12운 이론은 한계적으로 도움이 된다. 왜냐하면 12운 이론은 천간을 지지와 대조하는 것으로 그치기 때문이다.

12운 이론은 다음과 같은 경우에 도움이 된다.

- 사주의 천간이 사주의 지지와의 관계에서 그 기질이 어떤가.
- 사주의 천간이 행운의 지지와의 관계에서 그 기질이 어떤가.
- 행운의 천간이 행운의 지지와의 관계에서 그 기질이 어떤가.

참고로 12운 이론은 지장간을 그 대상으로 포함시킬 수 없다고 본다. 왜냐하면 지장간은 지지 속의 천간으로서 하늘의 것이 아니라 지지가 간직하고 있는 것이기 때문이다.

1) 아내의 역할

	시	일	월	연	(남성)
①	○	辛	甲	○	
	○	○	寅	○	

	시	일	월	연	(남성)
②	○	辛	甲	○	
	○	○	午	○	

	시	일	월	연	(남성)
③	○	辛	甲	○	
	○	○	申	○	

① ② ③ 모두 월간이 정재이고 따라서 아내이다. ① ② ③으로 아내의 역할을 살펴보자.

①은 월지가 갑(甲)의 건록인 인(寅)이다. 그래서 아내의 역할이 상위권이다.

②는 월지가 갑(甲)의 사인 오(午)이다. 그래서 아내의 역할이 하위권이다.

③은 월지가 갑(甲)의 절인 신(申)이다. 그래서 아내의 역할이 최하위권이다.

2) 아내의 건강

	시	일	월	연	(남성)
	○	辛	甲	○	
	○	○	申	亥	

월간이 정재이고 따라서 아내이다. 아내의 건강을 살펴보자.

월지가 갑(甲)의 절인 신(申)이다. 그래서 아내의 건강이 좋지 않다. 그러나 연지가 갑(甲)의 장생인 해(亥)이다. 그래서 아내의 건강이 좋아진다. 한편 해(亥)는 갑(甲)이 생한 곳이어서 갑(甲)의 친가이다. 때문에 아내는 건강 관리를 위해 가정을 떠나 친가에서 요양할 필요가 있다.

3) 아버지의 발전과 행운

	시	일	월	연
①	○	丙	庚	○
	○	○	○	○

	시	일	월	연
②	○	丁	辛	○
	○	○	○	○

① ② 모두 월간이 편재이고 따라서 아버지이다. ①과 ②가 똑같이 자(子)운을 만나면 그 결과가 같을까? 그 결과가 같지 않다. 왜냐하면 ㉮ 경(庚)이 자(子)를 만나면 12운이 사이어서 아버지가 발전하지 못하나 ㉯ 신(辛)이 자(子)를 만나면 12운이 장생이어서 아버지가 발전하기 때문이다.

4) 사업의 활성화와 행운

	시	일	월	연
①	○	丙	庚	○
	○	○	○	○

	시	일	월	연
②	○	丁	辛	○
	○	○	○	○

① ② 모두 월간이 편재이고 따라서 사업이다. ①과 ②가 똑같이 사(巳)운을 만나면 그 결과가 같을까? 그 결과가 같지 않다. 왜냐하면 ㉮ 경(庚)이 사(巳)를 만나면 12운이 장생이어서 사업이 활성화되나 ㉯ 신(辛)이 사(巳)를 만나면 12운이 사이어서 사업이 활성화되지 못하기 때문이다.

5) 용신과 행운

시	일	월	연
戊	甲	丁	甲
辰	子	卯	辰

乙	甲	癸	壬	辛	庚	己	戊
亥	戌	酉	申	未	午	巳	辰

용신은 월간의 정(丁)화이다. 기사(己巳)대운을 만났다. 정(丁)에게 사(巳)는 12운이 제왕이다. 사(巳)운에는 이름을 궁궐의 벽에 걸었다. 청나라 임철초가 이 사주를 다루었다.

6) 행운과 12운

시	일	월	연
丁	甲	庚	庚
卯	寅	辰	寅

戊	丁	丙	乙	甲	癸	壬	辛
子	亥	戌	酉	申	未	午	巳

용신은 월간의 경(庚)금이다. 갑신(甲申)대운을 만났다. 이 대운의 천간인 갑(甲)에게 지지인 신(申)은 절이다. 이 대운의 천간이 힘을 쓸 수가 없다. 경(庚)에게 신(申)은 12운이 건록이다. 갑신(甲申)대운이 되자 벼슬이 연이어 올라가 군수가 되었다. 청나라 임철초가 이 사주를 다루었다.

1) 의미

토(土)는 일반적으로 창고 즉 고(庫)의 의미로 사용된다. 왜냐하면 진(辰)은 물을, 술(戌)은 불을, 축(丑)은 금을, 미(未)는 나무를 보존하기 때문이다. 그래서 진(辰)을 수고(水庫), 술(戌)을 화고(火庫), 축(丑)을 금고(金庫), 미(未)를 목고(木庫)라 한다.

- 진(辰)에는 을계무(乙癸戊)의 지장간이 있고 중기 지장간이 계(癸)이다.
- 술(戌)에는 신정무(辛丁戊)의 지장간이 있고 중기 지장간이 정(丁)이다.
- 축(丑)에는 계신기(癸辛己)의 지장간이 있고 중기 지장간이 신(辛)이다.
- 미(未)에는 정을기(丁乙己)의 지장간이 있고 중기 지장간이 을(乙)이다.

고(庫)는 물질을 보존한다. 진(辰)의 계(癸), 술(戌)의 정(丁), 축(丑)의 신(辛), 미(未)의 을(乙)은 물질이다. 고(庫) 안에 물질이 들었으니 드러나지 않은 물질을 지니고 있다. 이 물질이 재성이면 알부자나 구두쇠이다. 예를 들어 일간이 기(己)이고 월지가 진(辰)인 경우 등이다.

12운 이론에서는 묘(墓)가 토(土)이다. 그러면 이 묘의 의미가 무엇일까. 묘란 사람의 무덤이다. 그러니 12운 이론의 묘란 불교의 윤회사상을 반영한 천간의 사후묘(死後墓)로서의 무덤이다.

묘(墓)는 시신을 간직한다. 묘의 천간은 사람이다. 사람이 묘를 만났으니 힘이 빠진다. 음간이 묘를 만났다면 그런 것처럼 보인다. 예를 들어 일간이 정(丁)이고 월지가 축(丑)인 경우 등이다. 양간이 묘를 만났다면 음간의 경우와 다르다. 양간의 묘는 음간의 그것과는 달리 천간의 뿌리 즉 근(根)을 간직하고 있으므로 오히려 천간을 돕는다. 예를 들어 일간이 갑(甲)이고 월지가 미(未)인 경우 등이다. 근(根)이란 비견이나 겁재인 지장간이다. 예를 들어, 일간이 경(庚)이고 월지가 신(申)이면 경(庚)의 근은 신(申)의 지장간인 경(庚)이고, 일간이 신(辛)이고 월지가 신(申)이면 신(辛)의 근은 신(申)의 지장간인 경(庚)이다. 통근(通根)이란 뿌리를 통한다는 말로서 천간이 지지에서 비견이나 겁재인 지장간을 만나는 것이다. 『자평진전』은 묘(墓)의 근(根)이 경(輕)한 뿌리라고 한다. 나아가『자평진전』은 병(丙)이 술(戌)에 앉고 임(壬)이 진(辰)을 만난 것처럼 양간이 묘(墓)를 만나면 양간의 오행이 자신의 묘에 통근하였다고 한다.

참고로 지장간의 묘를 거론할 수 없다. 왜냐하면 지장간은 지지 속의 천간이기 때문이다.

2) 입묘

입묘(入墓)란 묘(墓) 속으로 들어간다는 말이다. 천간이 묘를 만나면 무조건 묘 속으로 들어갈까? 그렇지 않다. 왜냐하면 양간의 묘는 그 중기 지장간이 양간의 뿌리이고 음간의 묘는 그 중기 지장간이 장생인 지지의 정기 지장간과 같기 때문이다. 그러므로 입묘는 조건을 필요로 한다. 그 조건이란 양간이나 음간이 사주와 행운에 비추어 지극히 힘이 없는 것이다. 입묘에 관한 몇 가지의 예를 살펴보기로 하자.

	시	일	월	연
①	壬	丙	丙	壬
	辰	午	午	辰

연주와 시주가 똑같이 임진(壬辰)이다. 임진(壬辰)의 임(壬)이 묘 속으로 들어가면 임(壬)수를 용신으로 삼을 수 없다. 그러나 『사주첩경』은 이 사주는 임(壬)수가 진(辰)토에 뿌리를 잘 내리고 있으므로 임(壬)수가 용신이라고 한다. 이 사주의 주인공은 술(戌)운에 그만 불록지객(不祿之客)이 되었다. 불록지객이란 녹(祿)을 받지 못하는 타인이란 뜻으로 사망한 공직자를 가리킨다. 술(戌)운은 사주의 진(辰)토와 진술(辰戌)충이다.

	시	일	월	연
②	丙	甲	壬	庚
	寅	午	午	辰

월간의 임(壬)수가 연지의 진(辰)토에 뿌리를 내리고 있다. 진(辰)토 한 글자로 말미암아 사주가 중화를 얻는 형상이고 때문에 월간의 임(壬)수를 용신으로 삼는다. 병술(丙戌)대운을 만나면 진술(辰戌)충으로 말미암아 월간의 임(壬)수가 뿌리를 상실하고 자기의 묘인 연지의 진(辰)토 속으로 들어간다. 병술(丙戌)대운에는 줄초상이 났다. 청나라 임철초가 이 사주를 다루었다.

	시	일	월	연
③	辛	戊	丙	戊
	酉	辰	辰	午

시간의 신(辛)금이 용신이다. 시간의 신(辛)금이 시지의 유(酉)금과 일심동체를 이루어 힘이 세다. 그러나 지지에 신(辛)의 묘인 진(辰)이 두 개나 있다. 임술(壬戌)대운을 만나면 진술(辰戌)충으로 말미암아 땅이 움직이니 시간의 신(辛)금이 자기의 묘(墓)인 2진(辰)토 속으로 들어갈까? 시간의 신(辛)금이 시지의 유(酉)금과 일심동체를 이루어 힘이 세므로 자기의 묘인 2진(辰)토 속으로 들어가지 않는다. 임술(壬戌)대운에는 벼슬길에 파도가 없이 계속 직위가 높아졌다. 청나라 임철초가 이 사주를 다루었다.

④

시	일	월	연
己	辛	壬	戊
丑	未	戌	辰

庚	己	戊	丁	丙	乙	甲	癸
午	巳	辰	卯	寅	丑	子	亥

지지에 네 개의 묘가 다 있고 진술(辰戌)충과 축미(丑未)충이다. 사주의 천간이나 행운의 천간이 어떻게 될까? 이 사주의 주인공은 아내를 극하고 자식도 없었다. 청나라 임철초가 이 사주를 다루었다.

3) 왕신입묘

왕신입묘(旺神入墓)란 왕신(旺神)이 묘(墓) 속으로 들어간다는 말이다. 왕신은 왕성한 간지이다. 왕신이냐의 여부는 이를 구체적으로 판단하는 수밖에 없다. 왕신이 묘를 만나면 무조건 묘 속으로 들어갈까? 대체로 그렇다고 할 수 있다. 왜냐하면 왕신이 묘를 만나면 이는 장수가 복병을 만나는 형상이기 때문이다. 중국 삼국 시대에 제갈량과 함께 천하의 인재로 거론되던 방통은 뛰어난 책략으로 유비가 익주 땅을 얻는데 일등 공신의 역할을 하였다. 그가 낙성으로 진격하는 도중 복병에게 화살을 맞고 낙봉파에서 36살의 젊은 나이로 사망했다. 역사적 사실의 여부를 떠나 왕(旺)과 묘(墓)는 양과 음의 관계로서 음양의 짝을 이루는 것 같다. 왕신입묘에 관한 몇 가지의 예를 살펴보기로 하자.

①

천간의 4임(壬)수가 왕신이다. 임(壬)의 묘는 진(辰)이다. 왕신이 진(辰)운을 만나면 묘 속으로 들어간다. 이 사주의 주인공은 병진(丙辰)대운에 그만 불록지객이 되었다. 청나라 임철초가 이 사주를 다루었다.

②

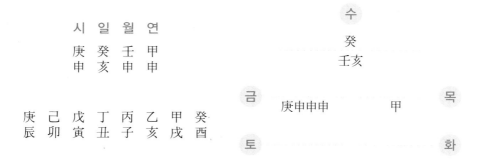

시	일	월	연
庚	癸	壬	甲
申	亥	申	申

庚	己	戊	丁	丙	乙	甲	癸
辰	卯	寅	丑	子	亥	戌	酉

시간의 경(庚)금이 지지의 3신(申)에 뿌리를 내리고 있으므로 이 경(庚)금이 왕신이다. 경(庚)의 묘는 축(丑)이다. 왕신이 축(丑)운을 만나면 묘 속으로 들어 간다. 이 사주의 주인공인 필자는 정축(丁丑)대운에 몇 번이나 죽을 고비를 겪었 다. 참고로 이 사주는 천간의 임계(壬癸)수가 4개의 지지에 뿌리를 내리고 있으 므로 이 임계(壬癸)수도 왕신이다. 그리고 임(壬)의 묘는 진(辰)이고 계(癸)의 묘 는 미(未)이다. 지금이 기묘(己卯)대운이니까 그 다음이 경진(庚辰)대운이 된다.

③

시	일	월	연
戊	庚	壬	壬
寅	寅	寅	寅

庚	己	戊	丁	丙	乙	甲	癸
戌	酉	申	未	午	巳	辰	卯

지지의 4인(寅)이 왕신이다. 그러나 이 4인(寅)이 천간이 아니라 지지이다. 지지는 묘가 없다. 하지만 이 4인(寅)을 4갑(甲)으로 바꾸어 보아 미(未)운에 왕신입묘라고 이야기할 수 있다. 왜냐하면 왕신입묘는 커다란 형상에 비중을 둔 사주 풀이이기 때문이다. 이 사주는 재성이 많아서 종재격이다. 반갑게도 운이 동남으로 흘러 이 사주의 주인공은 일찍이 수석으로 급제하고 벼슬이 황당에 이르렀다. 청나라 임철초가 이 사주를 다루었다. 인(寅)은 호랑이이다. 기록은 없으나 이 사주의 주인공이 미(未)운에는 호랑이가 굴 속으로 숨듯이 은신하였을 것이다.

09 삼재

사람들 사이에 삼재(三災) 또는 삼재살(三災殺)이 널리 알려져 있고, 실제로 여러 사람이 삼재가 되는 운을 "3년간 재수가 없다" 하여 무척 꺼린다. 삼재란 천재(天災)·지재(地災)·인재(人災)의 3가지 재난을 가리키는데 이는 천지인(天地人)의 삼신(三神) 사상을 반영한 것으로 온갖 재난을 의미한다. 그러나 이 삼재는 사주 자체와는 상관 없이 특정한 띠인 사람이 어떤 해를 맞이했느냐와 관련이 있다. 삼재의 구성은 다음과 같다.

① 해묘미(亥卯未)년생에게는 사(巳)년이 병(病), 오(午)년이 사(死), 미(未)년이 묘(墓)가 된다.
② 인오술(寅午戌)년생에게는 신(申)년이 병(病), 유(酉)년이 사(死), 술(戌)년이 묘(墓)가 된다.

③ 사유축(巳酉丑)년생에게는 해(亥)년이 병(病), 자(子)년이 사(死), 축(丑)년이 묘(墓)가 된다.

④ 신자진(申子辰)년생에게는 인(寅)년이 병(病), 묘(卯)년이 사(死), 진(辰)년이 묘(墓)가 된다.

띠　　　　삼재	들[入]삼재	잘[宿]삼재	날[出]삼재
亥卯未년생	巳년	午년	未년
寅午戌년생	申년	酉년	戌년
巳酉丑년생	亥년	子년	丑년
申子辰년생	寅년	卯년	辰년

지금까지 살펴본 것처럼 삼재는 결국 12운 가운데 병(病)·사(死)·묘(墓)가 되는 해를 병들어 죽어서 무덤으로 가는 형상으로 여겨 불리하다고 본 것에 불과하다. 어쨌든 인류의 25%가 매년 삼재에 해당된다는 이 이론은 그냥 흥미롭게 보아 넘기면 된다.

실제로 삼재를 검토해보면 지지삼합과 방합(계절합), 그리고 12운 이론을 채용하고 있고, 특히 잘[宿]삼재는 제왕성에 해당함을 알 수 있어 무척 재미있다.

한편 악삼재(惡三災)에는 갖가지 재앙이 따르고 복삼재(福三災)에는 경사가 세 겹으로 겹친다고 하는데, 악삼재와 복삼재를 구분할 수 있는 신통한 묘수는 없다.

10 대립의 극복

12운 이론을 둘러싸고 각종 사상과 학설이 난무한다. 정신을 똑바로 차리고 올바른 결론을 정립해야 한다.

1) 인생관

12운 이론은 전생과 금생과 내생을 다룬다. 그러나 사주학은 현생의 일만을 다룬다. 그러면 어느 것이 우리의 가슴을 적시는가. 우리는 영원한 존재이다. 전생과 금생과 내생은 다르지 않다. 금생의 일 초 전이 전생이고 금생의 일 초 후가 내생이다. 12운 이론이 우리의 가슴을 적신다.

2) 목표관

일간의 강약은 사주의 배합과 흐름을 따라 종합적으로 결론이 난다. 여기에는 생극제화의 원리가 적용된다. 12운 이론은 하나의 천간과 하나의 지지를 따라 단편적으로 결론이 난다. 여기에는 생로병사의 원리가 적용된다. 일간의 강약과 12운 이론은 그 차원이 다르다.

3) 본질관

음양설과 오행설은 시작이 서로 다르지만 한(漢)나라 때부터 합쳐져 음양오행설로 발전하였고, 중국은 물론 동아시아 전반에 널리 퍼지게 되었다. 사주학은 이 음양오행설에 기초를 둔 학문 중의 하나이다. 12운 이론은 음양과 오행을 하나로 아우르는 이론이다. 그렇다고 해서 이 이론이 바로 사주학 역사상 등장한 음양오행설을 따랐다고 보아서는 안 된다. 왜냐하면 12운 이론은 이미 은(殷)나라 때 사용한 간지를 대상으로 하는 간지론을 따랐기 때문이다. 간지는 자연의 물상(物象)이고 음양오행은 사람의 추상(抽象)이다. 추상으로 물상을 축소시켜 재단하면 자연의 이치를 제대로 볼 수 없다. 사주학을 인위적 음양오행설이 아닌 자연스러운 간지론으로 받아들일 필요가 있다.

청나라 임철초는 음장생설을 맹공격한다. 그러나 『자평진전』은 명(命)을 배우고자 하는 자는 반드시 먼저 간지에 대한 이치를 알고 난 뒤에야 입문할 수 있다고 하면서 양간의 장생은 힘이 있고 음간의 장생은 힘이 많이 있지 않으나 약하지는 않다고 한다. 나아가 『자평진전』은 무릇 오행이 있기 전에 반드시 먼저 음양과 노소(老少)가 있다고 한다.

4) 차별관

고(庫)와 묘(墓)를 차별해서 다루어야 한다. 고와 묘를 혼용하면 안 된다. 고는 12운 이론과 관계없이 토(土)의 속성으로부터 나오는 개념이나 묘는 12운 이론의 산물이다. 개고(開庫, 창고를 열다)의 대상은 고이지 묘가 아니다. 충으로 개고할 수 있느냐에 관해서는 견해가 나뉜다. 개묘(開墓, 묘를 열다)의 대상은 묘이지 고가 아니다. 개묘는 주로 고고학자와 연관이 된다.

5) 적용관

투파는 사주를 천간으로 풀이한다. 이 학파는 지장간이 독자적인 능력은 없고 그냥 천간의 뿌리라고 한다.

주권신파는 사주를 천간과 주권신으로 풀이한다. 주권신이란 지지 속에서 그때그때 힘을 받는 지장간을 말한다. 이 학파는 지장간이 주권신이면 독자적인 능력이 있다고 한다.

두 학파는 지지가 독자적인 능력은 없으나 지지끼리 합과 충을 이룬다고 한다.

투파는 천간 중 어느 하나를 용신으로 삼는다. 따라서 이 학파는 행운 판단을 할 때 언제나 12운 이론을 이견 없이 적용할 수 있다.

주권신파는 천간과 주권신 중 어느 하나를 용신으로 삼는다. 따라서 이 학파는 행운 판단을 할 때 천간 중 어느 하나를 용신으로 삼는 경우에만 12운 이론을 이견 없이 적용할 수 있다.

11 기타

12운 이론이 타당하다면 오늘날 아무런 의심 없이 받아들여지고 있는 지지삼합의 이론은 그 타당성이 절반으로 줄어든다. 왜냐하면 지지삼합의 이론은 양간과 음간 중 양간의 장생과 제왕과 묘를 바탕으로 이루어졌기 때문이다. 지지삼합의 이론을 새롭게 다듬어야 한다.

12운표의 장생과 제왕과 묘의 글자를 살펴보자.

- 갑(甲)과 계(癸)는 해(亥)와 묘(墓)의 위치만 바뀌고 미(未)는 같다. 갑(甲)은 해묘미(亥卯未)이고 계(癸)는 묘해미(卯亥未)이다.
- 병(丙)과 을(乙)은 인(寅)과 오(午)의 위치만 바뀌고 술(戌)은 같다. 병(丙)은 인오술(寅午戌)이고 을(乙)은 오인술(午寅戌)이다.
- 경(庚)과 정(丁)은 사(巳)와 유(酉)의 위치만 바뀌고 축(丑)은 같다. 경(庚)은 사유축(巳酉丑)이고 정(丁)은 유사축(酉巳丑)이다.
- 임(壬)과 신(辛)은 신(申)과 자(子)의 위치만 바뀌고 진(辰)은 같다. 임(壬)은 신자진(申子辰)이고 신(辛)은 자신진(子申辰)이다.

다음과 같은 이론을 이끌어 낼 수 있다.

- 사주에 해(亥)와 묘(卯)와 미(未)가 다 있으면 갑(甲)은 강직성이 크고 계(癸)는 유연성이 크다.
- 사주에 인(寅)과 오(午)와 술(戌)이 다 있으면 병(丙)은 강직성이 크고 을(乙)은 유연성이 크다.
- 사주에 사(巳)와 유(酉)와 축(丑)이 다 있으면 경(庚)은 강직성이 크고 정(丁)은 유연성이 크다.
- 사주에 신(申)과 자(子)와 진(辰)이 다 있으면 임(壬)은 강직성이 크고 신(辛)은 유연성이 크다.

『자평진전』은 무릇 양은 크고 음은 작으므로 양은 음을 겸할 수 있어도 음은 양을 겸할 수가 없는 것이 자연의 이치라고 한다. 성경에는 아담과 하와가 등장한다. 아담으로부터 하와가 생겨났다. 아담이 없는 하와를 생각할 수 없다. 달리 말해 나무가 없는 나뭇잎을 생각할 수 없다. 나아가 등나무의 경우에는 그 덩굴이 큰키나무를 타고 올라야 비로소 아름다운 꽃을 피울 수 있다. 양간은 힘이 있고 음간은 힘이 없다. 그래서 양간이 아닌 음간은 스스로 갖춘 유연성과는 별개로 자신을 지켜 줄 강직성을 필요로 하는 경우가 많다. 예를 들어 오(午)월의 을(乙)목은 해(亥)운을 반긴다.

신살

01 의의

신살(神殺)은 길신(吉神)을 뜻하는 '신(神)'과 흉살(凶殺)을 뜻하는 '살(殺)'을
함께 부르는 말이다. 살(殺)과 살(煞)은 그 뜻이 같으므로 신살(神殺)을 신살(神
煞)이라고도 한다. 이 신살을 다루는 것이 신살론이다. 그런데 이 신살론은 사주
학이 종합적인 학문으로 체계화되기 이전의 초기단계 때 이것저것 끌어다 대입
해보는 과정에서 자연스럽게 등장한 것으로 보인다. 즉, 어느 한 곳에서 만들어
진 게 아니라 여기저기에서 발생되어 통용되다가 나중에는 지금처럼 수많은 신
살의 종류들이 나타나게 된 것 같다.

이 신살론은, 예를 들어 갑(甲)일생이 사주 내에 축(丑)이나 미(未)가 있으면 천을귀인(天乙貴人)의 길신이 들었다고 하고, 신자진(申子辰)년생이 연지·일지에 유(酉)가 있으면 이 유(酉)를 흉살로 보아 도화(桃花)가 들었다고 한다. 이러한 판단법에서 알 수 있듯이 신살론은 단식판단법(單式判斷法)이요, 나아가 단식사주법(單式四柱法)이다.

그런데 사주는 종합적으로 판단해야 하므로 단식 판단은 결코 올바른 방법이 아니다. 단식 판단을 할 경우에는 사주의 종합적인 상황을 파악하지 못하고 크게 중요하지 않은 부분적인 문제를 부각시키는 어리석음을 범할 수 있다. 그렇다고 이 신살론을 아예 배척해야 하는가.

생각해보면 통변성 자체가 일간을 기준으로 다른 대상을 본 일종의 신살이다. 그렇다면 일간뿐만 아니라 다른 여러 가지 기준을 가지고 사주의 이것저것을 살펴보는 신살론이 무척 재미있기도 하려니와 나름대로 타당성도 지니고 있지 않겠는가.

신살 하나하나를 단편적으로 활용하지 않고 종합해서 판단하면 다양한 사주풀이를 할 수 있어서 좋다.

📚 예❶

시	일	월	연	(남성)
丁	甲	甲	乙	
卯	戌	申	酉	

신(申)이 역마, 술(戌)이 반안, 유(酉)가 장성, 신(申)이 편관, 묘(卯)가 양인이다. 사주에 역마·반안·장성·편관·양인이 모두 있어서 말 안장 위의 우두머리 장수가 칼을 들고 있는 멋진 형상이다. 서울대학교 총학생회장을 거쳐 사법고시에

합격하고 검사로 일하다가 국가 최고 권력 기관으로 자리를 옮겨 명성을 날리고 그 후 국회의원에 세 차례나 당선되었다.

📖 예❷

시	일	월	연	(남성)
戊	丙	辛	丁	
戌	午	亥	丑	

해(亥)가 역마, 술(戌)이 반안, 오(午)가 장성, 해(亥)가 편관, 오(午)가 양인이다. 사주에 역마 · 반안 · 장성 · 편관 · 양인이 모두 있어서 말 안장 위의 우두머리 장수가 칼을 들고 있는 멋진 형상이다. 경찰청장을 거쳐 국회의원에 네 차례나 당선된 후 만년에는 주요국에 대사로 나가 활약했다.

오늘날의 사주학이 일간 위주로 모든 것을 판단하다시피 하는데 사주 전체가 내 자신이지 어찌 일간만이 내 자신이겠는가. 사주는 종합적으로 보아야 하고 그러한 의미에서 신살론도 필요하다. 다만 너무 잡다하면 안 되므로 필요하다고 생각하는 신살만을 채택해서 그것들을 종합적으로 판단하는 지혜를 가져야 한다.

02 구성

1) 일간을 기준으로 한 신살

일간을 기준으로 한 신살은 비록 신살이긴 하지만 통변성과 다름이 없어 보인다. 왜냐하면 통변성은 일간을 기준으로 다른 천간과 지지를 대조한 것이기 때문이다. 다만 일간을 기준으로 한 신살은 주로 지지를 대상으로 한다. 예를 들어 다음과 같다.

① 일간이 갑(甲)인데 지지에서 자(子)나 오(午)를 만나면 자(子)나 오(午)는 대극귀인이 된다.
② 일간이 을(乙)인데 지지에서 신(申)이나 자(子)를 만나면 신(申)이나 자(子)는 천을귀인이 된다.

그러므로 '신살'은 오늘날의 일간 이론이 확립되기 전에 통변을 하기 위한 자그마한 결실이라고 볼 수 있겠다.

신살 / 일간	대극귀인	천을귀인		복성귀인	천주귀인	천복귀인	천관귀인	문창귀인	절도귀인
		양귀	음귀						
甲	子午	未	丑	寅	巳	酉	未	巳	巳
乙	子午	申	子	丑亥	午	申	辰	午	未
丙	卯酉	酉	亥	子戌	子	子	巳	申	巳
丁	卯酉	亥	酉	酉	巳	亥	寅	酉	未
戊	辰丑戌未	丑	未	申	午	卯	卯	申	巳
己	辰丑戌未	子	申	未	申	寅	戌	酉	未
庚	寅亥	丑	未	午	寅	午	亥	亥	亥
辛	寅亥	寅	午	巳	午	巳	申	子	丑
壬	巳申	卯	巳	辰	酉	丑未	酉	寅	亥
癸	巳申	巳	卯	卯	亥	辰戌	午	卯	丑

신살 \ 일간	양인	비인	암록	금여록	관록	명위록	시록	홍염	협록	삼기귀인
甲	卯	酉	亥	辰	寅	丙寅	亥	午	丑卯	천상(天上)
乙	辰	戌	戌	巳	卯	丁卯	戌	申	寅辰	사주중 甲戊庚
丙	午	子	申	未	巳		申	寅	辰午	
丁	未	丑	未	申	午		未	未	巳未	지하(地下)
戊	午	子	申	未	巳		申	辰	辰午	
己	未	丑	未	申	午		未	辰	巳未	사주중 乙丙丁
庚	酉	卯	巳	戌	申	壬午	巳	戌	未酉	
辛	戌	辰	辰	亥	酉	癸酉	辰	酉	申戌	인중(人中)
壬	子	午	寅	丑	亥		寅	子	戌子	사주중 辛壬癸
癸	丑	未	丑	寅	子		丑	申	亥丑	

① 일간이 갑(甲)인데 연주·월주·시주 가운데 병인(丙寅)의 주(柱)를 만나면 그 병인(丙寅)은 명위록이 된다.

② 일간을 포함하여 사주의 천간에 갑(甲)·무(戊)·경(庚) 3가지가 모두 있으면 천상삼기가 된다. 천상삼기는 천상귀인(天上貴人)이라고도 한다.

2) 월지를 기준으로 한 신살

월지 \ 길신	천덕귀인	월덕귀인	천덕합	월덕합	화개
寅	丁	丙	壬	辛	戌
卯	申	甲	巳	己	未
辰	壬	壬	丁	丁	辰
巳	辛	庚	丙	乙	丑
午	亥	丙	寅	辛	戌
未	甲	甲	己	己	未
申	癸	壬	戊	丁	辰
酉	寅	庚	亥	乙	丑
戌	丙	丙	辛	辛	戌
亥	乙	甲	庚	己	未
子	巳	壬	申	丁	辰
丑	庚	庚	乙	乙	丑

3) 연지·일지를 기준으로 한 신살

연지·일지 \ 신살	역마	함지	월살	망신	장성	반안	천살	지살	재살	겁살	상문	조객	혈인
子	寅	酉	戌	亥	子	丑	未	申	午	巳	寅	戌	戌
丑	亥	午	未	申	酉	戌	辰	巳	卯	寅	卯	亥	酉
寅	申	卯	辰	巳	午	未	丑	寅	子	亥	辰	子	申
卯	巳	子	丑	寅	卯	辰	戌	亥	酉	申	巳	丑	未
辰	寅	酉	戌	亥	子	丑	未	申	午	巳	午	寅	午
巳	亥	午	未	申	酉	戌	辰	巳	卯	寅	未	卯	巳
午	申	卯	辰	巳	午	未	丑	寅	子	亥	申	辰	辰
未	巳	子	丑	寅	卯	辰	戌	亥	酉	申	酉	巳	卯
申	寅	酉	戌	亥	子	丑	未	申	午	巳	戌	午	寅
酉	亥	午	未	申	酉	戌	辰	巳	卯	寅	亥	未	丑
戌	申	卯	辰	巳	午	未	丑	寅	子	亥	子	申	子
亥	巳	子	丑	寅	卯	辰	戌	亥	酉	申	丑	酉	亥

4) 연지를 기준으로 한 신살

신살 \ 연지	子	丑	寅	卯	辰	巳	午	未	申	酉	戌	亥
고신	寅	寅	巳	巳	巳	申	申	申	亥	亥	亥	寅
과숙	戌	戌	丑	丑	丑	辰	辰	辰	未	未	未	戌
원진(남성)	未	午	酉	申	亥	戌	丑	子	卯	寅	巳	辰
원진(여성)	巳	申	未	戌	酉	子	亥	寅	丑	辰	卯	午

① 연지가 자(子)인데 다른 지지에서 인(寅)을 만나면 그 인(寅)은 고신이 된다.

② 연지가 축(丑)인데 다른 지지에서 술(戌)을 만나면 그 술(戌)은 과숙이 된다.

③ 남성의 연지가 자(子)인데 다른 지지에서 미(未)를 만나면 그 미(未)는 원진
　이 된다.

④ 여성의 연지가 축(丑)인데 다른 지지에서 신(申)을 만나면 그 신(申)은 원진
　이 된다.

고신과 과숙 그리고 원진은 연지를 기준으로 한 신살에 속한다. 그런데 오늘날 우리는 일간이나 일지 그리고 일주를 기준으로 하지 않은 것은 자신과는 상관이 없다고 보아 소홀하게 다룬다. 그러나 대가족제도 안에서는 조부모가 중심이고, 핵가족제도 안에서는 부부가 중심이다. 그러므로 옛날의 대가족제도 안에서 연지를 기준으로 한 신살이 등장한 것은 매우 당연하다. 이러한 시대적 배경을 무시하고 오늘날의 잣대로만 판단해서는 안 된다.

원진(元辰)은 원진살(元嗔殺)이라고도 하는데 서로 미워하고 증오하며 화를 내는 살이다. 궁합을 볼 때 자주 언급된다. 구체적인 원진의 범위에 관하여는 견해가 일치하지 않는다.

① 대부분의 사주학 저서는 위 표와는 달리 원진의 범위를 넓혀서 다룬다. 그래서 남녀를 불문하고 두 사람의 연지를 대조하여 자미(子未), 축오(丑午), 인유(寅酉), 묘신(卯申), 진해(辰亥), 사술(巳戌)이면 원진이 되니까 서로 인연이 없다고 한다. 이 견해는 원진이 육합(六合)을 방해하기 때문에 서로 사이가 좋을 수 없다는 것이다. 예를 들어 자미(子未)원진은 자(子)가 오미(午未)합을 방해하고 미(未)가 자축(子丑)합을 방해하기 때문에 그렇다는 설명이므로 나름대로 근거는 있다. 허나 이 견해는 원진의 범위를 너무 넓혀서 다루기 때문에 그로 인한 부작용이 크다는 비판을 받는다.

② 위 표는 이 견해보다 원진의 범위를 조금 좁혀서 다룬다. 남성과 여성은 원진이 다르다. 이 견해는 원진이 충(沖) 전후의 상태이기 때문에 서로 사이가 좋을 수 없다는 것이다. 예를 들어 자사(子巳)원진은 자(子)가 사(巳)와 충돌하는 해(亥)의 바로 다음이고 사(巳)가 자(子)와 충돌하는 오(午)의 바로 앞이기 때문에 그렇다는 설명이므로 나름대로 일리가 있다. 허나 이 견해는 원진의 범위를 연주가 아닌 연지를 기준으로 다룬다는 비판을 받는다.

③ 위의 두 견해는 원진의 범위가 알맞지 않으므로 좀 더 합리적인 이론 구성을 해보자는 견해가 있다. 그 내용은 다음과 같다.

첫째, 남성 양년(甲丙戊庚壬)생과 여성 음년(乙丁己辛癸)생은 연지와 충이 되는 지지의 바로 다음 지지가 원진이고, 천간의 경우 역시 연간의 바로 다음 천간이 원진이다. 예를 들어 남성 병인(丙寅)년생이면 연지 인(寅)과 충이 되는 지지인 신(申)의 바로 다음 지지 유(酉)를 택하고, 천간은 연간 병(丙)의 바로 다음 천간 정(丁)을 택하여 정유(丁酉)를 원진으로 한다. 여성 정묘(丁卯)년생은 무술(戊戌)이 원진이다.

둘째, 남성 음년(乙丁己辛癸)생과 여성 양년(甲丙戊庚壬)생은 연지와 충이 되는 지지의 바로 앞 지지가 원진이고, 천간의 경우 역시 연간의 바로 앞 천간이 원진이다. 예를 들어 남성 신묘(辛卯)년생이면 연지 묘(卯)와 충이 되는 지지인 유(酉)의 바로 앞 지지 신(申)을 택하고, 천간은 연간 신(辛)의 바로 앞 천간 경(庚)을 택하여 경신(庚申)을 원진으로 한다. 여성 임술(壬戌)년생은 신묘(辛卯)가 원진이다.

이 견해는 원진이 지지와 지지의 충돌 전후가 아니라 간지와 간지의 충돌 전후이므로 서로 사이가 나쁠 수밖에 없다고 한다. 허나 이 견해도 앞의 두 견해와 마찬가지로 어디까지나 옛날의 대가족제도 안에서의 신살에 불과하다는 한계를 지니고 있다.

오늘날의 핵가족제도 안에서는 원진을 차라리 일주를 기준으로 한 신살로 받아들여서 다루는 게 좋으리라고 본다.

원진은 이를 궁합을 볼 때 참조할 필요가 있겠다. 나아가 원진을 행운 판단과 결부시켜서 남성인 자신이 갑신(甲申)년생이라면 을묘(乙卯)가 원진이기 때문에 을묘(乙卯)대운 또는 을묘(乙卯)연운 등을 특별히 조심해야 한다고 추리할 수 있다.

5) 여러 가지를 기준으로 한 신살

괴강	壬辰·庚辰·庚戌·戊戌	일 기준
백호대살	戊辰·丁丑·丙戌·乙未·甲辰·癸丑·壬戌	연월일시 기준
탕화살	丑(午未戌)·寅(申巳)·午(丑辰午)	일시 기준. ( )안의 지(支)가 있으면 가중
십악대패	甲辰·乙巳·壬申·丙申·丁亥·庚辰·戊戌·辛巳·癸亥·己丑	일 기준

① 일주가 임진(壬辰)이면 괴강이 된다.
② 연주가 무진(戊辰)이면 백호대살이 된다. 월주·일주·시주의 경우도 마찬가지다.
③ 일지 또는 시지가 축(丑)·인(寅)·오(午)가 되면 탕화살이 된다. 그러나 축(丑)은 다른 지지의 오(午)·미(未)·술(戌)을 만나면 탕화살이 가중된다.
④ 일주가 갑진(甲辰)이면 십악대패가 된다.

03 종류 및 내용

1) 역마(驛馬)와 지살(地殺)

역마는 정거장과 말을 일컬으니 이동·변동·여행·분주함과 인연이 있다. 이를 더 세분하면 이동·변동·변화·이사·떠돌아다님·국내외여행·이민·운수·무역·교통·관광·호텔·운동경기·신문방송·선전보도·우편통신·전화전보·출판·현대적인 정보통신·외교사업·바쁜 사람 등과의 인연을 의미한다. 역마에 해당하는 지지인 인신사해(寅申巳亥)는 모두 생지(生支)다. 그래서 변화와 분주함을 일으킨다.

역마를 충하는 것이 지살이다. 역(驛)에 비상사태를 선포하고 말[馬]에 채찍을 가하는 것을 일컬으니 역마보다 강하고 외국과 인연이 있다. 좀 더 세분하면 이곳저곳 타향살이·외국여행·외국이민·가정 내 풍파 등과의 인연이다.

사주에 사(巳)나 인(寅)이 있고 이것이 역마나 지살에 해당하며 아울러 관성이 될 때에는 항공계와 인연이 있다. 왜냐하면 사(巳)나 인(寅)은 지장간에 불[火]이 있으면서 역마와 지살인 차에 해당되어 화차(火車), 즉 하늘을 나는 비행기가 되고, 이것이 관성이어서 직업으로 연결되기 때문이다.

역마나 지살이 충·형과 어우러져 있을 때는 우선 본인 스스로 교통사고 등을 조심해야 하고, 해당 통변성이 어느 육친에 해당하는지도 살펴보아야 한다. 특히 역마나 지살이 일지와 충·형을 이룰 경우는 부부가 동승한 교통사고를 조심해야 한다.

역마나 지살이 비겁·식상·재성·관성·인성과 어떻게 어울리는지에 따라 여러 가지 추리가 가능하다. 예를 들어 역마나 지살이 식신에 해당하면 해외에서 사업을 일으키고, 상관에 해당하면 외국어에 능통하며, 인수에 해당하면 외국유학과 인연이 있다.

다른 신살과 종합하여 판단할 수도 있다. 예를 들어 사주에 역마·반안·장성이 모두 있으면 말(역마) 안장(반안) 위에 높이 앉아 있는 멋진 장수(장성)의 형상이 되어 무관(武官)으로 크게 출세한다고 본다.

한편 역마나 지살이 되는 행운에는 변화와 분주함이 예상된다. 이사·직장이동·해외출입 등의 징조가 있다. 역마나 지살이 합이 되는 운에는 승진 등 좋은 변화의 가능성이 있다.

2) 도화(桃花)

일명 함지(咸池) 또는 연살(年殺)이라고도 한다. 도화는 복숭아꽃을 일컬으니 아름다운 용모나 주색(酒色)과 인연이 있다. 사주명식이 양호할 경우에는 용모가 아름답고 다정다감하며 인정을 나타낸다고 볼 수 있지만, 불량할 경우에는 음탕함·주색·도박·환락으로 볼 수 있다.

도화는 요염한 꽃이기 때문에 남녀 모두에게 이성(異性)을 의미하고, 이것이 사주명식에 따라 길 작용도 하고 흉 작용도 한다. 도화가 정관이면 이성(자신의 배우자 포함)으로 인해 벼슬을 얻고 재성이면 이성(자신의 배우자 포함)으로 인해 부자가 되지만, 편관이면 간통을 하다가 봉변을 당한다고 본다. 그러나 사주명식과 연관하여 종합적으로 판단해야 한다. 예를 들어 도화가 재성일 경우 부자가 되기는커녕 이성 때문에 재산을 탕진할 수도 있다.

도화가 편관·양인·충이 되면 색정으로 인한 흉액을 조심해야 하고, 배우자성(星)인 관성 또는 재성이 도화나 목욕이면 배우자의 다른 마음이 염려된다. 일지나 시지에 인수가 있고 이것이 도화이면 장모와 함께 산다고 본다. 배우자성인 관성 또는 재성이 강하고, 합이 많으며, 도화와 목욕이 있으면서 십악대패일에 태어난 사람은 색정으로 인해 법적인 문제가 발생할 수 있다.

3) 양인(羊刃)

양인은 사주 간명시 매우 중요하게 다룬다. 양인은 극왕(極旺)을 뜻하는데, 이는 일간에서 보아 양인이 12운의 건록(建祿) 바로 전후가 되기 때문이다. 양일생(陽日生)은 건록 바로 다음인 제왕(帝旺)을 택하고, 음일생(陰日生)은 건록 바로 앞인 관대(冠帶)를 택한다.

구체적으로 일간 갑(甲)에게는 묘(卯), 을(乙)에게는 진(辰), 병(丙)에게는 오(午), 정(丁)에게는 미(未), 무(戊)에게는 오(午), 기(己)에게는 미(未), 경(庚)에게는 유(酉), 신(辛)에게는 술(戌), 임(壬)에게는 자(子), 계(癸)에게는 축(丑)이 양인이 된다.

자세히 살펴보면 양인은 일간에서 보아 그 지장간이 비견과 겁재에 해당한다. 앞에서 예를 들었듯이 갑(甲) 일간에게는 묘(卯)가 양인이 되는데 묘(卯)의 지장간에는 비견 갑(甲)과 겁재 을(乙)이 들어 있다. 또한 을(乙) 일간에게는 진(辰)이 양인이 되는데 진(辰)의 지장간에는 비견 을(乙)이 들어 있다. 그러므로 양인은 지나치게 왕성한 상태가 될 수 있고, 특히 일간과 직결되어 있으므로 그 작용이 빠르게 나타날 수 있다. 겁재와 비슷한 작용을 하지만 그보다 더 심할 수 있다.

양인은 일간이 강한 사람에게는 흉 작용을 하지만 일간이 약한 사람에게는 길 작용을 한다.

양인은 때로는 충·형 등과 어울려 각종 재앙을 불러오는 흉검(凶劍)이 된다. 이는 양인이나 충·형 등이 모두 과격한 놈들이기 때문이다.

양인은 편관과 어우러져 좋은 역할을 하는 보도(寶刀)가 된다. 사주를 간명하다 보면 생사여탈권을 쥐고 권세와 위엄을 지닌 사람 중에 이 양인이 편관과 잘 어우러져 있는 경우가 많다.

양인이 흉 작용을 할 때는 불화·실패·이별·손재·극부(剋父)·극처(剋妻)·사고·수술·병난(病難)·박해 등 여러 가지 재앙을 불러온다.

양인이 길 작용을 할 때는 일간을 도와 건강·재산·명예 등 여러 가지 경사를 누리게 한다. 때로는 이성(異性) 형제와 동료의 도움을 받는데 이것은 양인이 겁재로서 길 작용을 하기 때문이다.

양인은 칼이요, 편관은 장수이다. 양인만 있고 편관이 없으면 칼은 있지만 그 칼의 주인 되는 장수가 없는 형상이요, 편관만 있고 양인이 없으면 칼이 없는 장수의 형상이다. 양인이 편관과 함께 있어야 어우러진다. 여기에 인성이 추가되면 인자한 덕장(德將)이 되어 그 명성이 더욱 높아질 것이다.

양인은 칼과 같아서 해악을 미칠 수도 있는데 이것이 어느 궁에 위치하느냐에 따라 해석이 달라질 수 있다. 양인이 연지에 있으면 조상과의 인연이 박할 수 있고, 양인이 월지에 있으면 부모나 형제의 갑작스런 사고나 흉사가 있을 수 있다. 또한 일지의 양인은 배우자의 건강에 문제가 생기는 등 배우자와의 좋은 인연에 해가 될 수 있으며, 시지의 양인은 자식운에 불리하고 노년의 재난을 뜻할 수 있다.

양인이 충·형·합을 만나면 칼이 움직이는 형상이 되어 흉해(凶害)가 발동할 수 있다. 양인운일 때 사주 내의 지지와 충·형·합 중 어느 것도 이루지 않으면 단지 겁재운과 같은 정도로 해석한다. 그러나 충·형·합이 이루어지면 불화·실패·이별·손재·극부(剋父)·극처(剋妻)·사고·수술·병난(病難)·박해 등 여러 가지 재앙을 당할 수 있으므로 평소 신중하게 행동해야 한다.

4) 괴강(魁罡)

괴강이란 하늘의 우두머리 별을 일컬으니 사주에 이것이 있으면 극과 극을 치닫게 된다. 일주가 임진(壬辰)·경진(庚辰)·경술(庚戌)·무술(戊戌)이면 괴강이다. 모두 일간이 일지의 도움을 받아 버티고 서 있으니 본인이 강해서 무섭게 돌진할 수 있는 형상이다. 극부극귀(極富極貴)가 아니면 그 반대가 된다고 본다.

사주에 괴강이 있으면 성격이 강하고 주관이 뚜렷하여 권세와 위엄을 지닐 수 있다. 총명하고, 용감·과단·괴벽·결백성이 특징이며, 대중을 제압하는 통솔력이 뛰어나다. 대권을 잡을 수 있고 충신열사나 애국지사가 될 수도 있다.

반면 괴강이 충·형이 되는 등 사주명식이 불량할 경우에는 형액이나 질병이 많으며 빈한하다. 특히 여성의 사주에 괴강이 있으면 자신이 강하여 직장생활이나 사업을 경영하면서 남편에 대해 주도권을 갖거나, 남편에게 여러 가지 좋지 않은 일이 발생하여 자신이 고독해질 수 있다. 그러나 현대 사회에서는 여성의 사주에 괴강이 있어야 더욱 활기찬 가정을 꾸려나간다고 생각할 수 있다. 사주의 해석도 인생관이나 시대관에 따라 달라질 수 있는 것이다.

사주에 괴강이 있는 사람 중에 명성이 높고 문장력이 뛰어난 경우가 많다고 하는데, 이 또한 자신이 강함에서 비롯한 특성 중의 하나이다.

5) 화개(花蓋)

사주에 화개가 있으면 총명하며 학문이나 기예(技藝) 방면에 소질이 있고 종교심이 있다.

6) 문창귀인(文昌貴人)

인격이 높고 총명하며, 학문이나 예술 방면에 재능이 뛰어나다.

7) 학당(學堂)

학당은 일간에서 보아 12운이 장생(長生)이 되는 지지를 말한다. 예를 들어 갑(甲)의 학당은 해(亥), 을(乙)의 학당은 오(午)이다. 세상사람들을 가르침을 일컬으니 교수·학자·연구자가 된다.

8) 장성(將星)

장성은 우두머리를 뜻하니 무리에서 장(長)이 된다.

9) 반안(攀鞍)

반안은 말 안장을 뜻하므로 사주에 역마·반안·장성이 모두 있으면 말(역마) 안장(반안) 위에 높이 앉아 있는 멋진 장수(장성)의 형상이 되어 크게 출세할 수 있다.

10) 금여록(金輿祿)

금여록은 금수레에 태워주는 것을 일컬으니 부와 귀를 동시에 누릴 수 있고, 좋은 배우자를 만난다.

11) 명위록(名位祿)

명성과 지위를 일컬으니 매스컴에 등장하는 사람이 된다.

12) 천을귀인(天乙貴人)

최고의 길신으로서 인격이 뛰어나고, 총명하며 지혜가 있고, 공명하고 현달하여 많은 사람들로부터 추앙받는다. 행운에서 오면 개운(開運) 발달하여 명리가 향상되어 매사가 순조롭게 잘 풀린다. 양귀인(陽貴人)과 음귀인(陰貴人, 일명 玉堂)이 있다.

13) 천덕귀인(天德貴人)과 월덕귀인(月德貴人)

하늘의 은총이 있어서 길한 일은 더욱 길하게 되고, 흉함은 해소되거나 감소된다. 그러므로 평생 관재(官災)나 도난 등 각종 재앙이 침범하지 않는다.

14) 천덕합(天德合)과 월덕합(月德合)

이 둘의 작용력은 천덕귀인, 월덕귀인과 거의 비슷하다.

15) 복성귀인(福星貴人)

타고 난 복분(福分)이 후하고, 주위로부터 존경을 받으며, 윗사람으로부터 후원이 많다. 그러므로 평생 큰 어려움을 당하지 않고, 어려움이 생겨도 주위의 도움으로 잘 해결된다.

16) 천복귀인(天福貴人)

이 신살의 작용력은 복성귀인과 거의 비슷하다.

17) 천관귀인(天官貴人)

타고난 복이 후하고, 매사가 순조롭게 진행된다. 또한 윗사람의 도움을 받으며 경사스러운 일이 많다. 복록이 모이고 높은 지위에 오를 수 있다.

18) 천주귀인(天廚貴人)

수복(壽福)의 신으로서 식신과 비슷하며, 의식주를 주관하고 평생 동안 흉한 일보다 길한 일이 많다.

19) 절도귀인(節度貴人)

품행이 반듯하여 다른 사람의 모범이 된다.

20) 대극귀인(大極貴人)

태극(太極)귀인이라고도 한다. 태극은 처음 시작을 뜻하며 창조한다는 의미가 포함되어 있다. 연주(年柱)에 있는 것이 좋다. 선천적인 복이 후하고, 처음과 끝이 일관성이 있으며, 주위의 후원을 많이 받는다. 입신양명하여 높은 지위에 오를 수 있는 복록이 있다.

21) 삼기귀인(三奇貴人)

인격자이고, 박학다능하며, 흉해를 당하지 않고 만약 당해도 쉽게 해결된다. 천상삼기(天上三奇)는 천간에 갑(甲)·무(戊)·경(庚) 셋이 모두 있는 것이고, 지하삼기(地下三奇)는 을(乙)·병(丙)·정(丁)이, 인중삼기(人中三奇)는 신(辛)·임(壬)·계(癸)가 모두 있는 것이다.

22) 관록(官祿)

국가를 위한 봉사 즉, 국록(國祿)을 받는 업무에 종사하는 경우가 많다.

23) 관귀학관(官貴學館)

목(木)일생은 사(巳), 화(火)일생은 신(申), 토(土)일생은 해(亥), 금(金)일생은 인(寅), 수(水)일생은 인(寅)이 관귀학관이 된다. 관직에 있거나 직장생활을 하면 남보다 승진이 빨라 출세할 수 있다.

24) 협록(夾祿)

선천적으로 재물운을 타고난 명(命)으로서 주위의 도움을 받아 재물을 많이 모을 수 있다.

25) 암록(暗祿)

귀인(貴人)의 도움을 받고, 어려움에 처했을 때 주위의 음덕(陰德)으로 잘 해결할 수 있다.

26) 시록(時祿)

어려움에 처해도 시기적절한 도움을 받아 일이 잘 풀린다.

27) 홍염(紅艶)

도화와 비슷하다.

28) 월살(月殺)

고갈을 의미한다. 소아마비·각종 기능 마비·사업 부진·자금 고갈·종교적인 분쟁·소송 등이 발생한다. 교리에 대한 회의 때문에 개종(改宗)이나 이동 등의 변화가 생긴다.

29) 망신(亡神)

재산상의 손실·육친과의 생사이별·사업 실패·강간·구속 또는 비밀이 노출되고 비행이 폭로되어 망신을 당한다. 망신이 역마나 지살이면 노상(路上) 망신 즉, 교통사고를 조심해야 한다.

30) 겁살(劫殺)

겁탈을 당한다는 의미가 강하다. 그러므로 도난 등 손재(損財)와 실패, 이산 등의 흉한 암시가 있다.

31) 재살(災殺)

일명 수옥살(囚獄殺)이라고도 하는데 감옥에 간다는 뜻이 있다. 그러므로 납치·감금·구속·소송·급성질환·교통사고 등의 재난이 있다. 그러나 관성과 어우러져 사주의 격(格)이 양호할 경우에는 권력기관에 종사하게 된다. 행운에서 재살이 이루어질 경우에는 특히 재난에 유의해야 한다.

32) 천살(天殺)

하늘이 내리는 천재지변의 재난이다. 물[水]·폭풍·가뭄·벼락 등으로 피해를 본다.

33) 상문(喪門)과 조객(弔客)

사주 안에 상문과 조객이 있는데 행운에서 또 만나면 그 해 또는 그 달에 상복사(喪服事)가 일어난다.

34) 혈인(血刃)

피를 보는 각종 재액이 일어나고, 여성의 경우에는 자궁출혈 등의 질병에 걸릴 우려가 있다.

35) 백호대살(白虎大殺)

백호대살은 간지로 이루어지는데, 해당 육친이 피를 본다는 흉살로서 주로 교통사고 등의 비명횡사를 당한다고 본다. 예를 들어 남성의 사주에 인수와 관성이 백호대살에 해당하면 어머니와 자식이 비명횡사한다.

36) 탕화살(湯火殺)

화상(불·뜨거운 물), 화재, 총탄에 의한 부상, 중독(식음료·약물·가스), 음독, 압사 등을 당한다고 본다.

37) 십악대패(十惡大敗)

일주가 속해 있는 순(旬) 중에서 건록이 공망이 되는 경우이다. 예를 들어 계해(癸亥) 일주한테는 자(子)가 건록인데, 이것이 공망이 되므로 계해(癸亥) 일주는 십악대패가 된다. 매사에 남보다 힘이 든다는 것인데 천덕과 월덕의 도움이 있으면 양호해진다.

38) 비인(飛刃)

양인을 충하는 것이 비인이다. 갑(甲)일생의 양인은 묘(卯)이다. 이 묘(卯)를 충하는 유(酉)가 갑(甲)일생에게 비인이 된다. 양인과 비슷한 점이 많지만 매사에 지속성이 없어 용두사미가 되고, 여성은 산액(産厄)을 조심해야 한다.

39) 고신(孤神)과 과숙(寡宿)

고신과 과숙에 관하여는 앞에서 별도로 다루었다. 고신은 홀아비가 될 팔자이고, 과숙은 과부가 될 팔자이다. 그렇지 않으면 부부간에 공방수(空房數)가 있어서 정이 없다.

40) 원진(元辰)

원진에 관하여는 앞에서 별도로 다루었다. 원진(元辰)은 원진살(元嗔殺)이라고도 하는데 서로 미워하고 증오하며 화를 내는 살이다.

41) 현침살(懸針殺)

갑(甲)년·갑신(甲申)·신묘(辛卯)가 현침살에 해당한다. 갑(甲)·신(辛)이 3개 이상 있어도 현침이 된다. 일주나 시주에 있는 것을 중시하는데 성격이 예리하다고 본다. 눈병과 형살의 피해를 입고, 직업은 의약·기술·침술·역술 등과 인연이 있다.

42) 귀문관살(鬼門關殺)

연지	子	丑	寅	卯	辰	巳	午	未	申	酉	戌	亥
시지	酉	午	未	申	亥	戌	丑	寅	卯	子	巳	辰

위 표에서 보는 것처럼 연지가 자(子)인데 시지가 유(酉)이면 귀문관살이 된다. 정신질환이나 신경쇠약증에 걸리기 쉽고, 변태성욕자가 될 수 있다고 본다. 배우자성이 귀문관살이면 그 배우자가 정신질환이나 신경쇠약증, 변태성욕자일 가능성이 높다.

기초 이론 정리

01 필요성

사주학에는 여러 가지 학설과 이론이 등장한다. 학설이란 학술적 문제에 대하여 주장하는 이론 체계이다. 그리고 이론이란 사물의 이치나 지식 따위를 해명하기 위하여 논리적으로 정연하게 일반화한 명제의 체계이다. 학문의 세계에는 여러 가지 학설과 이론이 등장해야 학문이 발전할 수 있다. 그러나 천동설과 지동설처럼 기초 이론이 서로 다르면 안 된다. 천동설은 우주의 중심은 지구이고, 모든 천체는 지구의 둘레를 돈다는 학설이다. 근대 천문학이 발달하지 않은 16세기까지 세계적으로 널리 받아들여졌으나, 오늘날에는 비과학적인 학설임이 입증되었다. 지동설은 지구는 자전하면서 태양의 주위를 돈다는 학설이다.

사주학에는 먼저 기초 이론이 문제가 된다. 예를 들어 지장간 이론 등은 신비에 싸여 있다. 이런 기초 이론을 수학 방정식 풀듯이 당장 반듯하게 정리하기란 현재로선 어렵다. 그러나 오랜 기간의 사주 풀이가 있으니 이를 근거로 나름대로의 잠정적 정리를 해 보면 어떨까 하는 것이 필자의 의견이다. 비록 수학 방정식처럼 명쾌한 해답을 제시하지는 못하겠지만 이런 노력이 합쳐지면 언젠가는 좋은 결론을 얻을 수 있지 않을까 싶다.

구산(九山) 스님이 노래했다.

깊이 보현의 터럭 속에 들어가
문수를 붙잡으니
대지가 한가롭구나

동짓날에 소나무가 저절로 푸르니
돌사람이 학을 타고
청산을 지나간다

구산(九山) 스님은 깊이 보현의 터럭 속에 들어가 깨달음을 얻고 노래했는데 우리는 지금이라도 기초 이론 정리를 통해 사주학의 신비를 벗기는 발판을 마련해야 한다.

02 지장간의 구성

지장간은 초기와 중기와 정기로 구성된다. 일반 이론은 12개의 지지 중 자(子)와 묘(卯)와 유(酉)를 제외한 지지는 초기와 중기와 정기가 다 있으나, 자(子)와 묘(卯)와 유(酉)는 초기와 정기만 있고 중기는 없다고 한다. 그러니까 자오묘유(子午卯酉) 중 오(午)는 중기가 있다고 한다. 그러나 이 일반 이론에 대하여 이론이 일치하지 않는다.

◈ 주권신파

주권신파란 1달을 초기 · 중기 · 정기로 나누어 그 구분에 따라 4개의 지지 속에서 각각 힘을 받는 하늘의 기를 주권신으로 채택하여 활용하는 학파이다. 이 학파는 지장간의 구성에 관하여 위의 일반 이론과 견해를 같이한다.

◈ 투파

투파란 사주를 천간과 그 뿌리[根]인 지장간 위주로 파악하고 천간이나 지장간이 아닌 지지는 합과 충의 작용을 할 뿐이라고 보는 학파이다. 이 학파에 의하면 진술축미(辰戌丑未) 이외의 지지 속에는 그 오행이 토(土)인 지장간이 없다. 다시 말해 인신사해(寅申巳亥)와 오(午) 속에는 무(戊)나 기(己)가 없다.

◈ 정리

청나라 임철초와 우리나라의 이석영은 투파가 아니다. 청나라 임철초는 사(巳) 속의 무(戊)를 용신으로 삼았고, 우리나라의 이석영은 인(寅) 속의 무(戊)가 사령하고 있다고 하였다. 이에 관하여는 앞에서 예를 들어 설명한 바 있다. 인신사해(寅申巳亥)는 토(土)의 연속이므로 이들은 각각 토(土)를 간직하고 있다. 문제는 그 정도의 차이이다. 신해(申亥)와는 달리 인사(寅巳)는 그 속에 토(土)를 돕는 화(火)가 있다. 그래서 신해(申亥) 속의 무(戊)는 이를 등장시킬 수 없으나 인사(寅巳) 속의 무(戊)는 이를 등장시킬 수 있다. 이러한 차이 때문에 신(申)과 해(亥) 속에는 무(戊)가 없다고 보지만 인(寅)과 사(巳) 속에는 무(戊)가 있다고 본다. 그러면 오(午)는 어떠한가. 청나라 임철초와 우리나라의 이석영은 오(午) 속에는 기(己)가 있다고 하였다.

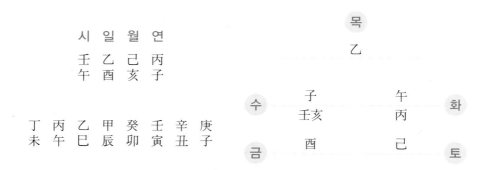

시 일 월 연
壬 乙 己 丙
午 酉 亥 子

丁 丙 乙 甲 癸 壬 辛 庚
未 午 巳 辰 卯 寅 丑 子

지지의 유해자(酉亥子)가 서북(西北)이므로 어둡고 차갑다. 겨울 목(木)은 따뜻함을 좋아하고 차가움을 싫어한다. 그래서 병(丙)화를 용신으로 삼는다. 따라서 임(壬)수는 도리어 병이다. 다행히 투출한 기(己)토가 토극수하고 또한 천간의 오행이 수목화토(水木火土)이므로 각각 문호(門戶)를 나누어 상생유정(相生有情)하다. 그리고 지지의 오(午)화가 유(酉)금을 제어하고 천간의 병(丙)화와 기(己)토가 지지의 오(午)화에 통근해서 힘이 있다. 청나라 임철초가 이 사주를 다루었다.

시 일 월 연
壬 乙 己 丁
午 亥 卯 丑

辛 壬 癸 甲 乙 丙 丁 戊
未 申 酉 戌 亥 子 丑 寅

목화통명(木火通明)이란 신왕·신강한 목(木) 일주(日主)가 화(火)인 식상을 만나 그 정(精)을 잘 설(洩)하는 상태를 말한다. 이와는 달리 목분비회(木焚飛灰)란 신약한 목(木) 일주가 화(火)인 식상을 만나 이 화(火) 때문에 목(木)이 마침내 재로 변하는 상태를 말한다. 목화통명은 화(火)운에 크게 복을 누리나 이와는 반대로 목분비회는 화(火)운에 그만 생명이 다한다. 화(火) 일주(日主)가 목(木)인 인성을 만나 빛을 발하는 상태는 이를 보통 목화통명이라고 하지 않는다. 이 사주는 을(乙)일 묘(卯)월로서 월지가 건록이고 해묘(亥卯)로 반합(半合)을 이루어 일간이 왕하다. 그러면서 임(壬)수가 해(亥)수에 뿌리를 내리고 투출하니 더욱 아름답다. 그 결과 한층 더 고강(高强)해진 목(木) 일주가 오(午)화를 만나 그 정을 잘 설하는 상태이니 이것이 바로 목화통명이다. 그런데 기(己)토인 재성이 오(午)화에 뿌리를 내리고 투출하니 이 재성을 용신으로 삼는다. 우리나라의 이석영이 이 사주를 다루었다.

오(午)월은 하도와 낙서 전체의 100수를 총괄하는 구심체인 기(己)토의 조정 작용을 받게 되어 중기가 기(己)가 된다. 구체적으로 기(己)는 낮[丙]과 밤[丁]의 전환기이다. 그래서 오(午) 속에는 기(己)가 있다고 본다.

- 자(子) : 일반 이론을 따른다.
  - 임(壬)과 계(癸)가 있다.
- 축(丑)월 : 일반 이론을 따른다.
  - 계(癸)와 신(辛)과 기(己)가 있다.
- 인(寅)월 : 일반 이론을 따른다.
  - 무(戊)와 병(丙)과 갑(甲)이 있다.
- 묘(卯)월 : 일반 이론을 따른다.
  - 갑(甲)과 을(乙)이 있다.
- 진(辰)월 : 일반 이론을 따른다.
  - 을(乙)과 계(癸)와 무(戊)가 있다.
- 사(巳)월 : 일반 이론을 따른다.
  - 무(戊)와 경(庚)과 병(丙)이 있다.
- 오(午)월 : 일반 이론을 따른다.
  - 병(丙)과 기(己)와 정(丁)이 있다.
- 미(未)월 : 일반 이론을 따른다.
  - 정(丁)과 을(乙)과 기(己)가 있다.
- 신(申)월 : 투파를 따른다.
  - 임(壬)과 경(庚)이 있다.
- 유(酉)월 : 일반 이론을 따른다.
  - 경(庚)과 신(辛)이 있다.
- 술(戌)월 : 일반 이론을 따른다.
  - 신(辛)과 정(丁)과 무(戊)가 있다.
- 해(亥)월 : 투파를 따른다.
  - 갑(甲)과 임(壬)이 있다.

03 월별 지장간 및 활동기간

월별 지장간 및 활동기간에 관하여는 앞에서 도표를 가지고 설명한 바 있다. 그러나 지장간 이론의 신비는 베일에 가려 있으므로 월별 지장간 및 활동기간에 관하여는 아직도 정론이 없다.

◈ 주권신파

주권신파는 앞에서 도표를 가지고 설명한 바를 그대로 따른다. 예를 들면 다음과 같다.

◎ 월별 지장간 및 활동기간

① 자(子)월 출생
  - 초기는 임(壬)이고 활동기간은 10일 1시간이다.
  - 중기는 없다.
  - 정기는 계(癸)이고 활동기간은 20일 2시간이다.
② 인(寅)월 출생
  - 초기는 무(戊)이고 활동기간은 7일 2시간이다.
  - 중기는 병(丙)이고 활동기간은 7일 2시간이다.
  - 정기는 갑(甲)이고 활동기간은 16일 5시간이다.
③ 사(巳)월 출생
  - 초기는 무(戊)이고 활동기간은 7일 2시간이다.
  - 중기는 경(庚)이고 활동기간은 7일 3시간이다.
  - 정기는 병(丙)이고 활동기간은 16일 5시간이다.

④ 진(辰)월 출생

    - 초기는 을(乙)이고 활동기간은 9일 3시간이다.

    - 중기는 계(癸)이고 활동기간은 3일 1시간이다.

    - 정기는 무(戊)이고 활동기간은 18일 6시간이다.

주권신파는 ㉮ 월의 심천이 ○일 ○시간 ○분이냐를 따져서 ㉯ 이것을 가지고 ㉰ 4개의 지지가 각각 초기·중기·정기 중 어느 것에 해당하느냐를 밝힌다. 월의 심천이란 출생 연월일시에서 절입 일시를 뺀 경과 시간이다. 예를 들어 양력 1981년 3월 25일 12시 10분(辛酉년, 辛卯월, 壬寅일, 丙午시) 대전 출생이고 3월 6일 01시 05분이 절입 일시이면 19일 11시간 05분이 월의 심천이다. 그래서 연지 유(酉)에서는 신(辛), 월지 묘(卯)에서는 을(乙), 일지 인(寅)에서는 갑(甲), 시지 오(午)에서는 기(己)가 활동하고 있다고 한다. 이 문제는 컴퓨터를 활용하면 금방 해결할 수 있다.

◈ 투파

투파는 주권신파와 입장이 다른데 이에 관하여는 앞에서 상세하게 설명한 바 있다. 투파는 지장간을 천간의 뿌리와 장간법으로 나누어서 다룬다. 지장간을 줄여서 장간이라고 부른다. 장간법이란 4개의 지지 속에서 그때그때 활동 중인 장간을 가려내는 법이다. 투파는 장간법을 월지의 장간법과 연지·일지·시지의 장간법으로 구분한다. 예를 들면 다음과 같다.

◎ **월지의 장간법**

① 자(子)월 출생

    - 절입 이후 6일까지는 임(壬)이 활동 중인 장간이다.

    - 절입 이후 7일부터는 계(癸)가 활동 중인 장간이다.

② 인(寅)월 출생

   - 절입 이후 월의 끝까지 갑(甲)이 활동 중인 장간이다.

③ 사(巳)월 출생

   - 절입 이후 월의 끝까지 병(丙)이 활동 중인 장간이다.

④ 진(辰)월 출생

   - 절입 이후 12일까지는 을(乙)이 활동 중인 장간이다.

   - 절입 이후 13일부터는 무(戊)가 활동 중인 장간이다.

◎ 연지 · 일지 · 시지의 장간법

① 자(子)년 · 일 · 시 출생

   - 자(子)의 대표 장간인 계(癸)가 활동 중인 장간이다.

② 인(寅)년 · 일 · 시 출생

   - 인(寅)의 대표 장간인 갑(甲)이 활동 중인 장간이다.

③ 사(巳)년 · 일 · 시 출생

   - 사(巳)의 대표 장간인 병(丙)이 활동 중인 장간이다.

④ 진(辰)년 · 일 · 시 출생

   - 진(辰)의 대표 장간인 무(戊)가 활동 중인 장간이다.

◈ 정리

주권신파란 1달을 초기 · 중기 · 정기로 나누어 그 구분에 따라 4개의 지지 속에서 각각 힘을 받는 하늘의 기를 주권신으로 채택하여 활용하는 학파이다.

주권신파를 따르면 소의 뿔을 바로잡으려다가 소를 죽이는 잘못을 범한다는 생각이 든다. 그 첫째 이유는 예를 들어 인(寅)월은 아직 추위가 가시지 않은 때인데 그 중기를 뜨거운 태양인 병(丙)이라 하고 사(巳)월은 불꽃이 타오르는 때인데 그 중기를 숙살지기(肅殺之氣)인 경(庚)이라고 하기 때문이다. 그 둘째 이유는 앞의 예에서 4개의 지지가 모두 인(寅)이나 사(巳)이면서 중기이면 모든 지지의 주권신이 병(丙)이나 경(庚)이라고 하기 때문이다. 또한 주권신파를 따르면 작은 것을 탐하다가 큰 것을 잃겠다는 생각이 든다. 그 첫째 이유는 예를 들어 토(土)월은 중기인 3일 1시간이 초기인 9일 3시간과 정기인 18일 6시간을 제치고 해당 지지의 결정적인 형세를 바꾼다고 하기 때문이다. 그 둘째 이유는 앞의 예에서 4개의 지지가 모두 토(土)이면서 중기이면 3일 1시간이 모든 지지를 지배한다고 하기 때문이다. 지장간 이론에 관하여는 정론이 없다. 하지만 지장간 이론을 벗어날 수 없다. 그럴 바에는 투파를 따라 나무를 보지 않고 숲을 보는 것이 상책이라고 본다. 다만 투파를 따르더라도 월지의 장간법 중 인(寅)월 출생과 사(巳)월 출생은 이를 조정할 필요가 있다. 왜냐하면 필자는 인(寅)과 사(巳) 속에는 무(戊)가 있다고 보기 때문이다. 그렇다면 투파를 따르더라도 월지의 장간법 중 인(寅)월 출생과 사(巳)월 출생은 이를 다음과 같이 조정할 필요가 있다.

- 인(寅)월 출생 : ㅇ일을 기준으로 하고 ㅇ시간은 이를 버린다.
  - 절입 이후 7일까지는 무(戊)가 활동 중인 장간이다.
  - 절입 이후 8일부터는 갑(甲)이 활동 중인 장간이다.
- 사(巳)월 출생 : ㅇ일을 기준으로 하고 ㅇ시간은 이를 버린다.
  - 절입 이후 7일까지는 무(戊)가 활동 중인 장간이다.
  - 절입 이후 8일부터는 병(丙)이 활동 중인 장간이다.

04 주권신

월별 지장간 및 활동기간으로부터 주권신을 이끌어 낼 수 있다. 주권신이란 주권신파와 투파에 따라 그 내용에 차이는 있으나 지지 속에서 그때그때 힘을 받는 지장간이다.

◈ 주권신파

주권신파는 ㉮ 월의 심천이 ○일 ○시간 ○분이냐를 따져서 ㉯ 이것을 가지고 ㉰ 4개의 지지가 각각 초기·중기·정기 중 어느 것에 해당하느냐를 밝힌다. 월의 심천이란 출생 연월일시에서 절입 일시를 뺀 경과 시간이다. 예를 들어 양력 1981년 3월 25일 12시 10분(辛酉년, 辛卯월, 壬寅일, 丙午시) 대전 출생이고 3월 6일 01시 05분이 절입 일시이면 19일 11시간 05분이 월의 심천이다. 그래서 연지 유(酉)에서는 신(辛), 월지 묘(卯)에서는 을(乙), 일지 인(寅)에서는 갑(甲), 시지 오(午)에서는 기(己)가 활동하고 있다고 한다. 그러므로 주권신파를 따르면 위의 사주는 연지 유(酉)에서는 신(辛), 월지 묘(卯)에서는 을(乙), 일지 인(寅)에서는 갑(甲), 시지 오(午)에서는 기(己)가 주권신이다.

주권신이라고 하여 그것만을 적용하고 다른 지장간을 제외시키지는 않는다. 다시 말해, 모두 다루지만 주권신에 더 큰 비중을 둔다는 의미다. 하지만 어느 정도의 비중인지는 확실하게 말하기 어렵다. 다만 한 사주학자의 설명을 참고하도록 하자.

그 비율에 대해서는 지나간 장간은 5~10%, 다가올 장간은 선후와 기간에 따라 15~25% 정도의 영향력이 미친다고 보는 것이 타당하지 않을까 생각한다. 즉 초기생의 경우에 초기장간을 60%, 중기장간을 15%, 정기장간을 25%의 비율로 심사하고(중기가 없는 경우는 정기를 40%로 본다), 중기생의 경우는 초기장간을 10%, 중기장간을 70%, 정기장간을 20%의 비율로 심사하며, 정기생의 경우는 초기장간을 5%, 중기장간을 15%, 정기장간을 80%의 비율로 심사하자는 것이다. 위와 같은 비율을 제시하는 것은 실제로 감정했을 때 흉이 심한 것 같은데도 조금 완화가 되고, 길이 클 것 같은데도 길이 다소 감소되는 경우를 볼 수 있었기 때문이다.

◈ 투파

투파는 지장간을 천간의 뿌리와 장간법으로 나누어서 다룬다. 지장간을 줄여서 장간이라고 부른다. 장간법이란 4개의 지지 속에서 그때그때 활동 중인 장간을 가려내는 법이다. 투파는 장간법을 월지의 장간법과 연지·일지·시지의 장간법으로 구분한다. 그러므로 투파를 따르면 월지와 연지·일지·시지의 주권신 채택법이 서로 다르다. 예를 들면 다음과 같다.

◉ 월지의 주권신 채택법

① 자(子)월 출생
  - 절입 이후 6일까지는 임(壬)이 활동 중인 장간이다. 그러므로 이 기간 내 출생이면 월지의 주권신은 임(壬)이다.
  - 절입 이후 7일부터는 계(癸)가 활동 중인 장간이다. 그러므로 이 기간 내 출생이면 월지의 주권신은 계(癸)이다.
② 인(寅)월 출생
  - 절입 이후 월의 끝까지 갑(甲)이 활동 중인 장간이다. 그러므로 인(寅)월 출생이면 월지의 주권신은 갑(甲)이다.

③ 사(巳)월 출생

- 절입 이후 월의 끝까지 병(丙)이 활동 중인 장간이다. 그러므로 사(巳)월 출생이면 월지의 주권신은 병(丙)이다.

④ 진(辰)월 출생

- 절입 이후 12일까지는 을(乙)이 활동 중인 장간이다. 그러므로 이 기간 내 출생이면 월지의 주권신은 을(乙)이다.
- 절입 이후 13일부터는 무(戊)가 활동 중인 장간이다. 그러므로 이 기간 내 출생이면 월지의 주권신은 무(戊)이다.

◉ 연지 · 일지 · 시지의 주권신 채택법

① 자(子)년 · 일 · 시 출생

- 자(子)의 대표 장간인 계(癸)가 활동 중인 장간이다. 그러므로 자(子)년 · 일 · 시 출생이면 연지 · 일지 · 시지의 주권신은 계(癸)이다.

② 인(寅)년 · 일 · 시 출생

- 인(寅)의 대표 장간인 갑(甲)이 활동 중인 장간이다. 그러므로 인(寅)년 · 일 · 시 출생이면 연지 · 일지 · 시지의 주권신은 갑(甲)이다.

③ 사(巳)년 · 일 · 시 출생

- 사(巳)의 대표 장간인 병(丙)이 활동 중인 장간이다. 그러므로 사(巳)년 · 일 · 시 출생이면 연지 · 일지 · 시지의 주권신은 병(丙)이다.

④ 진(辰)년 · 일 · 시 출생

- 진(辰)의 대표 장간인 무(戊)가 활동 중인 장간이다. 그러므로 진(辰)년 · 일 · 시 출생이면 연지 · 일지 · 시지의 주권신은 무(戊)이다.

◈ 정리

월별 지장간 및 활동기간으로부터 주권신을 이끌어 낼 수 있다. 그러므로 월별 지장간 및 활동기간에 관하여는 투파를 따르면서 주권신에 관하여는 투파를 따르지 않는다면 이는 모순이다. 다만 투파를 따르더라도 월지의 장간법 중 인(寅)월 출생과 사(巳)월 출생은 이를 조정할 필요가 있다. 왜냐하면 필자는 인(寅)과 사(巳) 속에는 무(戊)가 있다고 보기 때문이다. 그렇다면 투파를 따르더라도 월지의 장간법 중 인(寅)월 출생과 사(巳)월 출생은 이를 다음과 같이 조정할 필요가 있다.

- 인(寅)월 출생 : ○일을 기준으로 하고 ○시간은 이를 버린다.
  - 절입 이후 7일까지는 무(戊)가 주권신이다.
  - 절입 이후 8일부터는 갑(甲)이 주권신이다.
- 사(巳)월 출생 : ○일을 기준으로 하고 ○시간은 이를 버린다.
  - 절입 이후 7일까지는 무(戊)가 주권신이다.
  - 절입 이후 8일부터는 병(丙)이 주권신이다.

한편 투파를 따르면 시지의 주권신 채택법이 월지의 주권신 채택법과 다르다. 이것도 투파를 따라야 하는가. 필자는 월지나 시지는 둘 다 기후의 바로미터(barometer)이므로 그 주권신 채택법이 다르지 않다고 본다. 참고로 『적천수』는 "생시는 돌아가서 잠을 자는 땅이니 비유하면 묘와 같다. 묘는 그 자체가 명당이어야 한다. 그러나 묘는 그의 좌향이 좋아야 한다. 시지 속에서 활동하고 있는 지장간은 묘의 좌향과 같은 것이니 이 지장간을 가리지 않으면 안 된다"라고 한다. 청나라 임철초는 태어난 시는 무덤의 혈(穴)과 같고 태어난 시의 주권신은 무덤의 향(向)과 같다고 이야기한다. 그래서 그는 예를 들어 일간이 병(丙)인 사람이 시지가 해(亥)이고 이 해(亥) 속의 갑(甲)이 주권신이면 '무덤의 혈은 흉하지만 무덤의 향은 길하다'는 결론을 내린다. 시지의 주권신 채택법이 월지의 주권신 채택법과 다르지 않다면 다음과 같이 된다.

① 시지가 자(子)·오(午)·묘(卯)·유(酉)이면 그 주권신은 각각 수(水)·화(火)·목(木)·금(金)이다.

② 시지가 신(申)·해(亥)이면 그 주권신은 각각 금(金)·수(水)이다.

③ 시지가 인(寅)·사(巳)이면 그 주권신은 각각 나뉘어진다.
- 해당 시각 이후 28분까지는 인(寅)·사(巳)는 무(戊)가 주권신이다. 28분이란 시간은 월지의 주권신 채택법을 따른 결과이다.
- 해당 시각 이후 29분부터는 인(寅)은 갑(甲), 사(巳)는 병(丙)이 주권신이다. 29분이란 시간은 월지의 주권신 채택법을 따른 결과이다.

④ 시지가 진(辰)·술(戌)·축(丑)·미(未)이면 그 주권신은 각각 나뉘어진다.
- 해당 시각 이후 48분까지는 진(辰)은 을(乙), 술(戌)은 신(辛), 축(丑)은 계(癸), 미(未)는 정(丁)이 주권신이다. 48분이란 시간은 월지의 주권신 채택법을 따른 결과이다.
- 해당 시각 이후 49분부터는 진(辰)·술(戌)·축(丑)·미(未)는 다 같이 토(土)가 주권신이다. 49분이란 시간은 월지의 주권신 채택법을 따른 결과이다.

필자가 제시한 시지의 주권신 채택법은 철저한 검증 후 그 채택 여부를 가릴 필요가 있다.

05 월령

여러 사주학 학파는 월령(月令)을 중요시한다. 투파 역시 월령을 중요시한다. 월령이란 월(月)의 영(令) 즉 자연의 이치에 따라 움직이는 월지의 작용을 이르는 말이다. 월령은 구체적인 자연 현상으로 나타나서 모든 것을 새롭게 한다.

송한필(宋翰弼)이 노래했다.

간밤 비 맞고서 꽃을 피우곤
오늘 아침 바람에 꽃이 지누나.
슬프다 한 해 봄날의 일이
비바람 가운데서 오고 가다니.

화개작야우(花開昨夜雨)
화락금조풍(花落今朝風)
가련일춘사(可憐一春事)
왕래풍우중(往來風雨中)

월령은 이를 당령(當令) 또는 사령(司令)이라고도 한다. 어느 지장간이 당령 또는 사령하고 있다는 것은 어느 지장간이 월지에서 활동 중이란 것이다. 그러므로 월령은 월지의 주권신 채택법과 직결된다. 이는 월지의 주권신이 월령이라는 이야기이다. 월지의 주권신에 관하여는 앞에서 상세하게 설명한 바 있다.

월령을 따르고 있는 지장간 즉 월지의 주권신은 힘이 있다. 그러므로 천간이 월지의 주권신과 같은 오행인 경우 이를 천간이 월령을 얻었다고 한다. 다만, 투파는 천간의 뿌리와 장간법을 다른 각도에서 파악하고 있으므로, 천간이 지지에 뿌리를 내리고 있다는 것과 천간이 월령을 얻었다는 것을 혼동하면 안 된다. 천간이 월령을 얻으면 천간이 월지와 합세하여 힘이 세다.

투파에 의하면 진술축미(辰戌丑未) 이외의 지지 속에는 그 오행이 토(土)인 지장간이 없다. 그러나 필자는 인(寅)과 사(巳) 속에는 무(戊)가 있고 오(午) 속에는 기(己)가 있다고 본다. 하지만 투파에 의하면 중기가 월령이 될 수 없다. 오(午) 속의 기(己)는 중기이다. 따라서 필자는 월령이 토(土)가 될 수 있는 지지를 진술축미(辰戌丑未)와 인사(寅巳)라고 본다.

◉ 월별 구체적 월령

- 자(子)월 : 투파를 따른다.
  - 절입 이후 6일까지는 임(壬)이 월령이다.
  - 절입 이후 7일부터는 계(癸)가 월령이다.
- 축(丑)월 : 투파를 따른다.
  - 절입 이후 12일까지는 계(癸)가 월령이다.
  - 절입 이후 13일부터는 기(己)가 월령이다.
- 인(寅)월 : 투파와 다르다.
  - 절입 이후 7일까지는 무(戊)가 월령이다.
  - 절입 이후 8일부터는 갑(甲)이 월령이다.
- 묘(卯)월 : 투파를 따른다.
  - 절입 이후 6일까지는 갑(甲)이 월령이다.
  - 절입 이후 7일부터는 을(乙)이 월령이다.

- 진(辰)월 : 투파를 따른다.
  - 절입 이후 12일까지는 을(乙)이 월령이다.
  - 절입 이후 13일부터는 무(戊)가 월령이다.
- 사(巳)월 : 투파와 다르다.
  - 절입 이후 7일까지는 무(戊)가 월령이다.
  - 절입 이후 8일부터는 병(丙)이 월령이다.
- 오(午)월 : 투파를 따른다.
  - 절입 이후 6일까지는 병(丙)이 월령이다.
  - 절입 이후 7일부터는 정(丁)이 월령이다.
- 미(未)월 : 투파를 따른다.
  - 절입 이후 12일까지는 정(丁)이 월령이다.
  - 절입 이후 13일부터는 기(己)가 월령이다.
- 신(申)월 : 투파를 따른다.
  - 절입 이후 월의 끝까지 경(庚)이 월령이다.
- 유(酉)월 : 투파를 따른다.
  - 절입 이후 6일까지는 경(庚)이 월령이다.
  - 절입 이후 7일부터는 신(辛)이 월령이다.
- 술(戌)월 : 투파를 따른다.
  - 절입 이후 12일까지는 신(辛)이 월령이다.
  - 절입 이후 13일부터는 무(戊)가 월령이다.
- 해(亥)월 : 투파를 따른다.
  - 절입 이후 월의 끝까지 임(壬)이 월령이다.

06 합

1) 합의 종류

　일반 이론은 합을 천간합·지지삼합·지지방합·육합·암합(暗合)으로 나누어서 다룬다. 그러나 투파는 일반 이론과 달리 합을 간단하게 천간합·육합으로 나누어서 다룰 뿐이다. 생각하건대 ㉮ 지지삼합·지지방합은 같은 뿌리[根]의 합이어서 그 뿌리가 강한 것은 당연하고 ㉯ 암합은 표현 그대로 명합(明合)과 달리 은밀한 작용을 하는 것으로 그치기 때문에 이런 관점에서 투파의 입장을 이해할 수 있다. 명나라 말기에 복건성에서 창건된 문파인 명징파(明澄派)는 학설이 투명한 학파라 하여 투파(透派)로 불리운다. 투파는 사주를 천간과 그 뿌리인 지장간 위주로 파악하고 천간이나 지장간이 아닌 지지는 합과 충의 작용을 할 뿐이라고 본다. 그래서 투파의 합은 1:1의 명합이다.

　신광수(申光洙)의 협구소견(峽口所見)이란 시이다.

　푸른 치마 아가씨 목화 따러 나왔다가
　낯선 나그네와 마주치자 길가로 돌아서네.
　흰둥이 앞서 있는 누렁이를 향해 달리더니
　주인아씨 앞으로 보란 듯 짝지어 돌아오네.

　청군녀출목화전(青裙女出木花田)
　견객회신립로변(見客回身入路邊)
　백견원수황견거(白犬遠隨黃犬去)
　쌍환각주주인전(雙還却走主人前)

푸른 치마 아가씨가 목화밭에 목화 따러 나왔다. 그런데 저만치서 낯선 남정네가 걸어온다. 그녀는 부끄러워 내외를 하느라 길가로 다소곳이 몸을 돌리고 서 있다. 그때 그녀가 함께 데리고 나온 누렁이와 흰둥이가 일련의 행동으로 주인아씨 보란 듯 짝을 지어 돌아온다. 두 마리의 개가 주인아씨한테 그 나그네와 1:1의 명합을 이루라고 한다.

투파를 따라 천간합·육합만 다루고 지지삼합·지지방합·암합을 다루지 않아도 될까. 그렇지 않다. 왜냐하면 지지삼합·지지방합·암합이 섬세한 사주 풀이에 도움이 되기 때문이다. 이를 구체적인 예를 들어 살펴보자.

예❶　월지가 자(子)·오(午)·묘(卯)·유(酉)인 지지삼합·지지방합

지지삼합				지지방합			
시	일	월	연	시	일	월	연
○	○	○	○	○	○	○	○
○	亥	卯	未	○	寅	卯	辰

이 경우에는 지지삼합·지지방합이 완전해서 목(木)의 뿌리[根] 그 이상의 강한 작용을 한다. 그러므로 이 지지삼합·지지방합이 섬세한 사주 풀이에 도움이 된다.

천간합

① ②

시	일	월	연		시	일	월	연
○	辛	丙	○		丙	辛	○	○
○	酉	午	○		午	酉	卯	○

①은 월간과 일간이 천간합이고 ②는 일간과 시간이 천간합이다. 일간과의 합은 원칙적으로 효력이 없다. 왜냐하면 일간은 함부로 쉽게 변하지 않는다고 보기 때문이다. 따라서 화하지 않는 일간과의 합은 큰 의미가 없다. 다만, 이 합이 사주 전체의 화(化)로 이어지므로 특수격인 화격(化格)으로 간명해야 하는 경우가 있다.

①과 ②는 모두 화하지 않는 일간과의 합이다. 투파는 이 경우 일간과 합하는 천간, 즉 월간이나 시간은 그 작용이 배가(倍加)된다고 한다. 그러니까 ①과 ②는 모두 그 천간의 강약이 신(辛)이 1이면 병(丙)이 2라는 이야기이다. 생각하건대 화하지 않는 일간과의 합에서 일간한테 월간이나 시간이 크게 부각될 수 있음은 사실이다. 그러나 그 작용이 배가된다고 함은 하나의 천간을 새롭게 등장시키는 것과 마찬가지이다. 그러므로 이를 따를 수 없다.

필자는 ①과 ②는 모두 그 천간의 강약이 신(辛)이 1이면 병(丙)이 1.5라고 본다.

③ ④

시	일	월	연		시	일	월	연
丙	辛	丙	○		○	辛	丙	辛
○	酉	午	○		○	酉	午	○

③은 2병(丙)과 1신(辛)이 쟁합을 이룬다. 쟁합이 되면 합이 이루어지지 않는다. 따라서 ①과 달리 병(丙)이 1.5가 아니고 1이다.

④는 1병(丙)과 2신(辛)이 투합을 이룬다. 투합이 되면 합이 이루어지지 않는다. 따라서 ①과 달리 병(丙)이 1.5가 아니고 1이다.

투파는 사주명식에서 천간합이 서로 얽힌 경우에는 월일의 합을 먼저 보고 다음에 연월의 합 또는 일시의 합의 순으로 보는 것 같다.

필자는 쟁합이나 투합이 되면 이는 남녀간의 순수한 사랑이 아니므로 이를 합으로 다루지 않고 그냥 어지러운 관계로 본다.

<table>
<tr><td colspan="4" align="center">⑤</td><td colspan="4" align="center">⑥</td></tr>
<tr><td>시</td><td>일</td><td>월</td><td>연</td><td>시</td><td>일</td><td>월</td><td>연</td></tr>
<tr><td>丙</td><td>辛</td><td>丁</td><td>○</td><td>○</td><td>丁</td><td>辛</td><td>丙</td></tr>
<tr><td>午</td><td>酉</td><td>卯</td><td>○</td><td>○</td><td>卯</td><td>酉</td><td>午</td></tr>
</table>

⑤는 정(丁)이 신(辛)을 극하므로 신(辛)과 병(丙)의 합이 이루어지지 않는다. 따라서 ②와 달리 병(丙)이 1.5가 아니고 1이다.

⑥은 정(丁)이 신(辛)을 극하므로 병(丙)과 신(辛)의 합이 이루어지지 않는다. 따라서 병(丙)과 신(辛)이 각각 1이다.

투파는 사주명식 중의 천간합은 일생 동안 영원히 풀리지 않는다고 한다.

필자는, 모든 것은 변화하므로, 사주명식 중의 천간합은 극을 만나 풀린다고 본다.

	⑦					⑧		
시	일	월	연		시	일	월	연
○	○	辛	丙		○	○	辛	丙
○	○	酉	午		○	○	酉	辰

⑦과 ⑧은 연간과 월간이 천간합이다. 일간을 제외한 천간합은 그 지지가 화기(化氣)를 생조하기만 하면 쉽게 화(化)로 이어질 수 있다. 이 점이 ①과 ②의 일간을 포함한 천간합과 다르다.

⑦은 그 지지가 그 천간을 강하게 도와준다. 그러니 그 천간이 천간합을 이루기 어렵다. 따라서 병(丙)과 신(辛)은 둘 다 그대로 1이다.

⑧은 ⑦과 달리 연지가 진(辰)이다. 그러므로 연간과 월간의 강약이 다르다.

투파는 연간과 월간이 합한 ⑦과 ⑧은 똑같이 연간과 월간이 모두 그 작용을 하지 않는다고 한다.

필자는 ⑦과 ⑧의 신(辛)은 그대로 1이지만 ⑧의 병(丙)은 병신합화수(丙辛合化水)로 기울어 0.5라고 본다.

	⑨					⑩		
시	일	월	연		시	일	월	연
○	○	戊	癸		○	○	丁	壬
○	○	申	亥		○	○	丑	午

⑨와 ⑩은 연간과 월간이 천간합이다. 일간을 제외한 천간합은 그 지지가 화기(化氣)를 생조하기만 하면 쉽게 화(化)로 이어질 수 있다.

⑨와 ⑩은 그 지지가 화기를 생조하지 않으므로 화로 이어질 수 없다.

⑨는 그 지지가 그 천간을 도와주는 정도가 서로 달라 연간은 힘이 있고 월간은 힘이 없다.

⑩은 그 지지가 그 천간을 도와주지 않아서 연간과 월간은 둘 다 힘이 없다.

투파는 연간과 월간이 합한 ⑨와 ⑩은 똑같이 연간과 월간이 모두 그 작용을 하지 않는다고 한다.

필자는 ⑨의 두 천간 중 계(癸)는 그대로 1이지만 무(戊)는 무계합화화(戊癸合化火)로 기울어 0.5이고 ⑩의 천간인 임(壬)과 정(丁)은 정임합화목(丁壬合化木)으로 기울어 둘 다 0.5라고 본다.

	⑪					⑫		
시	일	월	연		시	일	월	연
○	○	辛	丙		○	○	辛	丙
○	○	酉	申		○	○	亥	子

⑪과 ⑫는 모두 그 지지가 그 천간의 병신합화수(丙辛合化水)를 생조한다. 따라서 병(丙)과 신(辛)이 각각 임(壬)과 계(癸)로 화(化)한다.

투파는 월령이 수(水)이어야만 병신합화수(丙辛合化水)가 된다고 한다. 따라서 ⑪은 병신합화수가 되지 않으나 ⑫는 병신합화수가 된다. 그 결과 ⑪은 병(丙)과 신(辛)이 모두 그 작용을 하지 않고 ⑫는 병(丙)과 신(辛)이 각각 임(壬)과 계(癸)로 화(化)한다. 참고로 투파는 월령이 수(水)이고 병(丙)과 신(辛)이 인접하고 있으면 그 천간합이 어디에서 이루어지든지 병신합화수(丙辛合化水)가 된다고 한다. 이를 따르면 일간과 합하는 천간, 즉 월간이나 시간은 그 작용이 배가(倍加)되지 않고 일간과 함께 병신합화수가 된다. 그러니까 일간의 오행이 수(水)가 아니어도 그 오행이 수(水)로 변화한다.

투파는 월령에 지나친 비중을 두고 ⑪의 병(丙)과 신(辛)이 각각 임(壬)과 계(癸)로 화(化)하지 않는다고 한다. 그러나 투파는 지지의 역할을 축소시키는 근본적인 결함을 지니고 있다.

필자는 ⑪과 ⑫는 모두 그 지지가 그 천간의 병신합화수를 생조하므로 병(丙)과 신(辛)이 각각 임(壬)과 계(癸)로 화(化)한다고 본다.

📖 예❷   육합

	①					②			
시	일	월	연		시	일	월	연	
○	戊	○	○		○	○	乙	○	
丑	子	○	○		○	寅	亥	○	

①은 일지와 시지가 육합을 이룬다. 자축(子丑)합이다.

일반 이론은 자(子)와 축(丑)이 합하면 토(土)가 된다.

투파는 육합을 이루는 두 개의 지지는 둘 다 그 지지의 작용을 하지 않는다고 한다.

필자는 자(子)와 축(丑)의 합은 토(土)가 되는 것이 아니라 지지 속의 기신임계(己辛壬癸)의 상생작용으로 수(水)가 강해지는 것으로 본다. 시지의 축(丑) 속의 기(己)는 일간인 무(戊)의 뿌리이다. 그러므로 자축(子丑)합으로 말미암아 일간의 뿌리가 강해지는 것으로 보지 않는다. 참고로 자(子)와 축(丑)은 북방 수국(水局)의 주요 구성요소이므로 둘 사이를 토극수(土剋水)의 관계로서만 논할 수 없다.

②는 월지와 일지가 육합을 이룬다. 인해(寅亥)합이다.

일반 이론은 인(寅)과 해(亥)가 합하면 목(木)이 된다.

투파는 육합을 이루는 두 개의 지지는 둘 다 그 지지의 작용을 하지 않는다고 한다.

필자는 인(寅)과 해(亥)의 합은 수생목(水生木)의 관계로서 목(木)이 강해지는 것으로 본다. 일지의 인(寅) 속의 갑(甲)은 월간의 을(乙)의 뿌리이다. 그러므로 인해(寅亥)합으로 말미암아 월간의 뿌리가 강해지는 것으로 본다.

③

시	일	월	연
○	丁	○	○
○	○	戌	卯

④

시	일	월	연
○	辛	○	○
辰	酉	○	○

③은 연지와 월지가 육합을 이룬다. 묘술(卯戌)합이다.

일반 이론은 묘(卯)와 술(戌)이 합하면 화(火)가 된다.

투파는 육합을 이루는 두 개의 지지는 둘 다 그 지지의 작용을 하지 않는다고 한다.

필자는 묘(卯)와 술(戌)의 합은 목(木)이 화고(火庫)로 들어가서 화(火)가 강해지는 것으로 본다. 월지의 술(戌) 속의 정(丁)은 일간인 정(丁)의 뿌리이다. 그러므로 묘술(卯戌)합으로 말미암아 일간의 뿌리가 강해지는 것으로 본다. 참고로 묘(卯)가 술(戌)의 역할을 도와주므로 둘 사이를 목극토(木剋土)의 관계로서만 논할 수 없다.

④는 일지와 시지가 육합을 이룬다. 진유(辰酉)합이다.

일반 이론은 진(辰)과 유(酉)가 합하면 금(金)이 된다.

투파는 육합을 이루는 두 개의 지지는 둘 다 그 지지의 작용을 하지 않는다고 한다.

필자는 진(辰)과 유(酉)의 합은 토생금(土生金)의 관계로서 금(金)이 강해지는 것으로 본다. 일지의 유(酉) 속의 경(庚)과 신(辛)은 일간인 신(辛)의 뿌리이다. 그러므로 진유(辰酉)합으로 말미암아 일간의 뿌리가 강해지는 것으로 본다.

⑤					⑥			
시	일	월	연		시	일	월	연
○	壬	○	○		○	○	○	○
○	申	巳	○		○	○	午	未

⑤는 월지와 일지가 육합을 이룬다. 사신(巳申)합이다.

일반 이론은 사(巳)와 신(申)이 합하면 수(水)가 된다.

투파는 육합을 이루는 두 개의 지지는 둘 다 그 지지의 작용을 하지 않는다고 한다.

필자는 사(巳)와 신(申)의 합은 지지 속의 병무경임(丙戊庚壬)의 상생작용으로 수(水)가 강해지는 것으로 본다. 일지의 신(申) 속의 임(壬)은 일간인 임(壬)의 뿌리이다. 그러므로 사신(巳申)합으로 말미암아 일간의 뿌리가 강해지는 것으로 본다. 참고로 사(巳)와 신(申)의 합은 사(巳)와 유(酉)의 반합과 유사하므로 둘 사이를 화극금(火剋金)의 관계로서만 논할 수 없다.

⑥은 연지와 월지가 육합을 이룬다. 오미(午未)합이다.

일반 이론은 오(午)와 미(未)가 합하면 아무것도 이루지 않는다.

투파는 육합을 이루는 두 개의 지지는 둘 다 그 지지의 작용을 하지 않는다고 한다.

필자는 오(午)와 미(未)의 합은 목고(木庫)가 화(火)를 도와서 화(火)가 강해지는 것으로 본다. 월지의 오(午) 속의 병(丙)과 정(丁)은 천간인 병(丙)과 정(丁)의 뿌리이다. 그러므로 오미(午未)합으로 말미암아 천간인 병(丙)과 정(丁)의 뿌리가 강해지는 것으로 본다. ⑥은 천간을 표기하지 않았다. 참고로 오(午)와 미(未)는 남방 화국(火局)의 주요 구성요소이므로 둘 사이를 화생토(火生土)의 관계로서만 논할 수 없다.

지구는 자전축을 중심으로 자전하면서 태양 주위를 공전한다. 자전축이란 지구의 북극과 남극을 연결한 직선이다. 자전축은 공전 궤도에 대해 23.5도 기울어져 있으며, 자전축을 중심으로 지구가 하루에 한 바퀴씩 돈다. 지구의 자전으로 인하여 밤과 낮이 생긴다. 봄, 여름, 가을, 겨울의 계절의 변화는 지구의 자전축이 기울어져 태양 주위를 공전하기 때문에 일어나는 현상이다. 지구 자전축이 기울어져 있기 때문에 햇빛이 똑바로 비치기도 하고, 비스듬히 비치기도 하면서 계절의 변화가 나타난다. 만약 지구의 자전축이 기울어져 있지 않고 수직이라면 일년 내내 기온 변화가 거의 없고 계절의 변화도 일어나지 않을 것이다.

①과 ⑥에 대하여는 지구의 자전을 통해 더 잘 이해할 수 있다. 자축(子丑)은 북극이고 오미(午未)는 남극이다. 그런데 북극과 남극은 서로 정반대가 되므로 자축(子丑)은 밤에 해당하고 오미(午未)는 낮에 해당한다. 따라서 자축(子丑)합은 수(水)로 연결되고 오미(午未)합은 화(火)로 연결된다.

②~⑤에 대하여는 지구의 공전을 통해 더 잘 이해할 수 있다. 인해(寅亥)·묘술(卯戌)·진유(辰酉)·사신(巳申)은 순서를 따라 차례대로 진행된다. 그런데 자축(子丑)과 오미(午未)의 자전 사이에서 순차적인 상관 관계를 이루는 이들 네 개의 존재는 각각 봄·여름·가을·겨울이다. 따라서 인해(寅亥)합·묘술(卯戌)합·진유(辰酉)합·사신(巳申)합은 각각 목(木)·화(火)·금(金)·수(水)로 연결된다.

선현들은 12개의 지지를 2×6으로 구분해서 이들 여섯 짝을 가지고 지구의 자전과 공전을 나타내는 육합 이론을 전개했다. 참고로 할 이야기가 있다. 고대 동양 사회에서는 북극성을 가장 귀한 별로서 숭배했다. 이는 지구의 자전축을 북극에서 연장하면 북극성과 거의 일치하기 때문이다. 북반구에 사는 사람은 북두칠성을 보고 북극성을 찾아서 하늘의 북극을 알아낸다. 그러나 남반구에 사는 사람은 북극성을 볼 수 없고 남십자성을 보고 그쪽에 하늘의 남극이 있다는 것을 알아낸다.

07 충

1) 충의 종류

흔히 충을 천간끼리의 충인 간충(干沖)과 지지끼리의 충인 지충(支沖)으로 나누어서 다룬다. 그래서 천간끼리의 관계 중에서 갑경(甲庚)충 · 을신(乙辛)충 · 병임(丙壬)충 · 정계(丁癸)충을 사충(四沖)이라고 하여 중시하면서 이 밖의 갑무(甲戊) · 을기(乙己) · 병경(丙庚) · 정신(丁辛) · 무임(戊壬) · 기계(己癸)의 관계 역시 간충으로 본다. 그러나 투파는 이와 달리 천간끼리의 관계 중에서 어떠한 충도 다루지 않는다. 생각하건대 충돌하여 둘 다 상처를 입는 충과 어느 한쪽만 상처를 입는 극은 서로 별개의 개념이므로 천간끼리의 충인 간충(干沖)을 안정할 수 없다. 지지끼리의 충인 지충(支沖)에 관하여는 별다른 다툼이 없다. 지충의 종류는 자오(子午)충 · 축미(丑未)충 · 인신(寅申)충 · 묘유(卯酉)충 · 진술(辰戌)충 · 사해(巳亥)충인데 이 여섯 가지의 충을 육충(六沖)이라고 한다.

2) 충의 성립 요건

충의 성립 요건으로는 여러 가지가 있다. 그 중 하나인 지지와 지지 사이의 거리를 다루기로 하자. 그런데 이는 사주를 대하는 안목과 관계가 된다. 사주가 지구처럼 둥글다면 연주와 시주는 인접하고 있으므로 그 충이 이루어진다. 그러나 일반적으로 연주와 시주의 충을 인정하지 않는다. 사주를 일직선상의 것으로 이해하기 때문일까. 투파는 다음과 같이 설명한다.

지충은 절대로 인접하고 있어야 한다는 것을 조건으로 한다. 인접하고 있지 않은 충은 보통의 12지의 관계일 뿐 충의 작용은 전혀 없다. 즉 연지와 월지, 월지와 일지, 일지와 시지만이 충이 되고 연지와 일지, 월지와 시지는 아무리 지충의 관계일지라도 충의 작용을 하지 않는다.

오늘날의 사회 통념은 연월일시가 순차적으로 이루어진다고 본다. 그렇다면 투파를 따라야 한다.

3) 충의 작용

충은 합을 푼다. 그러므로 사주에서 어느 간지가 합을 기뻐할 때 합해 오는 간지를 충하면 나쁘다. 반대로 합을 싫어할 때 합해 오는 간지를 충하면 기쁘다. 이에 관하여는 이미 살펴본 바 있다.

충의 작용으로 인한 간지의 강약의 변화가 문제가 된다. 여기에서는 지충의 경우 그 구체적인 예를 들어 살펴보자.

	①				②		
시	일	월	연	시	일	월	연
○	戊	○	○	○	○	己	○
午	子	○	○	○	丑	未	○

①은 일지와 시지가 지충을 이룬다. 자오(子午)충이다.

일반 이론은 자(子)와 오(午)가 충하면 서로의 지장간이 상처를 입는다.

투파는 지충을 이루는 두 개의 지지는 둘 다 그 지지의 작용을 하지 않는다고 한다.

필자는 자(子)와 오(午)가 충하면 서로의 지장간이 상처를 입는 것으로 본다. 시지의 오(午) 속의 기(己)는 일간인 무(戊)의 뿌리이다. 그러므로 자오(子午)충으로 말미암아 일간의 뿌리가 상처를 입는 것으로 본다. 참고로 오(午) 속의 기(己)는 자(子) 속의 임(壬)을 극하지 못하고 기토탁임(己土濁壬)으로 그치므로 둘 사이를 토극수(土剋水)의 관계로서만 논할 수 없다.

②는 월지와 일지가 지충을 이룬다. 축미(丑未)충이다.

일반 이론은 축(丑)과 미(未)가 충하면 서로의 지장간이 상처를 입는다.

투파는 지충을 이루는 두 개의 지지는 둘 다 그 지지의 작용을 하지 않는다고 한다.

필자는 축미(丑未)충은 붕충(朋沖)이므로 토(土) 그 자체는 상처를 입지 않는 것으로 본다. 월지의 미(未) 속의 기(己)와 일지의 축(丑) 속의 기(己)는 월간의 기(己)의 뿌리이다. 그러므로 축미(丑未)충으로 말미암아 월간의 뿌리가 상처를 입지 않는 것으로 본다.

	③						④		
시	일	월	연		시	일	월	연	
○	○	○	○		○	辛	○	○	
○	○	申	寅		卯	酉	○	○	

③은 연지와 월지가 지충을 이룬다. 인신(寅申)충이다.

일반 이론은 인(寅)과 신(申)이 충하면 서로의 지장간이 상처를 입는다.

투파는 지충을 이루는 두 개의 지지는 둘 다 그 지지의 작용을 하지 않는다고 한다.

필자는 인(寅)과 신(申)이 충하면 서로의 지장간 중 인(寅) 속의 무(戊)를 제외한 나머지는 모두가 상처를 입는 것으로 본다. 그러므로 연지의 인(寅) 속의 병(丙)·갑(甲)과 월지의 신(申) 속의 임(壬)·경(庚)은 천간의 뿌리가 될 수 없다고 본다. 앞에서 인(寅)과 신(申)이 충하면 인(寅) 속의 무(戊)가 상처를 입지 않는 것으로 보는 까닭은 신(申) 속에는 갑(甲)이나 을(乙)이 없기 때문이다.

④는 일지와 시지가 지충을 이룬다. 묘유(卯酉)충이다.

일반 이론은 묘(卯)와 유(酉)가 충하면 서로의 지장간이 상처를 입는다.

투파는 지충을 이루는 두 개의 지지는 둘 다 그 지지의 작용을 하지 않는다고 한다.

필자는 묘(卯)와 유(酉)가 충하면 일지의 유(酉) 속의 경(庚)과 신(辛)은 상처를 입지 않는 것으로 본다. 왜냐하면 시지의 묘(卯) 속에는 병(丙)이나 정(丁)이 없기 때문이다. 일지의 유(酉) 속의 경(庚)과 신(辛)은 일간인 신(辛)의 뿌리이다. 그러므로 묘유(卯酉)충으로 말미암아 일간의 뿌리가 상처를 입지 않는 것으로 본다.

	⑤						⑥		
시	일	월	연		시	일	월	연	
○	戊	庚	○		○	辛	○	○	
○	戊	辰	○		○	○	巳	亥	

⑤는 월지와 일지가 지충을 이룬다. 진술(辰戌)충이다.

일반 이론은 진(辰)과 술(戌)이 충하면 서로의 지장간이 상처를 입는다.

투파는 지충을 이루는 두 개의 지지는 둘 다 그 지지의 작용을 하지 않는다고 한다.

필자는 진술(辰戌)충은 붕충(朋沖)이므로 토(土) 그 자체는 상처를 입지 않는 것으로 본다. 월지의 진(辰) 속의 무(戊)와 일지의 술(戌) 속의 무(戊)는 일간인 무(戊)의 뿌리이다. 그러므로 진술(辰戌)충으로 말미암아 일간의 뿌리가 상처를 입지 않는 것으로 본다. 그리고 필자는 진(辰)과 술(戌)이 충하면 일지의 술(戌) 속의 신(辛)은 상처를 입지 않는 것으로 본다. 왜냐하면 월지의 진(辰) 속에는 병(丙)이나 정(丁)이 없기 때문이다. 일지의 술(戌) 속의 신(辛)은 월간의 경(庚)의 뿌리이다. 그러므로 진술(辰戌)충으로 말미암아 월간의 뿌리가 상처를 입지 않는 것으로 본다.

⑥은 연지와 월지가 지충을 이룬다. 사해(巳亥)충이다.

일반 이론은 사(巳)와 해(亥)가 충하면 서로의 지장간이 상처를 입는다.

투파는 지충을 이루는 두 개의 지지는 둘 다 그 지지의 작용을 하지 않는다고 한다.

필자는 사(巳)와 해(亥)가 충하면 월지의 사(巳) 속의 경(庚)은 상처를 입지 않는 것으로 본다. 왜냐하면 연지의 해(亥) 속에는 병(丙)이나 정(丁)이 없기 때문이다. 월지의 사(巳) 속의 경(庚)은 일간인 신(辛)의 뿌리이다. 그러므로 사해(巳

亥)충으로 말미암아 일간의 뿌리가 상처를 입지 않는 것으로 본다.

지충을 이루면 두 지지 속의 병사들이 나타나 서로 싸움을 한다.

진도(陳陶)의 농서행(隴西行)이란 시이다.

흉노 무찌르겠다 몸 바쳐 떨쳐나선 이들
오천 명 장병이 오랑캐 땅에서 목숨을 잃었네
가여워라 무정하 강변에 나뒹구는 백골
지금도 고향의 아내가 꿈에 그리는 바로 그 사람

서소흉노불고신(誓掃匈奴不顧身)
오천초금상호진(五千貂錦喪胡塵)
가련무정하변골(可憐無定河邊骨)
유시춘규몽리인(猶是春閨夢裏人)

나라를 자주 침범하는 북쪽 오랑캐인 흉노를 정벌한다고 많은 장정들을 징발하여 출정했으나, 흉노의 땅에서 그 군사들이 5천 명이나 전사하여 무정하 강변에 백골로 변해 있다. 그러하지만 그 장정의 고향 아내들은 규방에서 독숙공방하며 남편이 돌아오는 꿈을 연신 꾸며 살아간다. 이미 저승으로 간 임을 살아 있으려니 하고 만날 날을 기다리는 사람들이 인류 역사상 얼마나 많았던가!

지충으로 말미암아 해당 지지의 지장간이 백골이 되지는 않는다. 왜냐하면 합이 충을 풀기 때문이다. 합이 충을 풀면 해당 지지의 지장간은 본래의 역할을 수행할 수 있다.

일간의 강약

01 의의

오늘날의 사주학은 일간을 사주의 주인공 즉 본인으로 본다. 왜냐하면 사람에게는 하루[일진]의 정신[천간]이 핵이기 때문이다. 사주학의 초창기에는 연주(年柱)의 간지를 위주로 사주를 판단했는데 그 적중률이 많이 떨어졌다고 한다. 그러나 서기 907년 당나라가 멸망하고 960년 송나라가 들어서기까지 53년간의 이른바 오대(五代) 시대에 이르러 서자평(徐子平)이 일간 위주의 사주간명법을 확립했고, 이것이 오늘까지 이어지고 있다. 오대 시대는 한반도에서 신라가 멸망하기 전후의 시기에 해당한다.

사실 사주의 주인공이 어느 달 어느 날에 태어났는지는 사주의 기후 구성과 관련하여 매우 중요한 문제이므로 이것이 사주의 축을 이루는 것은 당연하다. 그래서 월지를 특히 중시하고, 일간은 핵이라 하여 이것을 본인으로 보는 것은 매우 탁월한 발상이라고 여겨진다. 어떻든 오늘날의 사주학은 이러한 바탕 위에서 일간을 본인으로 삼는 것을 지극히 당연하게 받아들인다. 참고로 투파는 일간 위주로 사주 풀이를 하다가 막히는 경우에는 다른 천간 위주로 사주 풀이를 할 수 있는 경우가 있다고 한다. 이에 관하여는 앞에서 별도로 설명한 바 있다.

일간의 강약이란 일간의 오행을 그 밖의 다른 오행과 비교한 상대적인 강약이다. 일간이 강할 경우에는 이를 신왕(身旺) 또는 신강(身強)으로 표현하기도 하고 일간이 약할 경우에는 이를 신약(身弱)으로 표현하기도 한다. 사주학에서 일간의 강약을 중요하게 다루는 까닭은 일간의 강약을 통해 격국(格局)을 밝혀서 용신(用神)을 찾아낼 수 있기 때문이다. 격국은 사주의 틀이고 용신은 사주의 핵인데 이들은 나중에 별도로 다루어진다.

일간의 강약을 계량하는 데는 여러 가지 방법이 있다. 다음의 설명을 통해 일간의 강약을 계량하는 아우트라인(outline)을 헤아려 보기로 하자.

02 비율 배정에 의한 단순 판단

비율 배정에 의한 단순 판단을 위해서 먼저 알아두어야 할 사항들이 있다.

▶ 월지의 영향력이 가장 크다. 왜냐하면 더운 오(午)월과 추운 자(子)월에서 볼 수 있듯이 월지가 바로 기후의 바로미터(barometer)이기 때문이다.

▶ 시지의 영향력도 큰 편이다. 왜냐하면 하루 중 어느 시각이냐에 따라서 기온차가 상당하기 때문이다.

▶ 일지의 영향력도 큰 편이다. 왜냐하면 일지는 일간의 바로 밑에서 작용하므로 그 힘이 상당하기 때문이다.

▶ 천간은 지지의 작용이 없으면 뿌리를 내리지 못한 식물처럼 헛것이 된다. 따라서 천간보다 지지의 영향력이 크다.

▶ 연간과 연지는 일간과는 멀리 떨어져 있으므로 그만큼 영향력이 떨어진다.

위의 사항들을 고려하여 일간의 강약을 판단할 수 있는 객관적인 수리 기준을 제시하면 좋을 것이다.

그러나 사주학은 1+1=2가 되는 단순수리학이 아니라 천기(天氣)와 지질(地質)을 종합하여 다루는 입체수리학이므로 객관적인 수리 기준을 제시하기가 쉽지 않다. 다만 방편으로 대략적인 수리 기준을 제시할 수 있지만 정확한 것은 아니다.

비율 배정에 의한 단순 판단에서는 간지별 영향력을 수리 기준으로 다음과 같이 본다. 참고로 이 방법은 간지별 영향력은 그 전체의 합이 10이라고 본다.

◎ 간지별 영향력

시주	일주	월주	연주	사주 / 간지
시간 0.8	일간 1	월간 1	연간 0.8	천간
시지 1.2	일지 1.2	월지 3	연지 1	지지

이 방법을 따라 다음의 예들을 살펴보자.

📚 예❶

시	일	월	연
庚	癸	壬	甲
申	亥	申	申

이 사주는 일간이 계(癸)수이다. 그리고 일간을 도와주는 오행은 수(水) · 금(金)이다.

이 사주에서는 수(水)로는 일간의 계(癸 : 1) 월간의 임(壬 : 1) 일지의 해(亥 : 1.2)가 있으며, 금(金)으로는 시간의 경(庚 : 0.8) 연지의 신(申 : 1) 월지의 신(申 : 3) 시지의 신(申 : 1.2)이 있다. 따라서 일간과 일간을 도와주는 오행을 더하면 모두 9.2이다. 일간의 강약의 경계선을 5로 보면 이 사주는 일간이 강하다.

그런데 이 사주는 일간이 강하다는 이야기는 수(水) · 금(金)이 많으니 더 이상 수(水) · 금(金)이 필요 없다는 말이다.

시	일	월	연
庚	庚	丙	壬
辰	午	午	申

이 사주는 일간이 경(庚)금이다. 그리고 일간을 도와주는 오행은 금(金)·토(土)이다.

이 사주에서는 금(金)으로는 일간의 경(庚:1) 시간의 경(庚:0.8) 연지의 신(申:1)이 있으며, 토(土)로는 시지의 진(辰:1.2)이 있다. 따라서 일간과 일간을 도와주는 오행을 더하면 모두 4이다. 일간의 강약의 경계선을 5로 보면 이 사주는 일간이 약하다.

그런데 이 사주는 일간이 약하다는 이야기는 금(金)·토(土)가 적으니 더 이상 금(金)·토(土)가 필요하다는 말이다.

03 득령·득지·득세에 의한 판단

1) 득령(得令)

좁게는 월령(月令)을 얻는 것을 말한다. 넓게는 월지가 비견·겁재·편인·인수에 해당하면 득령한 것이다.

2) 득지(得地)

월지를 포함한 모든 지지에서 일간과 오행이 동일한 지장간을 3개 이상 얻으면 득지한 것이다. 오행이 동일한 지장간만 해당되므로 비견·겁재만 포함되고, 편인·인수는 제외된다.

3) 득세(得勢)

일간과 월지를 제외하고 다른 간지에서 비견·겁재·편인·인수의 세력을 3개 이상 얻으면 득세한 것이다.

위에서 설명한 득령·득지·득세 중 2가지 이상(득령과 득지, 득령과 득세, 득지와 득세)을 갖추면 일간이 강하고, 그렇지 못하면 일간이 약하다.

이 방법을 따라 다음의 예들을 살펴보자.

📖 예❶

시	일	월	연
庚	壬	己	庚
子	辰	卯	辰

이 사주는 일간이 임(壬)수이다. 그리고 일간을 도와주는 오행은 수(水)·금(金)이다.

① 득령 : 월지가 묘(卯)이므로 득령이 아니다.
② 득지 : 월지를 포함한 모든 지지의 지장간은 다음과 같다. 이에 관하여는 기초 이론 정리를 참고하기 바란다.
   - 연지 辰(乙·癸·戊)

- 월지 卯(甲 · 乙)

- 일지 辰(乙 · 癸 · 戊)

- 시지 子(壬 · 癸)

여기서 일간이 임(壬)수이므로 수(水)에 속하는 지장간을 찾으면 된다. 수(水)에 속하는 지장간이 4개 있으므로 득지이다.

③ 득세 : 일간과 월지를 제외하고 다른 간지에서 겁재가 1개, 편인이 2개이므로 득세이다.

결과적으로 이 사주는 득지와 득세를 갖추었으므로 일간이 강하다.

📚 예❷

시	일	월	연
甲	甲	甲	甲
戌	寅	戌	申

이 사주는 일간이 갑(甲)목이다. 그리고 일간을 도와주는 오행은 목(木) · 수(水)이다.

① 득령 : 월지가 술(戌)이므로 득령이 아니다.

② 득지 : 월지를 포함한 모든 지지의 지장간은 다음과 같다. 이에 관하여는 기초 이론 정리를 참고하기 바란다.

- 연지 申(壬 · 庚)

- 월지 戌(辛 · 丁 · 戊)

- 일지 寅(戊 · 丙 · 甲)

- 시지 戌(辛 · 丁 · 戊)

여기서 일간이 갑(甲)목이므로 목(木)에 속하는 지장간을 찾으면 된다. 목(木)에 속하는 지장간이 1개 있으므로 득지가 아니다.

③ 득세 : 일간과 월지를 제외하고 다른 간지에서 비견이 4개이므로 득세이다.

결과적으로 이 사주는 득세만 갖추었으므로 일간이 약하다.

04 투파

일간의 강약이란 일간의 오행을 그 밖의 다른 오행과 비교한 상대적인 강약이다. 그래서 투파는 일간의 강약을 따로 떼어서 논할 것이 아니라 사주명식에 있는 천간의 강약을 하나도 빠짐없이 모두 논해야 한다고 한다. 참고로 투파는 천간이 아닌 지지는 천간과 달리 오행이 아닌 뿌리일 뿐이라고 한다. 투파가 오행의 강약을 판단하는 원칙은 다음과 같다.

① 사주명식의 오행이란 천간의 오행만을 가리키고 지지의 오행을 가리키지 않는다.
② 천간의 오행만을 논하므로 오행이 많아도 4행(四行)뿐이고 적어도 1행(一行)은 된다.
③ 천간에 있는 오행이 월령을 얻고 있는가를 본다.
④ 12지는 10간에 대한 근(根)의 작용만 한다.
⑤ 천간에 있는 오행의 근(根)이 지지에 있는가를 본다.
⑥ 천간에 서로 동성(同性)의 오행이 있는가를 본다.
⑦ 천간합이 있는가를 본 후 있다면 화(化)하는가를 본다.
⑧ 지지에 육합이 있는가를 본다.

⑨ 지지에 지충이 있는가를 본다.
⑩ 이상의 조건에 의하여 오행이 강한 순서를 매긴다.

투파를 따라 다음의 예들을 살펴보자.

📚 예❶

시	일	월	연
辛	丙	辛	庚
卯	寅	巳	寅

이 사주는 천간에 금(金)과 화(火)의 2행(二行)뿐이다. 이 2행의 강약을 월령과 근(根) 등을 가지고 판단한다. 월간과 일간의 천간합이 있기는 하나 월령이 화(火)이므로 화(化)하지 않는다. 투파는 사주명식에서 천간합이 서로 얽힌 경우에는 월일의 합을 먼저 보고 다음에 연월의 합 또는 일시의 합의 순으로 보는 것 같다. 그래서 이 사주는 일간과 시간의 합은 문제가 되지 않을 것이다. 투파는 화하지 않는 일간과의 합은 월간이나 시간의 작용이 배가(倍加)된다고 한다. 이에 관하여는 기초 이론 정리를 참고하기 바란다. 이 사주는 지지에 합충이 없기 때문에 어느 지지나 무작용이 되지 않는다.

금(金)은 천간에 세 개가 있는데 월간이 배가되어 네 개가 된다. 금(金)의 근(根)은 지지에 한 개가 있는데 이는 사(巳) 속의 경(庚)이다. 그래서 이 사주는 금(金)이 5이다.

화(火)는 천간에 한 개가 있다. 이 화(火)는 월령을 얻고 있다. 화(火)의 근(根)은 지지에 세 개가 있는데 이는 인(寅)과 사(巳)와 인(寅) 속의 병(丙)들이다. 그래서 이 사주는 화(火)가 1+월령+3이다. 월령에 따라 화(火)의 강약이 달라진다.

일본의 좌등육룡(佐藤六龍)은 이 사주는 화(火)가 제일 강하고 그다음으로 금(金)이 강하며 목(木)·수(水)·토(土)는 논의의 범위 밖이라고 한다. 그렇다면 그는 월령이 한 개의 천간보다 강하다고 본다는 것이다. 다시 말해 구체적인 수리로 나타내지 않았지만 그는 월령의 강약을 1^+로 본다는 것이다.

📚 예❷

시	일	월	연
丙	戊	壬	壬
辰	辰	子	申

이 사주는 천간에 수(水)와 토(土)와 화(火)의 3행(三行)뿐이다. 이 3행의 강약을 월령과 근(根) 등을 가지고 판단한다. 투파는 지지삼합을 다루지 않는다.

수(水)는 천간에 두 개가 있다. 이 수(水)는 월령을 얻고 있다. 수(水)의 근(根)은 지지에 네 개가 있다. 투파는 자(子) 속에 임(壬)과 계(癸)가 있다고 하면서 이들을 그냥 수(水)의 근(根) 한 개로 다룬다. 그래서 이 사주는 수(水)가 2+월령+4이다. 월령에 따라 수(水)의 강약이 달라진다.

토(土)는 천간에 한 개가 있다. 토(土)의 근(根)은 지지에 두 개가 있다. 그래서 이 사주는 토(土)가 1+2이다.

화(火)는 천간에 한 개가 있다. 화(火)의 근(根)은 지지에 한 개도 없다. 그래서 이 사주는 화(火)가 1이다.

투파를 따르면 이 사주는 수(水)가 제일 강하고 그다음으로 토(土)가 강하며 화(火)가 제일 약하고 지지의 오행의 강약은 논의의 범위 밖이다.

비율 배정에 의한 단순 판단은 그야말로 단순 판단이다. 왜냐하면 이는 지장간을 전혀 다루지 않고 그저 천간과 지지가 머물고 있는 궁(宮)의 비중만 다루는 판단이기 때문이다. 그 결과 이 방법을 그대로 따르면 지지에 강한 뿌리가 있어도 이를 무시하고 엉뚱한 결론을 내릴 수 있다. 다음의 예를 살펴보자.

예

시	일	월	연
甲	壬	戊	戊
辰	辰	午	辰

비율 배정에 의한 단순 판단을 따르면 이 사주는 일간을 돕는 간지가 한 개도 없다. 그래서 격국(格局)을 논할 때 이 사주는 일반격이 아닌 특수격 중 종격(從格)이라고 결론을 내릴 수 있다. 그러나 이 사주는 일간인 임(壬)이 양간(陽干)으로서 좀처럼 자신을 굽히지 않는데다 더구나 연지를 포함한 3진(辰) 속의 계(癸)와 통하여 활기가 있으므로 종격이 아니다. 이 사주의 주인공은 임(壬)운과 계해(癸亥)대운에는 대과(大科)에 급제하여 크게 귀한 몸이 되었다.

비율 배정에 의한 단순 판단은 지장간을 다루지 않아서 문제가 된다. 그렇다고 해서 이 방법을 가볍게 내칠 수는 없다. 왜냐하면 이 방법이 나중에 설명할 배합과 흐름으로 사주의 큰 그림을 파악할 때 도움이 될 수 있기 때문이다. 다음의 예를 살펴보자.

시	일	월	연
壬	丙	丙	壬
辰	午	午	辰

　비율 배정에 의한 단순 판단을 따르면 이 사주는 한눈에 일간이 강하다. 월주와 일주가 똑같이 병오(丙午)의 불기둥이다. 그리고 2오(午)는 힘을 합쳐 연지와 시지의 진(辰)을 생한다. 그 결과 4화(火) 2토(土)가 2수(水)를 위협한다. 그러나 연지와 시지의 진(辰)이 수고(水庫)이다. 따라서 수고인 진(辰) 위에 앉아 있는 임(壬)을 버릴 수가 없다. 이 사주의 주인공은 유(酉)운이 들어오며 진유(辰酉)합으로 금(金)을 도와 금생수하니 크게 귀한 몸이 되었다.

　득령·득지·득세에 의한 판단은 종합적인 판단이 아니고 개별적인 판단이다. 왜냐하면 일간의 오행을 그 밖의 다른 오행과 비교하지 않고 일간의 오행 하나만을 다루는 판단이기 때문이다. 그 결과 이 방법을 그대로 따르면 얼른 보아도 이건 아닌데 싶은 경우가 있다. 다음의 예를 살펴보자.

시	일	월	연
乙	甲	甲	甲
亥	寅	戌	子

　득령·득지·득세에 의한 판단을 따르면 이 사주는 득령도 아니고 득지도 아

니며 다만 득세일 뿐이다. 그래서 이 사주는 일간이 약하다. 그러나 이 사주는 일간인 갑(甲)이 월지의 술(戌)을 제외한 다른 모든 간지로부터 도움을 받아 보통 이상으로 지나치게 왕(旺)하다. 이 사주의 주인공은 수(水)운에는 조상 대대로 내려오는 가업을 지키지 못했다.

득령·득지·득세에 의한 판단은 일간의 오행을 비교 대상이 없이 독립적으로 다루어서 문제가 된다. 그렇다고 해서 이 방법을 가볍게 내칠 수는 없다. 왜냐하면 이 방법이 특수한 경우를 제외하고는 애매한 사주를 파악할 때 도움이 될 수 있기 때문이다. 다음의 예를 살펴보자.

예

시	일	월	연
丙	甲	丙	癸
寅	辰	辰	卯

득령·득지·득세에 의한 판단을 따르면 이 사주는 한눈에 일간이 강하다. 득지이고 득세이다. 월령과 지지방합을 논할 필요가 없다. 이 사주의 주인공은 수(水)운을 만나기 전에는 선대로부터 물려받은 재산이 엄청났으나 수(水)운을 만나면서 한 번 실패로 불이 꺼진 재처럼 되었다.

투파는 천간과 그 뿌리인 지장간을 합쳐서 그 오행의 강약을 논하고 지지의 오행의 강약은 논의의 범위 밖이다. 그러므로 투파를 따르면 일반 이론과는 아주 다른 사주 풀이가 된다. 투파를 따라 다음의 예를 살펴보자.

시	일	월	연
丁	甲	庚	庚
卯	寅	辰	寅

이 사주는 천간에 금(金)과 목(木)과 화(火)의 3행(三行)뿐이다. 이 3행의 강약을 월령과 근(根) 등을 가지고 판단한다. 투파는 지지방합을 다루지 않는다.

금(金)은 천간에 두 개가 있다. 금(金)의 근(根)은 지지에 한 개도 없다. 그래서 이 사주는 금(金)이 2이다.

목(木)은 천간에 한 개가 있다. 이 목(木)이 월령을 얻고 있는가는 분명하지 않다. 그래서 월령은 이를 일단 제외한다. 목(木)의 근(根)은 지지에 네 개가 있다. 투파는 묘(卯) 속에 갑(甲)과 을(乙)이 있다고 하면서 이들을 그냥 목(木)의 근(根) 한 개로 다룬다. 그래서 이 사주는 목(木)이 1+4이다.

화(火)는 천간에 한 개가 있다. 화(火)의 근(根)은 지지에 두 개가 있다. 그래서 이 사주는 화(火)가 1+2이다.

투파를 따르면 이 사주는 목(木)이 제일 강하고 그다음으로 화(火)가 강하며 금(金)이 제일 약하고 지지의 오행의 강약은 논의의 범위 밖이다. 그래서 이 사주는 일간이 강하므로 식상으로 설하든지 아니면 관성으로 극해야 한다. 그런데 이 사주는 관성보다 식상이 힘이 있으므로 투파는 식상을 택할 것이다. 투파는 이 사주의 진(辰)토가 그와 일심동체인 경(庚)금을 생하는 것까지 부인한다. 그러나 이는 지지의 작용을 제대로 헤아리지 못한다는 비판을 받을 수 있다. 이 사주의 주인공은 갑신(甲申)대운이 되자 경(庚)금이 녹왕을 만나고 인(寅)목을 충하여 벼슬이 연이어 올라가 군수가 되었으나 병(丙)운이 들어오자 병(丙)화가 경(庚)금을 극하는 바람에 벼슬에서 밀려나 고향으로 돌아갔다.

투파는 지지의 생극을 다루지 않아서 문제가 된다. 그러나 이에 관해서는 철학적 고찰이 필요하므로 따로 논하기로 한다. 투파는 여러 방면에서 예리한 이론을 펼치는데 일간의 강약에 관해서도 마찬가지이다. 일간의 강약이란 일간의 오행을 그 밖의 다른 오행과 비교한 상대적인 강약이다. 다른 천간의 강약에 따라서 일간의 강약이 상대적으로 달라진다. 그래서 투파는 일간의 강약을 따로 떼어서 논할 것이 아니라 사주명식에 있는 천간의 강약을 하나도 빠짐없이 모두 논해야 한다고 한다. 투파를 따라 다음의 예를 살펴보자.

📖 예

시	일	월	연
丁	辛	乙	戊
酉	丑	卯	辰

이 사주는 천간에 토(土)와 목(木)과 금(金)과 화(火)의 4행(四行)뿐이다. 이 4행의 강약을 월령과 근(根) 등을 가지고 판단한다.

토(土)는 천간에 한 개가 있다. 토(土)의 근(根)은 지지에 두 개가 있다. 그래서 이 사주는 토(土)가 1+2이다.

목(木)은 천간에 한 개가 있다. 이 목(木)은 월령을 얻고 있다. 목(木)의 근(根)은 지지에 두 개가 있다. 투파는 묘(卯) 속에 갑(甲)과 을(乙)이 있다고 하면서 이들을 그냥 목(木)의 근(根) 한 개로 다룬다. 그래서 이 사주는 목(木)이 1+월령+2이다. 월령에 따라 목(木)의 강약이 달라진다.

금(金)은 천간에 한 개가 있다. 금(金)의 근(根)은 지지에 두 개가 있다. 투파는 유(酉) 속에 경(庚)과 신(辛)이 있다고 하면서 이들을 그냥 금(金)의 근(根) 한 개로 다룬다. 그래서 이 사주는 금(金)이 1+2이다.

화(火)는 천간에 한 개가 있다. 화(火)의 근(根)은 지지에 한 개도 없다. 그래서 이 사주는 화(火)가 2이다.

투파를 따르면 이 사주는 목(木)이 제일 강하고 그다음으로 토(土)·금(金)이 똑같이 강하며 화(火)가 제일 약하고 지지의 오행의 강약은 논의의 범위 밖이다. 그래서 이 사주는 일간이 약하므로 비겁·인성으로 도와주어야 한다. 자칫하면 이 사주는 금(金)과 토(土)의 합계가 화(火)와 목(木)의 합계보다 많으니까 일간이 강하고 따라서 비겁·인성으로 도와주면 안 된다고 잘못 판단할 수 있다. 이 사주의 주인공은 남방운의 살지(殺地)에서는 갖은 풍상을 겪으면서 부지런히 돌아다녀도 좋은 인연을 만나지 못하였으나 경신(庚申)대운에는 좋은 인연을 만나 분발하여 군에서 공을 세웠고 신유(辛酉)대운까지 20년간 벼슬이 부윤(副尹)에 이르렀다.

투파는 천간과 지지의 관계에서 천간을 지지보다 중요하게 다루는 까닭은 천간은 이성(理性)이고 지지는 감성(感性)이기 때문이라고 한다. 이성이란 진위(眞僞)나 선악(善惡)을 식별하여 바르게 판단하는 능력이고 감성이란 이성에 대응되는 개념으로 외계의 대상을 오관(五官)으로 감각하고 지각하여 표상을 형성하는 능력이다.

이성은 인간적인 것이고 감성은 동물적인 것이어서 인간에게는 이성이 감성보다 중요한가. 그렇지 않다. 왜냐하면 감성이 안정되어야 이성도 작용할 수 있기 때문이다. 오랜 철학의 주제는 감성의 작용을 배제하고 이성에 의해 관리되는 합리적 사고체계를 수립하는 것이었다. 그러나 현실은 어떠한가. 동물적인 욕구가 충족되지 않으면 인간다움마저 상실한다.

불교의 의식구조론은 다음과 같다.

식(識)이란 사물을 인식하거나 이해하는 작용이다. 인간은 눈·귀·코·혀·몸·생각을 따라 안식(眼識)·이식(耳識)·비식(鼻識)·설식(舌識)·신식(身識)·의식(意識)을 지닌다. 예를 들어 한 잔의 차로써 마음을 밝히는 경우 눈으로는 찻잔에 비치는 차의 빛깔을, 귀로는 찻물 끓이는 소리를, 코로는 차의 향기를, 혀로는 차의 맛을, 몸으로는 차의 따뜻한 감촉을, 생각으로는 다선일미(茶禪一味 : 차 마시는 일과 참선수행은 같은 맛)를 즐긴다. 의식(意識)이란 대상을 총괄하며 판단·분별하는 작용이다. 이것을 제6의식이라 하고, 그 안의 잠재의식을 제7말나식이라 하며, 무의식 상태의 근본 심리 작용을 제8아라야식이라고 한다. 인간의 목숨이 끊어져도 제8아라야식은 남는다. 제8아라야식은 절대로 없어지지 않는 식이다. 그러면서 제8아라야식은 모든 기억을 잘 정돈하여 간수하였다가 어떤 기회가 되면 해당 기억을 되살려 일으킨다. 그러므로 윤회하는 실체는 영혼(죽은 사람의 넋)이 아니라 바로 이 제8아라야식이다. 우리가 이 제8아라야식을 순화(純化)시켜 윤회의 고리를 끊으면 생사(生死)를 벗어나 대자유를 누리게 된다.

불교의 의식구조론을 보면 투파는 현실론이 아닌 당위론을 펼치고 있다는 생각이 든다.

지금까지 일간의 강약을 계량하는 이러저러한 방법과 이론을 소개했지만 모두가 완전한 것은 아니다. 일간의 강약은 오행의 강약을 벗어날 수 없고 오행의 강약은 배합과 흐름으로 판가름이 난다.

"

오행의 강약

01 의의

일간의 강약이란 일간의 오행을 그 밖의 다른 오행과 비교한 상대적인 강약이다. 그래서 투파는 일간의 강약을 따로 떼어서 논할 것이 아니라 사주명식에 있는 천간의 강약을 하나도 빠짐없이 모두 논해야 한다고 한다. 투파는 천간과 그 뿌리인 지장간을 합쳐서 그 오행의 강약을 논하고 지지의 오행의 강약은 논의의 범위 밖이다. 참고로 투파는 천간이 아닌 지지는 천간과 달리 오행이 아닌 뿌리일 뿐이라고 한다. 투파의 주장을 자세하게 살펴보자.

사주명식에 나타난 천간에 대해서 전반적인 모든 조건을 완전히 구별한 후 그 천간 하나하나의 강약을 판단해야 한다. 이제까지의 추명술(推命術)은 일간의 강약만을 논하고 다른 오행의 강약은 이를 논하지 않았다. 이처럼 일간의 강약만을 따지면 사주명식의 희신과 기신을 정확히 알아낼 수 없다. 사주명식 중의 오행의 강약을 정확히 판단해야 비로소 일간이 어느 정도 강한지 약한지를 알 수 있는 것이며 거기서부터 강한 오행을 억제하고 약한 오행을 보조하는 추명술의 기본 원칙이 적용되는 것이다. 그러므로 사주명식에 나타나 있는 오행 즉, 천간의 오행의 강약을 명백히 판단하여 그 강약의 차례를 정하고 그 중에서 일간의 강약이 몇 번째인가를 알아내는 것이 절대적으로 필요하다.

투파가 오행의 강약을 판단하는 원칙에 관하여는 이미 일간의 강약에서 소개한 바 있다. 투파의 주장을 더욱 자세하게 살펴보자.

오행의 강약을 정하는 구체적인 이유는 다음과 같다.

① 격국(格局)의 격(格)을 정하는 기본이 된다.
② 용신에 대한 희신과 기신을 명백히 찾을 수 있다.
③ 격국(格局)의 외격(外格)을 정하는 기본이 된다.

종래의 추명술과 같이 단지 일간의 오행의 강약만을 알고 다른 오행의 강약을 모르면 위의 세 가지가 매우 불확실하다. 그래서 여러 문제가 생긴다. 몇 가지만 살펴보자.

① 격(格)의 하나인 양신성상격(兩神成象格)에서 거의 같은 강도인 두 가지의 오행의 조화를 보는 통관용신법(通關用神法)을 가져다 쓸 수 없다.
② 용신이 목(木)이라고 하자. 이 경우 목(木)의 강약만 알고 그 다음으로 강

한 오행을 보지 않으면, 희신을 가져다 쓰는 법에 문제가 생긴다. 가령 용신인 목(木)이 제일 강한 경우, 목(木)을 극하는 금(金)을 희신으로 해야 하는 바, 이것만으로는 틀렸다고 할 수 없다. 그러나 이 목(木) 다음으로 강한 오행이 수(水)인 경우, 금(金)을 갖고 오기보다는, 토(土)를 희신으로 하는 편이 옳다는 문제가 생긴다. 왜냐하면 금(金)을 갖고 오면, 이 금(金)이 두 번째로 강한 수(水)를 더욱 강하게 하므로, 그러지 말고 토(土)를 갖고 와서 목극토(木剋土)와 토극수(土剋水)가 되게 하여, 강한 오행들의 힘을 빼야 하기 때문이다. 이처럼 용신인 목(木)의 강약만을 놓고 볼 때는 금(金)을 갖고 오든 토(土)를 갖고 오든 어느 것이나 무방하다. 그러나 그러지 않고 천간의 오행의 강약을 명백히 판단하여 그 강약의 차례를 정하면 금(金)과 토(土) 중에서 토(土)를 택하게 된다.

③ 외격(外格)은 내격(內格)에 대한 용어인데, 이 내격과 외격을 구별하지 못하면 추명술의 근본이 흔들린다. 내격과 외격에서는 사주명식에 대한 길(吉)의 오행과 흉(凶)의 오행이 정반대로 되며 따라서 격(格)을 틀리게 가져다 쓰면 행운(行運) 판단도 정반대로 된다. 예를 들어 사주명식이 내격일 때 목(木)과 화(火)가 길(吉)의 오행이라면 외격일 때 금(金)과 수(水)가 길(吉)의 오행이므로 행운 판단도 길(吉)과 흉(凶)이 정반대로 된다. 이 내격과 외격을 구별하는 열쇠는 바로 천간의 오행의 강약을 명백히 판단하여 그 강약의 차례를 정하는 것이다.

투파의 논리는 명쾌하다. 그러나 투파는 지지의 오행을 빼버린 채 천간의 오행의 강약만을 다루고 있다. 이러한 태도는 과연 타당한가. 타당하지 않다. 왜냐하면, 사주는 천간과 지지와 지장간의 천지인(天地人)으로 이루어지는데 그중 하나를 빼버리면 이는 사주가 아니기 때문이다.

투파는 장간법을 월지의 장간법과 연지·일지·시지의 장간법으로 구분한다. 그러면서 월지의 장간법에서는 월령이 활동 중인 장간이고, 연지·일지·시지의 장간법에서는 대표 장간인 정기가 활동 중인 장간이라고 한다. 투파의 장간법으로 절입 이후 10일인 다음의 사주는 어느 것이 활동 중인 장간인가를 살펴보자.

시	일	월	연
癸	丁	壬	戊
卯	卯	戌	午

◈ 월지

술(戌)월 출생이다. 절입 이후 12일까지는 신(辛)이 활동 중인 장간이다. 그러므로 월지에서는 신(辛)이 활동 중인 장간이다.

◈ 연지

오(午)년 출생이다. 오(午)의 대표 장간인 정(丁)이 활동 중인 장간이다. 그러므로 연지에서는 정(丁)이 활동 중인 장간이다.

◈ 일지

묘(卯)일 출생이다. 묘(卯)의 대표 장간인 을(乙)이 활동 중인 장간이다. 그러므로 일지에서는 을(乙)이 활동 중인 장간이다.

◈ 시지

묘(卯)시 출생이다. 묘(卯)의 대표 장간인 을(乙)이 활동 중인 장간이다. 그러므로 시지에서는 을(乙)이 활동 중인 장간이다.

투파는 장간법을 장간의 표출법이라고도 하는데 표출이란 말은 겉으로 나타냄이고 따라서 이 장간법은 지지의 작용을 전제로 한 것이다. 그러면서도 투파는 지지의 생극을 다루지 않는데 이는 자기모순이다. 근본적으로는 투파가 지지의 합과 충을 논하면서 지지의 생극을 다루지 않는 게 문제이다. 월지와 연지·일지·시지의 활동 중인 장간의 생극을 다루어야 한다.

투파는 연지·일지·시지에서는 정기를 대표 장간이라고 하면서 월지에서는 그렇게 하지 않는다. 그러나 어느 지지에서나 정기를 대표 장간이라고 해야 한다. 왜냐하면 정기의 생극이 바로 지지의 생극이기 때문이다. 월지는 연지·일지·시지와는 달리 월령과 정기의 관계가 거론될 수 있지만 월령은 월령이고 정기는 대표 장간이다.

02 수리 기준

사주명식에 있는 오행의 강약을 판단할 수 있는 객관적인 수리 기준이 필요하다. 이 수리 기준은 객관적인 것이어야 한다. 필자가 제시하는 수리 기준은 그동안의 사주 풀이에 바탕을 둔 것이다. 그러나 현재로서는 가설이다. 가설이란 어떤 사실을 설명하거나 어떤 이론 체계를 연역하기 위하여 설정한 가정이다. 이 가설로부터 이론적으로 도출된 결과가 관찰이나 실험에 의하여 검증되면, 가설의 위치를 벗어나 정설이 된다. 후학들이 많은 검증을 통하여 이 수리 기준을 더욱 체계화하기를 바란다.

수리 기준은 상수학(象數學)의 수(數)에 해당한다.

수리 기준은 사주명식에 있는 각각의 천간·지지·지장간은 이를 어떠한 기준으로 이러저러하게 계량하고 사주의 해당 월령은 이를 별도의 기준으로 달리 셈

하는 것을 그 내용으로 한다. 투파의 수리 기준은 지지를 제외하지만 필자가 제시하는 수리 기준은 투파와는 달리 지지를 포함한다. 다음의 내용이 복잡한 것 같지만 그 원리는 간단하다. 다른 곳에서도 거듭해서 다루므로 그냥 가볍게 살펴보면서 넘어가면 된다.

1) 천간

① 각각의 천간은 원칙적으로 1이다.

	㉮					㉯		
시	일	월	연		시	일	월	연
庚	癸	壬	甲		丙	丁	乙	丁
○	○	○	○		○	○	○	○

㉮ : 각각의 천간은 원칙적으로 1이다.
㉯ : 각각의 천간은 원칙적으로 1이다.

② 각각의 천간은 예외적으로 0.5나 1.5로 변화한다. 이런 변화는 천간합의 경우에 나타난다. 이에 관하여는 기초 이론 정리를 참고하기 바란다.

	㉮					㉯		
시	일	월	연		시	일	월	연
○	○	丁	壬		○	辛	丙	○
○	○	丑	午		○	酉	午	○

㉮ : 임(壬)과 정(丁)은 각각 예외적으로 0.5로 변화한다.
㉯ : 신(辛)은 1이나 병(丙)은 예외적으로 1.5로 변화한다.

③ 각각의 천간은 예외적으로 다른 오행으로 변화한다. 이런 변화는 천간합의 경우에 나타난다. 이에 관하여는 기초 이론 정리를 참고하기 바란다.

	시	일	월	연
㉮	○	○	辛	丙
	○	○	酉	申

	시	일	월	연
㉯	○	○	辛	丙
	○	○	亥	子

㉮ : 병(丙)과 신(辛)은 각각 예외적으로 임(壬)과 계(癸)로 변화한다.
㉯ : 병(丙)과 신(辛)은 각각 예외적으로 임(壬)과 계(癸)로 변화한다.

2) 지지

① 연지·일지·시지의 대표 장간은 원칙적으로 1이다.

	시	일	월	연
㉮	○	○	○	○
	申	亥	○	申

	시	일	월	연
㉯	○	○	○	○
	午	丑	○	酉

㉮ : 신(申)·해(亥)·신(申)의 대표 장간인 경(庚)·임(壬)·경(庚)은 각각 원칙적으로 1이다.
㉯ : 유(酉)·축(丑)·오(午)의 대표 장간인 신(辛)·기(己)·정(丁)은 각각 원칙적으로 1이다.

② 월지의 대표 장간은 연지·일지·시지의 대표 장간과 마찬가지로 원칙적으로 1이다.

	㉮					㉯		
시	일	월	연		시	일	월	연
○	○	○	○		○	○	○	○
○	○	申	○		○	○	巳	○

㉮ : 신(申)의 대표 장간인 경(庚)은 원칙적으로 1이다.
㉯ : 사(巳)의 대표 장간인 병(丙)은 원칙적으로 1이다.

③ 각각의 대표 장간은 예외적으로 본래의 역할을 수행할 수 없어서 0으로 변화한다. 이런 변화는 지충의 경우에 나타난다. 이에 관하여는 기초 이론 정리를 참고하기 바란다.

	㉮					㉯		
시	일	월	연		시	일	월	연
○	○	○	○		○	○	○	○
○	○	申	寅		○	亥	巳	○

㉮ : 인(寅)·신(申)의 대표 장간인 갑(甲)·경(庚)은 각각 예외적으로 본래의 역할을 수행할 수 없어서 0으로 변화한다.
㉯ : 사(巳)·해(亥)의 대표 장간인 병(丙)·임(壬)은 각각 예외적으로 본래의 역할을 수행할 수 없어서 0으로 변화한다.

3) 지장간

여기의 지장간은 대표 장간이 아닌 지장간이다. 왜냐하면 대표 장간은 이를 앞에서 천간과 대비되는 지지로 다루었기 때문이다.

① 각각의 지장간은 홀로 힘을 쓸 수 없다. 그래서 각각의 지장간은 원칙적으로 0이다.

시	일	월	연	시	일	월	연
○	○	○	○	○	○	○	○
○	丑	○	○	○	○	寅	○

㉮ : 축(丑)의 지장간인 계(癸)·신(辛)은 대표 장간이 아니다. 계(癸)·신(辛)은 각각 원칙적으로 0이다.

㉯ : 인(寅)의 지장간인 무(戊)·병(丙)은 대표 장간이 아니다. 무(戊)·병(丙)은 각각 원칙적으로 0이다.

각각의 지장간은 홀로 힘을 쓸 수 없지만 다음의 경우에는 예외적으로 힘을 쓸 수 있다.

- 동일한 오행의 천간이 있는 경우
- 동일한 오행의 대표 장간이 있는 경우
- 동일한 오행의 월령을 만나는 경우

위의 세 가지 경우에는 각각의 지장간은 1이나 다만 인(寅)·사(巳)·오(午) 속의 무(戊)·무(戊)·기(己)는 0.5이다.

	㉮					㉯		
시	일	월	연		시	일	월	연
○	○	癸	○		○	○	○	○
○	丑	○	○		申	丑	○	○

㉮ : 축(丑)의 지장간인 계(癸)는, 동일한 오행의 천간이 있는 경우이므로, 1이다.

㉯ : 축(丑)의 지장간인 신(辛)은, 동일한 오행의 대표 장간이 있는 경우이므로, 1이다.

	㉰					㉱		
시	일	월	연		시	일	월	연
○	○	○	○		○	○	己	○
○	丑	亥	○		○	寅	○	○

㉰ : 축(丑)의 지장간인 계(癸)는, 동일한 오행의 월령을 만나는 경우이므로, 1이다.

㉱ : 인(寅)의 지장간인 무(戊)는, 동일한 오행의 천간이 있는 경우이므로, 0.5이다.

㉙					㉚			
시	일	월	연		시	일	월	연
○	○	○	○		○	○	○	○
戌	巳	○	○		○	午	辰	○

㉙ : 사(巳)의 지장간인 무(戊)는, 동일한 오행의 대표 장간이 있는 경우이므로, 0.5이다.

㉚ : 오(午)의 지장간인 기(己)는, 동일한 오행의 월령을 만나는 경우이므로, 0.5이다. 참고로 진(辰)월은 을(乙)이 월령일 수도 있고 무(戊)가 월령일 수도 있는데 이 사주는 무(戊)가 월령이다.

② 자(子)·오(午)·묘(卯)·유(酉) 속에는 각각 그 오행이 수(水)·화(火)·목(木)·금(金)인 지장간이 두 개씩 있다. 참고로 투파는 이들 네 개의 지지 속에는 각각 수(水)·화(火)·목(木)·금(金)의 근(根) 한 개씩이 있다고 다룬다.

㉠					㉡			
시	일	월	연		시	일	월	연
○	○	○	○		○	○	○	○
○	○	○	子		○	○	午	○

㉠ : 자(子) 속에는 수(水)인 임(壬)·계(癸)가 있다.

㉡ : 오(午) 속에는 화(火)인 병(丙)·정(丁)이 있다. 참고로 오(午) 속에는 토(土)인 기(己)도 있다.

		㉯					㉰	
시	일	월	연		시	일	월	연
○	○	○	○		○	○	○	○
○	卯	○	○		酉	○	○	○

㉯ : 묘(卯) 속에는 목(木)인 갑(甲)·을(乙)이 있다.

㉰ : 유(酉) 속에는 금(金)인 경(庚)·신(辛)이 있다.

③ 각각의 지장간은 홀로 힘을 쓸 수 없지만 ①에서 본 바와 같이 일정한 경우에는 예외적으로 힘을 쓸 수 있다. 그러나 반드시 그런 것은 아니다. 이런 변화는 지충의 경우에 나타난다. 이에 관하여는 기초 이론 정리를 참고하기 바란다.

		㉮					㉯	
시	일	월	연		시	일	월	연
○	○	○	○		○	○	○	○
○	未	丑	○		○	寅	申	○

㉮ : 축(丑)의 지장간인 계(癸)·신(辛)과 미(未)의 지장간인 정(丁)·을(乙)은 힘을 쓸 수 없다.

㉯ : 신(申)의 지장간인 임(壬)과 인(寅)의 지장간인 병(丙)은 힘을 쓸 수 없다. 참고로 인(寅)의 지장간인 무(戊)는 힘을 쓸 수 있다.

4) 월령

① 정기의 월령은 2이고 초기의 월령은 1이다.

	㉮					㉯		
시	일	월	연		시	일	월	연
○	○	○	○		○	○	○	○
○	○	寅	○		○	○	申	○

㉮ : 절입 이후 7일까지는 무(戊)가 월령이고 절입 이후 8일부터는 갑(甲)이 월령이다. 정기의 월령인 갑(甲)은 2이고 초기의 월령인 무(戊)는 1이다.

㉯ : 절입 이후 월의 끝까지 경(庚)이 월령이다. 초기의 월령은 없고 정기의 월령만 있다. 정기의 월령인 경(庚)은 2이다.

② 월령과 대표 장간 · 지장간의 관계가 거론될 수 있지만 월령은 대표 장간 · 지장간과는 별개의 존재이다.

	㉮					㉯		
시	일	월	연		시	일	월	연
○	○	○	○		○	○	○	○
○	○	寅	○		○	○	申	○

㉮ : 월령인 갑(甲)은 대표 장간인 갑(甲)과 별개의 존재이다. 그러므로 각각의 수리 기준을 따른다. 월령인 무(戊)는 지장간인 무(戊)와 별개의 존재이다. 그러므로 각각의 수리 기준을 따른다.

㉯ : 월령인 경(庚)은 대표 장간인 경(庚)과 별개의 존재이다. 그러므로 각각의 수리 기준을 따른다.

③ 월령은 지충 때문에 변화하지 않는다.

	㉮					㉯		
시	일	월	연		시	일	월	연
○	○	○	○		○	○	○	○
○	申	寅	○		○	寅	申	○

㉮ : 월령인 갑(甲)은 인신(寅申)충 때문에 변화하지 않는다. 월령인 무(戊)
는 인신(寅申)충 때문에 변화하지 않는다.
㉯ : 월령인 경(庚)은 인신(寅申)충 때문에 변화하지 않는다.

03 판단 예

📖 예❶

시	일	월	연
甲	壬	戊	戊
辰	辰	午	辰

이 사주의 오행의 강약을 판단해 보자. 참고로 연월일시의 오행순으로 진행
한다.

◈ 토(土) : 5.5

• 천간 − 연간 1, 월간 1

- 지지 – 연지·일지·시지의 대표 장간 각각 1
- 지장간 – 월지 속의 기(己)는 천간의 뿌리로서 0.5

◈ 수(水) : 4
- 천간 – 일간 1
- 지지 – 0
- 지장간 – 연지·일지·시지 속의 수(水) 각각 1

◈ 목(木) : 4
- 천간 – 시간 1
- 지지 – 0
- 지장간 – 연지·일지·시지 속의 목(木) 각각 1

◈ 화(火) : 2 + 월령(2 또는 1)
- 천간 – 0
- 지지 – 월지의 대표 장간 1
- 지장간 – 월지 속의 병(丙) 1

◈ 월령 : 정기의 월령은 2이고 초기의 월령은 1이다.

🖿 예❷

시	일	월	연
乙	甲	甲	甲
亥	寅	戌	子

이 사주의 오행의 강약을 판단해 보자. 참고로 연월일시의 오행순으로 진행한다.

◈ 목(木) : 6

- 천간 – 연간 · 월간 · 일간 · 시간 각각 1
- 지지 – 일지의 대표 장간 1
- 지장간 – 시지 속의 갑(甲)은 천간의 뿌리로서 1

◈ 수(水) : 3

- 천간 – 0
- 지지 – 연지 · 시지의 대표 장간 각각 1
- 지장간 – 연지 속의 임(壬) 1

◈ 토(土) : 1.5 + 월령(정기의 월령은 2)

- 천간 – 0
- 지지 – 월지의 대표 장간 1
- 지장간 – 일지 속의 토(土) 0.5

※ 위의 내용은 정기의 월령을 전제로 한 것이다.

◈ 금(金) : 1 + 월령(초기의 월령은 1)

- 천간 – 0
- 지지 – 0
- 지장간 – 월지 속의 신(辛) 1

※ 위의 내용은 초기의 월령을 전제로 한 것이다.

◈ 월령 : 정기의 월령은 2이고 초기의 월령은 1이다.

시	일	월	연
丁	甲	庚	庚
卯	寅	辰	寅

이 사주의 오행의 강약을 판단해 보자. 참고로 연월일시의 오행순으로 진행한다.

◈ 금(金) : 2
- 천간 – 연간 1, 월간 1
- 지지 – 0
- 지장간 – 0

◈ 목(木) : 6 + 월령(초기의 월령은 1)
- 천간 – 일간 1
- 지지 – 연지 · 일지 · 시지의 대표 장간 각각 1
- 지장간 – 연지 속의 을(乙)과 시지 속의 갑(甲)은 천간의 뿌리로서 각각 1
  ※ 위의 내용은 초기의 월령을 전제로 한 것이다.

◈ 화(火) : 3
- 천간 – 시간 1
- 지지 – 0
- 지장간 - 연지 · 일지 속의 화(火) 각각 1

◈ 토(土) : 2 + 월령(정기의 월령은 2)

- 천간 – 0
- 지지 – 월지의 대표 장간 1
- 지장간 – 연지 · 일지 속의 토(土) 각각 0.5

※ 위의 내용은 정기의 월령을 전제로 한 것이다.

◈ 월령 : 정기의 월령은 2이고 초기의 월령은 1이다.

📖 예❹

시	일	월	연
庚	乙	戊	乙
辰	卯	寅	未

이 사주의 오행의 강약을 판단해 보자. 참고로 연월일시의 오행순으로 진행한다.

◈ 목(木) : 7 + 월령(정기의 월령은 2)

- 천간 – 연간 · 일간 각각 1
- 지지 – 월지 · 일지의 대표 장간 각각 1
- 지장간 – 연지 속의 을(乙)과 일지 속의 갑(甲)과 시지 속의 을(乙)은 천간의 뿌리로서 각각 1

※ 위의 내용은 정기의 월령을 전제로 한 것이다.

◈ 토(土) : 3.5 + 월령(초기의 월령은 1)

  • 천간 – 월간 1

  • 지지 – 연지 · 시지의 대표 장간 각각 1

  • 지장간 – 월지 속의 무(戊)는 천간의 뿌리로서 0.5

  ※ 위의 내용은 초기의 월령을 전제로 한 것이다.

◈ 금(金) : 1.5

  • 천간 – 시간 1.5(일간과 시간이 천간합)

  • 지지 – 0

  • 지장간 – 0

◈ 월령 : 정기의 월령은 2이고 초기의 월령은 1이다.

📚 예❺

시	일	월	연
庚	庚	乙	庚
辰	戌	酉	申

이 사주의 오행의 강약을 판단해 보자. 참고로 연월일시의 오행순으로 진행한다.

◈ 금(金) : 7 + 월령(정기의 월령은 2, 초기의 월령은 1)

  • 천간 – 연간 · 일간 · 시간 각각 1(천간합은 쟁합)

  • 지지 – 연지 · 월지의 대표 장간 각각 1

- 지장간 — 일지 속의 신(辛)은 천간의 뿌리로서 1(지충으로 상처를 입지 않음)

※ 위의 내용은 정기 또는 초기의 월령을 전제로 한 것이다.

◈ 목(木) : 1

- 천간 — 월간 1(천간합은 쟁합)
- 지지 — 0
- 지장간 — 시지 속의 을(乙)은 천간의 뿌리로서 0(지충으로 상처를 입음)

◈ 토(土) : 2

- 천간 — 0
- 지지 — 일지·시지의 대표 장간 각각 1(지충으로 상처를 입지 않음)
- 지장간 — 0

◈ 월령 : 정기의 월령은 2이고 초기의 월령은 1이다.

04 한계

수리 기준은 사주명식에 있는 각각의 천간·지지·지장간은 이를 어떠한 기준으로 이러저러하게 계량하고 사주의 해당 월령은 이를 별도의 기준으로 달리 셈하는 것을 그 내용으로 한다. 그러나 사주명식에 있는 각각의 천간·지지·지장간과 사주의 해당 월령은 고유의 특징이 있으므로 이들 각각의 강약을 숫자로 나타내는 것은 문제가 될 수 있다.

함부르크 대학 교수를 역임한 오토 베츠(Otto Betz)는 저서 『숫자의 비밀(Die geheimnisvolle Welt der Zahlen)』에서 다음과 같이 설명하고 있다.

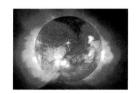

우리가 소속되어 살아가는 이 세계, 우리의 영원한 연구 대상인 이 지상의 세계는 숫자로 이루어진 세계다. 이 세상에 몸담고 있는 모든 존재와 사물은 나란히 혹은 서로 마주하면서 존재한다. 이 모든 것들은 셀 수 있는 것으로서, 이들의 관계 또한 계산이 가능하다. 즉 이 세상의 모든 존재와 사물은 더하거나 뺄 수 있으며, 곱하거나 나눌 수 있는 것이다. 그리고 우리에게는 수학적인 능력, 그러니까 이 모든 것들을 측정하고 셀 수 있는 능력이 허락되어 있고, 이런 우리의 능력에 대해 우리는 대단한 자부심을 가지고 있다.

그러나 이런 자부심에도 불구하고 실제로 측량과 계산의 대상이 될 수 없는 현상들이 존재하는 것도 사실이다. 루돌프 카스너는 "정신의 세계에서 숫자는 더 이상 아무런 효력을 발휘하지 못한다"고 말한다. 그리고 마이스터 엑크하르트는 "영원 속에는 숫자가 존재하지 않는다. 영원은 모든 숫자들의 저편에 존재한다"라고 주장했다. 이런 믿음과 주장 앞에서 우리의 자부심은 일시에 무너져 내리고 만다.

우리 인간들은 숫자를 통해 이 세상의 다양한 관계들을 수집하고, 측정하고, 한데 모으고, 수량화시키고, 관찰하여 그 의미를 파악해내려 부단히 애쓰고 있다. 그렇지만 혹시 다른 한편으로는 숫자가 더 이상 아무런 역할을 수행하지 못하는 상태에 도달할 수 있기를 동경하고 있는 것은 아닐까? 아니면 언젠가는 숫자를 넘어설 수 있으리라는 희망을 가지고 이 숫자의 세계를 횡단해온 것은 아닐까? 이런 기대를 반영하듯 라이너 마리아 릴케는 「오르페우스에게 바치는 소네트」에서 다음과 같이 노래한다.

이루 말할 수 없는 숫자의 합에
환호하며 덧보태라, 그대 자신을, 그리고는 숫자를 없애버려라.

　우리 인간은 숫자로 이루어진 세상에 살고 있다. 그런 이상 숫자를 과소평가하거나 무시하는 것은 불가능할 것이다. 하지만 숫자의 세계를 극복하고 이를 통해 우리의 좁디좁은 한계를 넘어서고자 하는 비밀스런 열망을 마음 속에 간직하는 것은 무방하리라고 생각한다.

　상수학(象數學)은 상(象)과 수(數)로써 자연 및 인간사를 설명한다. 상은 형상이고 수는 수리이다. 오행의 강약은 수리이고 다음에 나오는 배합과 흐름은 형상이다. 우리는 이들 두 요소 즉 수리와 형상을 통해 사주학을 상수학의 차원으로 높일 수 있다.

배합과 흐름

01 의의

배합과 흐름이란 간지의 구성과 그 생극제화이다. 오행의 강약이 똑같다고 하더라도 배합과 흐름에 따라 사주의 용신과 희신 등이 달라진다. 예를 들면 식신제살격(食神制殺格)의 경우가 그렇다. 보통 사주에서 편관이 사나운데 인성이 없으면 이를 제어하는 방법으로 하는 수 없이 비겁을 기뻐하고 식신을 꺼린다. 그러나 이와는 달리 식신제살격의 경우에는 오히려 식신을 기뻐한다. 그 까닭이 무엇인가? 이는 배합과 흐름 때문이다.

배합과 흐름은 상수학(象數學)의 상(象)에 해당한다. 상(象)과 수(數)는 서로 어우러져 차별상(差別相)을 드러낸다. 여량지(如量智)란 현상계의 여러 가지 차별상의 이치를 환히 아는, 부처나 보살의 지혜를 이르는 말이다.

배합과 흐름은 다양한 형태로 나타난다.

📖 예❶

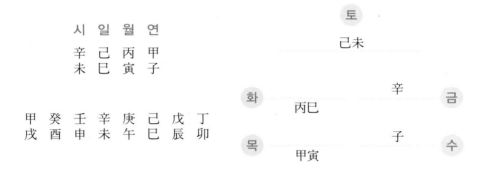

<pre>
시 일 월 연
辛 己 丙 甲
未 巳 寅 子

甲 癸 壬 辛 庚 己 戊 丁
戌 酉 申 未 午 巳 辰 卯
</pre>

연지의 수(水)가 연간과 월지의 목(木)을 생하고 이들 목(木)이 각각 월간과 일지의 화(火)를 생하며 이들 화(火)가 각각 일간과 시지의 토(土)를 생하고 이들 토(土)가 각각 시간의 신(辛)금을 생한다. 그리고 연월일시의 지지가 각각 천간을 생한다.

📖 예❷

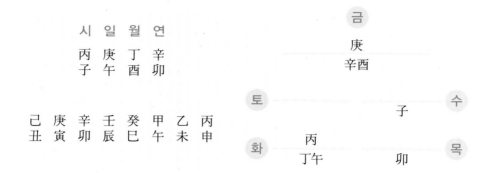

시	일	월	연
丙	庚	丁	辛
子	午	酉	卯

己	庚	辛	壬	癸	甲	乙	丙
丑	寅	卯	辰	巳	午	未	申

천간에서는 화극금을 이루고 지지에서는 묘유(卯酉)충과 자오(子午)충을 이룬다. 금수(金水)의 세력과 목화(木火)의 세력이 대립하고 있다.

02 적용 예

📖 예❶   인성·비겁이 같은 편이다

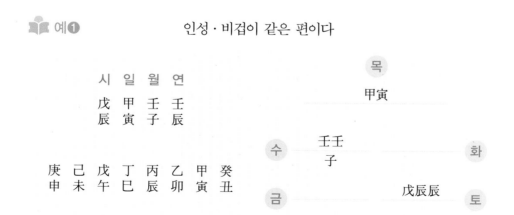

시	일	월	연
戊	甲	壬	壬
辰	寅	子	辰

庚	己	戊	丁	丙	乙	甲	癸
申	未	午	巳	辰	卯	寅	丑

◈ 오행의 강약

- 수(水) : 6(월지 2 포함)
- 목(木) : 4
- 토(土) : 3.5(일지 0.5 포함)
- 월령
  - 정기의 월령이면 수(水)에다 +2
  - 초기의 월령이면 수(水)에다 +1

※ 수목(水木)이 토(土)보다 강하므로 화토(火土)를 반긴다고 풀이한다. 배합과 흐름으로 보아도 그렇다.

◈ 배합과 흐름

연지의 진(辰)과 월지의 자(子)가 자진(子辰)으로 수(水)를 형성하고 일지의 인(寅)과 시지의 진(辰)이 인진(寅辰)으로 목(木)을 형성한다. 그 결과 수목(水木)의 세력이 매우 강하다. 그렇다고 해서 시주인 무진(戊辰)토의 무(戊)토를 버릴 수가 없다.

◈ 길흉 판단

화토(火土)운에는 대부대귀(大富大貴)하였다.

인성 · 비겁 · 식상이 같은 편이다

```
시  일  월  연
庚  丙  壬  癸
寅  午  戌  丑


甲  乙  丙  丁  戊  己  庚  辛
寅  卯  辰  巳  午  未  申  酉
```

```
                              화
                              丙
                              午
        목      寅          戌      토
                            丑
        수      壬          庚      금
                癸
```

◈ 오행의 강약

- 수(水) : 3

- 화(火) : 5(일지 2 포함)

- 금(金) : 3

- 토(土) : 3(일지 0.5와 시지 0.5 포함)

- 목(木) : 1

- 월령

   - 정기의 월령이면 토(土)에다 +2

   - 초기의 월령이면 금(金)에다 +1

※ 목화(木火)가 토금수(土金水)보다 약하므로 목화(木火)를 반긴다고 풀이할 여지가 있다. 그러나 배합과 흐름으로 보면 그렇지 않다.

◈ 배합과 흐름

일간인 병(丙)화가 일지의 오(午)화와 일심동체를 이루고 병(丙)화의 양인인 오(午)화가 바로 옆의 인술(寅戌)과 인오술(寅午戌)의 화국(火局)을 이룬다. 신왕하다. 그러나 습토인 축(丑)토와 투출한 금수(金水)가 있으니 기쁘다.

◈ 길흉 판단

- 신유(辛酉)대운과 경신(庚申)대운에는 금(金)이 수(水)를 생하여 유업(遺業)이 넉넉했고 그 즐거움을 마음껏 누렸다.
- 기미(己未)대운에는 화토(火土)가 병왕(竝旺)하여 부모가 함께 돌아가셨는데 무오(戊午)대운까지 20년간 재산을 날려 버리고 집안이 망했으며 아내와 자식이 다 상했다.
- 병진(丙辰)대운에 밖으로 떠돌다가 죽었다.

📖 예❸   비겁·식상이 같은 편이다

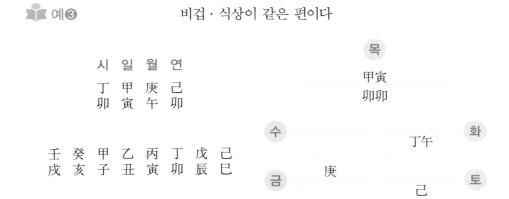

시	일	월	연
丁	甲	庚	己
卯	寅	午	卯

壬	癸	甲	乙	丙	丁	戊	己
戌	亥	子	丑	寅	卯	辰	巳

◈ 오행의 강약

- 토(土) : 2(월지 0.5와 일지 0.5 포함)
- 금(金) : 1
- 목(木) : 6(연지 2와 시지 2 포함)
- 화(火) : 4(월지 2 포함)
- 월령
  - 정기의 월령이면 화(火)에다 +2
  - 초기의 월령이면 화(火)에다 +1

※ 비겁과 식상이 같은 편이 아니라고 풀이할 여지가 있다. 그러나 배합과 흐름으로 보면 그렇지 않다.

◈ 배합과 흐름

지지의 목화(木火)가 결속하고 천간의 목화(木火)가 굳건하다. 연간의 기(己)토와 월간의 경(庚)금이 각각 바로 밑의 묘(卯)목과 오(午)화로부터 극을 당해 무기력함을 감안하면 목화(木火)가 이인동심(二人同心)을 이루어 어둠을 물리치고 밝음을 추구하는 형상이다. 천간의 토(土)와 금(金)은 이를 버리고 쓰지 않는다. 이 사주는 목화(木火)의 순수 세력이 토금(土金)의 불순 세력을 제거하면서 밝음을 추구하는 형상이다. 그러므로 토금(土金)운을 반기지 않는다고 본다.

◈ 길흉 판단

- 정묘(丁卯)대운에는 최고 명문 대학에서 공부를 하고 과거에 급제하여 벼슬 길로 나아갔다.
- 병인(丙寅)대운에는 벼슬이 대단히 화려했다.
- 을축(乙丑)대운에는 벼슬자리에서 떨어졌다.

비겁 · 식상이 같은 편이다

시 일 월 연
戊 丙 壬 壬
戌 戌 子 子

庚 己 戊 丁 丙 乙 甲 癸
申 未 午 巳 辰 卯 寅 丑

화
丙

목   戊戌戌   토

수   壬壬
        子子   금

◈ 오행의 강약

- 수(水) : 6(연지 2와 월지 2 포함)

- 화(火) : 3

- 토(土) : 3

- 월령

  - 정기의 월령이면 수(水)에다 +2

  - 초기의 월령이면 수(水)에다 +1

※ 일간이 매우 약하므로 토(土)를 꺼린다고 풀이할 여지가 있다. 그러나 배합과 흐름으로 보면 그렇지 않다.

◈ 배합과 흐름

연주와 월주의 4수(水)가 단일 세력으로서 무척 사납지만 일간인 병(丙)화가 2술(戌)토 속의 2정(丁)화의 북돋움을 받으면서 화토(火土)의 연합 세력을 형성해서 이에 맞설 수 있다.

◈ 청나라 임철초는 이 사주를 다음과 같이 풀이했다.

2임(壬)과 2자(子)의 4수(水)가 강력한 살로서 발광을 하고 있다. 그러나 일간이 앉은 자리가 술(戌)토이어서 다행이다. 왜냐하면 술(戌)토는 일간이 잘 통근하는 바로 신고(身庫)이기 때문이다. 그리고 투출한 무(戊)토가 넘치는 물을 족히 제어할 수 있으니 묘하다. 나아가 부럽게도 운이 동남(東南)의 목화(木火)로 달려 일간을 돕고 살을 제어하지 않는가.

📚 예❺   비겁 · 식상이 같은 편이다

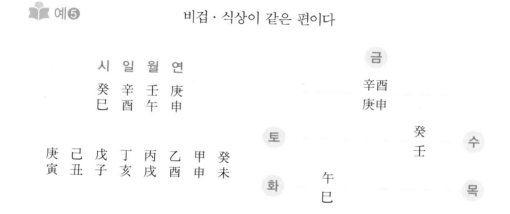

시 일 월 연
癸 辛 壬 庚
巳 酉 午 申

庚 己 戊 丁 丙 乙 甲 癸
寅 丑 子 亥 戌 酉 申 未

◈ **오행의 강약**

- 금(金) : 6(일지 2 포함)
- 수(水) : 3
- 화(火) : 3(월지 2 포함)
- 월령
  - 정기의 월령이면 화(火)에다 +2
  - 초기의 월령이면 화(火)에다 +1

※ 금(金)이 수화(水火)보다 약하므로 금(金)을 반긴다고 풀이할 여지가 있다. 그러나 배합과 흐름으로 보면 그렇지 않다.

◈ 배합과 흐름

　일간인 신(辛)금이 일지의 유(酉)금과 일심동체를 이루고 연주가 경신(庚申)이며 지지의 사유(巳酉)가 금(金)을 돕는다. 임(壬)수와 계(癸)수가 둘 다 지지에 뿌리를 내리고 있다. 월지가 오(午)화이고 시지가 사(巳)화이다. 금수(金水)의 세력이 화(火)의 세력을 없애 버리려고 한다. 그러나 이를 막아야 한다. 왜냐하면 이 사주에서는 월지가 오(午)화이므로 화(火)의 세력을 도와서 3세력이 조화를 이루도록 하는 것이 최선책이기 때문이다. 사주에서는 월지가 인체의 심장과 같다. 이 사주에서는 월지의 오(午)화를 없애 버리면 재앙이 따른다.

◈ 길흉 판단

　- 신(申)과 유(酉)의 두 운에는 애로가 너무 많았다.
　- 병술(丙戌)대운에는 매우 좋은 때를 만났다.
　- 해(亥)운에 가족은 흩어지고 자신은 죽었다.

03 자연으로 돌아가라

　장자(莊子)는 중국 전국 시대의 사상가이다. 그는 유교의 인위적인 예교(禮敎)를 부정하고 자연으로 돌아가자는 자연 철학을 제창하였다.
　루소(Rousseau, Jean Jacques)는 프랑스의 작가 · 사상가이다. 그는 이성보다는 감성을 중요시하는 낭만주의의 기초를 마련하였으며 인위적인 문명사회의 타락을 비판하고 자연으로 돌아갈 것을 역설하였다.

우리가 사주 풀이를 할 때 결국 자연으로 돌아가야 한다. 다음의 예를 살펴보자.

🕮 예

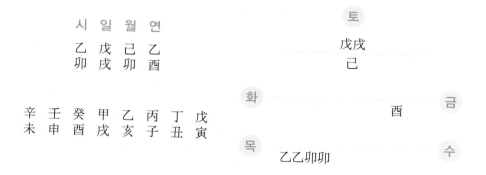

이 사주의 주인공은 검사를 거쳐 청와대에서 권력의 핵심 인사로 일하면서 굳건한 의지로 각종 비리를 척결하여 온 국민으로부터 우레와 같은 박수를 받았다.

이 사주는 지지에 묘술(卯戌)합이 두 개가 있고 묘유(卯酉)충이 한 개가 있다. 그러나 연지와 월지가 한 개의 묘유(卯酉)충이고 일지와 시지가 한 개의 묘술(卯戌)합이라고 보자. 묘유(卯酉)충 때문에 월지의 지장간인 갑(甲)과 을(乙)은 본래의 역할을 수행할 수 없다. 그러므로 월지의 묘(卯) 속의 목(木)은 0이다. 하지만 월령은 지장간과 달라서 본래의 역할을 수행한다. 왜냐하면 월령은 천간합이나 지충 때문에 변화하지 않기 때문이다. 연지의 지장간인 경(庚)과 신(辛)은 묘유(卯酉)충 때문에 영향을 받지 않고 본래의 역할을 수행할 수 있다. 그러므로 연지의 유(酉) 속의 금(金)은 2이다. 참고로 묘술(卯戌)합은 ㉮ 화(火)의 천간이 있거나 ㉯ 화(火)의 대표 장간이 있거나 ㉰ 화(火)의 월령을 만나면 화(火)를 강하게 하나 그 정도를 숫자로 나타내기 어렵다.

◈ 오행의 강약

- 목(木) : 4(시지 2 포함)
- 토(土) : 3
- 금(金) : 3(일지 1 포함)
- 월령
  - 정기의 월령이면 목(木)에다 +2(이 사주는 정기의 월령임)
  - 초기의 월령이면 목(木)에다 +1

※ 결과적으로 목(木)이 6이어서 오행 중 가장 강하다. 관성이 가장 강하므로 인성과 비겁을 반긴다고 풀이할 여지가 있다. 아니면 식상제살격(食傷制殺格)이므로 식상을 반긴다고 풀이할 여지가 있다. 배합과 흐름으로 보면 결론을 내리기 어렵다.

◈ 배합과 흐름

무기술(戊己戌)은 연결되어 있다. 유(酉)는 고립되어 있지만 목(木)과 극충(剋沖)으로 오로지 토(土)를 돕는다. 토금(土金) : 목(木) = 6 : 6이다. 토금(土金)의 세력과 목(木)의 세력이 똑같다.

◈ 길흉 판단

- 병자(丙子)대운으로 바뀌면서 사법 시험에 합격하여 검사의 길을 걸었다.
- 을해(乙亥)대운에는 검사로서 어느 누구보다 순조로운 발전을 이루었다.
- 갑(甲)운에는 청와대에서 국가와 민족을 위해 맹활약을 펼치며 인생의 전성기를 누렸다.
- 술(戌)운에는 정권 교체로 인한 아픔을 겪었다.
- 계유(癸酉)대운 이후 지금까지 변호사로 활동하고 있다.

이 사주는 목(木)을 잘 보살펴 돌보아야 하고 이와는 달리 목(木)이 자유롭게 행동하지 못하게 하면 안 된다. 이 사주의 천간으로 솟아오른 을(乙)목은 유목(柔木)이기 때문이다.

이 사주와 관련하여 전해 내려오는 귀성론(貴星論)은 다음과 같다.

묘(卯)월은 목왕절(木旺節)이지만 을(乙)목으로 무(戊)토를 다스리기 어려우므로 갑(甲)목이 필요하다. 이때 병(丙)화가 살인상생을 만들어 주면 좋다. 계(癸)수로 무(戊)토를 윤택하게 한다. 을(乙)목과 갑(甲)목이 같이 투간되고 경(庚)금이 있다면, 경(庚)금은 을(乙)목과 합하느라 제살(制殺)의 역할을 망각한다.

투파는 오행보다 10간을 중요시한다. 왜냐하면 오행은 10간을 추상해서 만든 것으로 10간보다 나중에 나왔고 10간은 자연의 이치와 부합시킨 것으로 오행보다 먼저 나왔기 때문이다. 투파는 오행의 생극과 비화가 절대적인 것은 아니라고 한다. 그래서 갑(甲)은 무(戊)와 기(己)를 극하여 약하게 하지만 을(乙)은 무(戊)에게 무작용이나 기(己)를 극하여 약하게 한다고 한다.

태산에 기화요초가 어우러지고 여기에다 물과 태양 그리고 아름드리나무를 더하면 신선이 노니는 선경(仙境)이 된다.